ANSTIFTUNGEN ZUM GUTEN LEBEN

DR. ABDULLAH SINIRLIOGLU / KAREN PLÄTTNER

PHILOSOPHIE TRIFFT
RATGEBER

WISSENSWERTES ÜBER ERNÄHRUNG, BEWEGUNG, ERHOLUNG UND KOGNITION

IMPRESSUM

© 2020
DR . ABDULLAH SINIRLIOGLU / KAREN PLÄTTNER

ANSTIFTUNGEN ZUM GUTEN LEBEN

1. Auflage 2020

CO-AUTOR / GASTBEITRAG: Felix Magath

ART DIRECTION & GRAFIK: Eva von Tsurikov / evt-design.de
ILLUSTRATIONEN: Eva von Tsurikov
ICON-ZEICHNUNGEN: Deniz Sinirlioglu
FOTOS: Nadine Rupp, Adobe Stock
GESAMTKOORDINATION: Rolf Dittrich

HERAUSGEBER
bewango Edition – BRAINtuning GmbH,
Oderstraße 77, 14513 Teltow
hallo@BRAINtuning.com

ISBN 978-3-00-067246-0

DRUCK
sieprath gmbh
Karl-Friedrich-Straße 60, 52072 Aachen
Tel.: 0241 990027-0, info@sieprath.de

Bibliografische Information der Deutschen Nationalbibliothek:
Die Deutsche Nationalbibliothek verzeichnet diese Publikation in der
Deutschen Nationalbibliografie; detaillierte bibliografische Daten
sind im Internet über http://dnb.d-nb.de abrufbar.

INHALT

DIE PHILOSOPHEN

TEIL 2

BEWEGUNG
96

TEIL 3

ERHOLUNG
174

TEIL 4

KOGNITION
248

UNSER LEBEN IST DAS ERGEBNIS
DER ENTSCHEIDUNGEN, DIE WIR
TREFFEN, UND DER GEDANKEN,
DIE WIR UNS MACHEN. MIT
KLUGEN ENTSCHEIDUNGEN IM
ALLTAG BLEIBEN WIR GESUND.
MIT GROSSEN GEDANKEN IM
KOPF AUF TRAB.

———————

VOR 2.500 JAHREN BEGANN DIE
BLÜTEZEIT DER GRIECHISCHEN
KULTUR. DIE ÜBERLEGUNGEN,
DIE DAMALS IN DER PHILOSOPHIE
DES GUTEN LEBENS ZUR SPRA-
CHE GEKOMMEN SIND, SIND
EIN KULTURELLER SCHATZ, DEN
ES IMMER WIEDER AUF NEUE
WEISE ZU HEBEN GILT.

DAS GANZE IN DER WALNUSS-SCHALE

Viele wahre Sätze werden mit der Zeit zu Floskeln.

Wir nicken, wenn wir sie hören, aber nehmen sie eigentlich gar nicht mehr wahr, weil sie uns so selbstverständlich erscheinen. Erst in einer Krisensituation wird uns die eigentliche Bedeutung dieser Sätze wieder bewusst. Genau das geschah Anfang des Jahres 2020: „Gesundheit ist nicht alles, aber ohne Gesundheit ist alles nichts." Die Corona-Pandemie hat uns nicht nur schlagartig bewusst gemacht, wie wichtig ein ausfinanziertes öffentliches Gesundheitssystem ist. Sie hat uns auch noch einmal vor Augen geführt, dass wir selbst Verantwortung für unsere Gesundheit übernehmen müssen, indem wir durch eine vernünftige Lebensführung Risikofaktoren minimieren und vermeidbaren Zivilisationskrankheiten wie Bluthochdruck, koronaren Herzerkrankungen (KHK) und Diabetes Typ 2 aktiv vorbeugen.

Gleichzeitig ist uns in der Ausnahmesituation des „Lockdowns" aber auch bewusst geworden, dass

Gesundheit eben nicht alles ist. Was nützt die körperliche Gesundheit, wenn wir die Menschen, die wir gerne haben, nicht unbefangen in den Arm nehmen können? Wenn wir an einem schönen Frühlingstag nicht mit Gleichgesinnten im Freien Sport treiben können? Wenn es nicht möglich ist, Freunde daheim zum Abendessen einzuladen? Wenn wir nicht auf öffentlichen Plätzen, statt in virtuellen Räumen, über die Angelegenheiten sprechen können, die uns auf dem Herzen liegen und unter den Nägeln brennen?

„Wohin", haben wir uns gefragt, „wird das alles führen?" Die Ausbreitung des Virus? Die dagegen ergriffenen Maßnahmen? Die dadurch beschleunigten gesellschaftlichen Transformationsprozesse? Aber die Frage ist so vielleicht falsch gestellt. Sie sollte nicht lauten: „Wohin wird das alles führen?", sondern: „Wohin wollen wir gehen?" Wie wollen wir in Zukunft leben? Was ist eine gesunde Lebensführung? Und was ist ein gutes Leben? Nur eines steht nämlich fest: der Status quo. Der ist immer das, was er ist. Aber jenseits des Status quo liegt ein offener Horizont von Möglichkeiten, aus denen wir frei wählen können.

Wie wollen wir leben?

Vor 2.500 Jahren begann die Blütezeit der griechischen Kultur damit, dass die Menschen sich von überkommenen Meinungen frei gemacht haben, um öffentlich über diese Frage ins Gespräch zu kommen. Es ist die ursprüngliche Frage der Philosophie – „ursprünglich" nicht im Sinne einer Philosophie, die Vergangenheit ist, sondern eines Philosophierens, das immer wieder neu gegenwärtig wird. Die Überlegungen, die damals in der griechischen Philosophie des guten Lebens zur Sprache gekommen sind, sind ein kultureller Schatz, den man nur heben kann, wenn man die „alten" Einsichten der Philosophie mit neuen Erkenntnissen und Erfahrungen verbindet. Diesen Versuch wollen wir hier wagen: die Philosophie des guten Lebens mit dem aktuellen Wissen über eine gesunde Lebensweise in Beziehung zu setzen.

Die vier Schlüsselkomponenten für eine gesunde Lebensführung sind: Ernährung, Bewegung, Erholung und kognitives Training. Diese Faktoren hängen aufs Engste miteinander zusammen, beeinflussen sich wechselseitig und lassen sich nicht isoliert voneinander betrachten. Hier gilt die

Die vier Schlüsselkomponenten für eine gesunde Lebensführung sind: Ernährung, Bewegung, Erholung und Kognition.

Devise: Der Mensch kann sich mit klugen Entscheidungen gesund halten - von jung bis alt. Die meisten von uns wissen mittlerweile, dass eine gesunde **Ernährung** die „first line of defense" gegen Zivilisationskrankheiten wie Bluthochdruck, Diabetes Typ 2 und sogar Krebs ist. Das hängt damit zusammen, dass Essen viel mehr ist, als den Organismus nur vom Zustand „hungrig" in den Zustand „satt" zu befördern. „Die Kraft der Nahrung", schreibt schon der griechische Arzt Hippokrates von Kos (460–370 v. Chr.), „geht über in den Knochen, in die Sehne, die Adern, die Luftröhre, den Muskel, in die dünne Haut, ins Fleisch, Fett, Blut, in den Schleim, ins Mark, Gehirn, Rückenmark, in die Eingeweide und alle ihre Teile."[1] Weil der Stoffwechsel ein ganzheitlicher Prozess ist, der sich auf den ganzen Menschen auswirkt, hat die Ernährung einen enormen Einfluss darauf, wie wir uns bewegen, fühlen und denken. Umgekehrt gilt das Gleiche: Je mehr wir uns bewegen, spazieren, laufen, Sport treiben, umso gesünder ernähren wir uns. Der Körper verlangt dann von selbst nach Lebensmitteln, die reichhaltige Nährstoffe statt leere Kalorien zu bieten haben[2] – nach Vollkornprodukten statt nach Weißmehl, nach frischem Obst und Gemüse statt nach industriell verarbeiteten Lebensmitteln, nach hochwertigen, mehrfach ungesättigten Fettsäuren statt nach billigem Bratfett.

ERNÄHRUNG

BEWEGUNG

ERHOLUNG

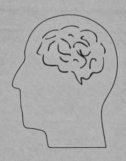

KOGNITION

Der Stoffwechsel ist die Einheit von Ernährung und Bewegung. Das richtige Maß an **Bewegung** ist das Mittel schlechthin für ein langes, gesundes Leben. Gerade im Zeitalter der forcierten Digitalisierung, in dem wir immer mehr Arbeit sitzend vor dem Rechner ausüben, kann man gar nicht oft genug darauf hinweisen, dass der menschliche Körper evolutionär nicht auf das Arbeiten im Sitzen ausgelegt ist, das heute für die meisten von uns zur Selbstverständlichkeit geworden ist. Diese Tatsache müssen wir uns immer wieder bewusst machen, um unsere Bewegung aktiv selbst zu gestalten; sei es in den eigenen vier Wänden, draußen in der Natur oder gemeinsam mit anderen auf dem Sportplatz. Aber Bewegung tut nicht nur dem Körper, sondern auch dem Geist gut. Bewegung ist das natürliche „Doping" fürs Gehirn, das immer funktioniert und keine Nebenwirkungen hat. Das Beste, was wir tun können, wenn wir in einer intensiven Arbeitsphase an unsere kognitiven Leistungsgrenzen stoßen, ist, eine halbe Stunde locker im aeroben Bereich zu joggen oder einen schnellen Spaziergang zu machen. Während der Körper in Bewegung ist, kann sich der Geist regenerieren. Das Gehirn wird durch die Bewegung besser mit Sau-

erstoff versorgt, die Konzentration der Botenstoffe verändert sich, das Glückshormon Dopamin wird ausgeschüttet. Stress wird reduziert und die Stimmung steigt. Nach einer aktiven Pause können wieder mit frischem Geist an die Arbeit gehen.

Nach jeder sportlichen Aktivität müssen wir uns ausreichend **Erholung** gönnen, damit die Belastung ihre wohltuende Wirkung entfalten kann. Erst in den Erholungsphasen finden die Trainings- und Lerneffekte statt, die uns körperlich und geistig wachsen lassen. Keine Leistung ohne Pause! Das gilt nicht nur für den Sport, sondern für jede Art von Aktivität. Gerade in stressigen Zeiten, in denen wir viele Herausforderungen gleichzeitig bewältigen müssen, sind kleine und große Ruhephasen unabdingbar. Die wichtigste dieser Ruhephasen ist der Schlaf. Dank der Neurowissenschaften verstehen wir heute immer besser, warum guter Schlaf eine so immense Bedeutung für Gesundheit, Leistungsfähigkeit und Wohlbefinden hat. Während des Schlafs werden nicht nur die Abwehrzellen für das Immunsystem produziert, sondern auch die neuronalen Verbindungen geknüpft, durch die Erinnerungen und Lerninhalte abgespeichert werden. Jeder von uns verträgt mal die eine oder andere schlechte Nacht. Aber langfristig sollten wir sehr darauf achten, dass wir uns ausreichend Schlaf gönnen. Denn der stärkt das Immunsystems, verbessert das Erinnerungsvermögen und erhöht die kognitive Leistungsfähigkeit.

Schließlich kommt es darauf an, dass wir unsere geistigen Potenziale durch **kognitives Training** entfalten und erhalten. Vor allem mit zunehmendem Alter gilt es, darauf zu achten, dass wir uns nicht immer nur in den gewohnten Denkschemata bewegen, sondern kognitiv agil bleiben. Die Neurowissenschaften liefern uns heute viele nützliche Einsichten in die Funktionsweise des Gehirns, von denen wir fürs praktische Leben manches lernen können. Allerdings sollten wir uns davor hüten, das menschliche Dasein auf die biologischen Vorgänge im Gehirn zu reduzieren. Nach dem Motto: „Schmerzen sind nichts anderes als das Feuern von Nervenfasern", „Glück ist nichts anderes als ein Cocktail von Neurotransmittern", „Das bewusste Leben ist nichts anderes als die Summe schlaufenförmig zirkulierender elektrochemischer Impulse" usw. Der Reduktionismus, der in solchen Sätzen zum Ausdruck kommt, wider-

spricht nämlich nicht nur unserem Selbstverständnis als freie Personen, sondern auch den Standards der Wissenschaft, als dessen konsequentesten Vertreter er sich ausgibt. Es gibt keine empirische Erklärung für das bewusste In-der-Welt-Sein, das wir mit dem schönen Begriff des „Bewusstseins" bezeichnen. Gerade in den Neurowissenschaften bestätigt sich immer wieder der alte Satz, dass der Mensch mehr ist als die Summe seiner materiellen Teile. Oder anders gesagt: dass die Welt dieser Teile größer ist als das Fenster, das die erklärenden Wissenschaften zu ihr öffnen. Die Neurowissenschaften wissen, dass sie streng genommen nicht einmal die Wahrnehmung eines einzigen Grashalms erklären können. Das Wissen dieses Nichtwissens ist wichtig. Sobald wir nämlich – aufgrund eines falsch verstandenen Begriffs von Wissenschaftlichkeit – unseren Körper auf einen Haufen Materie, unseren Geist auf eine Informationsverarbeitungsmaschine und unsere Gefühle auf biochemische „Einstellungen" reduziert haben, gibt es nur noch eine Devise: optimieren, manipulieren und Medikamente nehmen. Dann erübrigt sich jede Diskussion über das gute Leben. Dann müssen wir darauf warten, das gute Leben dankbar aus den Händen von Big Pharma und Big Data entgegenzunehmen.

Allein deshalb ist die Rückbindung an die Philosophie nötig. Die Philosophie ist in erster Linie kein akademisches Studienfach, sondern eine Praxis, das menschliche Selbstbewusstsein zu kultivieren. Eben darum begann das Philosophieren vor rund 2.500 Jahren als Gespräch über die Frage nach dem guten Leben. Für Sokrates war die Frage selbst schon ein Teil der Antwort. Er empfand es als das „größte Glück für den Menschen", dass er über solche Fragen überhaupt nachdenken und mit anderen darüber ins Gespräch kommen kann. Ein Leben ohne das Streben nach Erkenntnis und Einsicht war für Sokrates kein gutes Leben. Gleichzeitig wusste er aber auch, dass das Leben nicht nur um der Wahrheit willen geführt wird: „Wer möchte denn", fragt er in dem Dialog Philebos, „selbst wenn man ihm alle Freuden der Wahrheit und der Einsicht in das Wesen des Guten zugeständе, so unempfindlich sein, dass ihm die Lust des Lebens nichts mehr bedeutete."[3]

Das menschliche Leben ist nach Sokrates ein „gemischtes Leben", das aus vielen Anteilen und Ansprüchen

> **Jeder von uns verträgt mal die eine oder andere schlechte Nacht.**

zusammengesetzt ist, denen wir gleichermaßen gerecht werden sollten. Aus diesem Grund spielt das Prinzip der **Balance** in der antiken Philosophie eine so wichtige Rolle. Es zieht sich wie ein roter Faden durch das Denken von Sokrates, Hippokrates, Platon und Aristoteles. Sie alle machen auf vergleichbare Weise darauf aufmerksam, dass es im Leben eine gesunde Balance zu wahren und die Extreme zu meiden gilt. Sokrates beschreibt die Balance als die Kunst, in allen Dingen Maß zu halten, also beispielsweise weder zu viel noch zu wenig zu essen. Hippokrates überträgt das Prinzip der Balance auf die Gesundheit: Der Stoffwechsel ist in Balance, wenn wir im Leben das richtige Verhältnis von Ernährung, Bewegung und Erholung finden. Platon entwickelt aus den eher pragmati-

BALANCE

ZIELE

UMWELT

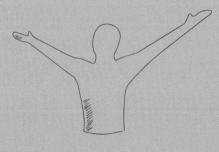

FREUDE

schen Gedanken seiner Vorgänger die etwas überschwängliche Idee einer harmonischen Weltordnung, die der Mensch erkennen muss, wenn er ein gutes Leben führen will. Schließlich holt Aristoteles mit seiner Lehre von der „goldenen Mitte", die es in allen Dingen zu treffen gilt, das Balance-Prinzip aus den kosmischen Weiten, in denen es sich bei Platon verloren hatte, wieder auf den Boden des praktischen Lebens zurück.

Liegt der gemeinsame Nenner bei der philosophischen Definition des Wohlbefindens in einem mittleren Zustand, in dem wir weder unter einem Zuviel noch unter einem Zuwenig leiden, so kann das aber nicht heißen, dass es im menschlichen Leben nur darum ginge, möglichst ruhig und wohlig, so „wie jene zahlreichen Lebewesen im Meere, die ihr beseeltes Dasein in Muscheln führen"[4] vor sich hin zu schlummern. Zu einem guten Leben gehört die Aktivität, die wir entfalten, indem wir uns **Ziele** setzen und sie mit aller Kraft verfolgen. Sobald wir uns aber ein Ziel setzen, bringen wir damit auch Differenz und Unruhe in unser Leben. Wir reißen dann eine Kluft auf, indem wir uns vorstellen, dass etwas in Zukunft sein soll, das in der Gegenwart nicht ist.

Um diese Kluft zu überbrücken, um von hier nach dort, vom Sollen zum Sein zu kommen, ist etwas mehr nötig als nur eine ausgeglichene Lebensweise: nämlich Arbeit, Disziplin und Leidenschaft. Dementsprechend ist für Platon die Zielstrebigkeit ein Zustand, in dem wir mit „ganzer Kraft", „ohne zu verweilen und ohne zu ermatten", auf ein Ziel zugehen, weil wir das Gefühl haben, dass wir erst danach, nachdem wir es erreicht haben, „wahrhaft leben und gedeihen und unseres Schmerzes ledig sein werden – eher aber nicht".[5]

So richtig es ist, dass der Erfolg „Kopfsache" ist, weil wir uns durch mentales Training von äußeren Einflüssen unabhängig machen können, so richtig ist es auch, dass wir uns trotzdem immer in Abhängigkeiten bewegen. Das Leben findet nicht nur in unserem Kopf statt. Es ist kein kosmischer Testfall auf den Reifegrad unserer geistigen Einsicht. Der Mensch ist ein soziales Wesen, das durch die (oft unbewussten) Einflüsse seiner **Umwelt** zu dem wird, was es ist. Manches haben wir selbst in der Hand. Anderes nicht. Deshalb geht die Frage nach dem guten Leben über die individuelle Lebensführung hinaus. Die griechischen Philosophen waren sich darüber stets im Klaren. Sie haben die Ethik, die Lehre von der richtigen Lebensführung, deshalb in letzter Instanz der Politik untergeordnet, der Lehre von der richtigen Verfassung des sozialen Miteinanders. Das heißt aber nicht, dass sie das Individuum von seiner Selbstverantwortung freigesprochen hätten. Im Gegenteil: Nur wer sich der äußeren Bedingungen, in denen er handelt, bewusst ist, kann die realen Handlungsspielräume, die ihm offenstehen, erkennen und nutzen.

Zu einem guten Leben gehört die Lebensfreude. Was nützt die Lebensleistung, wenn wir keine **Freude** an dem haben, was wir in unserem Leben tun? Was hat es mit dieser Freude auf sich? Wo finden wir sie? Warum und worüber freuen wir uns überhaupt?

Stellen wir uns eine Gruppe von Menschen vor, die den Jahreswechsel in einer Ferienwohnung in den Bergen verbringen. Sie kochen gemeinsam ein Abendessen. Der Duft von Tomatenmark, Zwiebeln und Knoblauch liegt in der Luft, im Hintergrund läuft Musik, auf dem Tisch steht eine geöffnete Flasche Wein. Während die einen die Soße abschmecken, sind die anderen in ein angeregtes Gespräch vertieft.

Zu einem guten Leben gehört die Lebensfreude.

Plötzlich klingelt jemand an der Tür, der aufgeregt wissen will, was das Ganze soll, warum sie das tun, was sie gerade tun, und warum sie ihren biologischen Trieb nach Nahrung auf so umständliche, langwierige Weise befriedigen. Niemand aus der Gruppe wird auf die Fragen des seltsamen Gastes eine Antwort haben. Aber vielleicht werden sie ihn einladen, sich zu ihnen zu setzen, ein Glas Wein zu trinken und zum Essen zu bleiben.

Das Leben wäre absurd, wenn es eine endlose Kette von Um-zu-Relationen bilden würde. Wir gehen zur Schule, um zu studieren, wir studieren, um einen Beruf zu ergreifen, wir arbeiten in unserem Beruf, um Geld zu verdienen, wir verdienen Geld, um in den Urlaub zu fahren, wir fahren in den Urlaub, um zu entspannen, wir entspannen, um … was zu tun? Wieder zu arbeiten?

Alles, was wirklich einen Wert hat, braucht keine Begründung durch ein „Warum" und „Wozu". Es hat einen Wert an sich. Warum helfen wir einem Freund, der in Not ist? Weil der Freund in Not ist! Und genauso verhält es sich mit der Lebensfreude. Sie ist schlicht das Gefühl, dass es gut ist, zu leben. „Niemand frage", heißt es bei Aristoteles, „zu welchem Zweck man sich freue, und darin spreche sich die Tatsache aus, dass die Freude an sich begehrenswert ist."[6]

Wenn wir nur ein wenig über diese vier Aspekte des guten Lebens nachdenken, stellen wir schnell fest, dass sie einen ganzheitlichen Zusammenhang bilden. Wer beispielsweise ein Ziel erreichen will, der sollte in Balance bleiben, offen für Anregung und Kritik aus seinem Umfeld sein und vor allem Freude an dem haben, was er tut. Aus diesem ganzheitlichen Zusammenhang kann in Krisenzeiten eine Negativspirale werden. Durch schlechte Erfahrungen verlieren wir die Lebensfreude, geraten aus der Balance, achten nicht mehr darauf, was unserem Körper und unserem Geist guttut, ernähren uns schlecht, schlafen schlecht, verlieren die Kraft, um unsere Ziele zu verfolgen, ziehen uns deshalb immer weiter von anderen Menschen zurück und verspüren so noch weniger Lebensfreude. Sobald wir feststellen, dass eine solche Negativspirale in Gang kommt, sollten wir aktiv dagegen angehen.

Das Buch, das Sie – liebe Leserinnen und Leser – in den Händen halten, besteht aus vier Teilen: Ernährung, Bewegung, Erholung und kognitives Training. Diese Themen werden jeweils unter vier Gesichtspunkten betrachtet: Balance, Ziele, Umwelt und Freude. In Form von vielen kleinen Kapiteln haben wir hier zusammengetragen, was uns mit Blick auf die Frage nach einem guten Leben interessant, anregend und hilfreich zu sein scheint. Sie können die Kapitel in chronologischer Reihenfolge, aber auch kreuz und quer lesen. Wenn wir ihnen eine Empfehlung geben dürfen: Gehen Sie am besten chronologisch vor, indem Sie jedes Kapitel aufmerksam zu lesen beginnen. Lesen Sie aber nur so weit, wie der Inhalt Sie wirklich interessiert. Wo das nicht der Fall ist, springen Sie einfach zum nächsten Kapitel. Auf diese Weise kommen Sie nicht nur schneller ans Ziel – das für Sie Wissenswerte in diesem Buch zu entdecken –, sondern haben auch mehr Freude auf dem Weg dahin. Und auf die Freude kommt es an – im Leben und beim Lesen.

TEIL 1

ERNÄHRUNG

1

SOKRATISCHE ACHTSAMKEIT

In der Philosophie geht es ursprünglich nicht um Bewusstseinserweiterung, sondern um Bewusstseinsschärfung. Sokrates hat den Menschen, die das Gespräch mit ihm gesucht haben, kein völlig neues Wissen jenseits ihres Horizonts vermittelt, sondern sie lediglich auf das aufmerksam gemacht, was immer schon in ihrem Horizont gelegen hat, aber von ihnen übersehen worden ist. In diesem Sinne kann man sagen, dass es Sokrates um eine achtsame Haltung zu tun war – im Denken, im Sprechen und in der alltäglichen Lebensführung. Der antike Biograf Xenophon berichtet: „Sokrates machte seine Zuhörer besonders darauf aufmerksam, sich um die Gesundheit zu kümmern, mit dem Rat, soweit als möglich von den Sachverständigen zu lernen. **Jeder müsse das ganze Leben hindurch auf sich selber achtgeben,** welche Speise, welches Getränk oder welche Arbeit ihm zuträglich sei und wie er diese anwenden müsse, um möglichst gesund zu leben. Wenn man dies tue, sei es schwer, einen Arzt zu finden, der das für die Gesundheit Zuträgliche besser herausfinden könne als man selbst."[1]

Eine gesunde Ernährung beginnt damit, dass wir lernen, auf unser eigenes Körpergefühl zu achten. Die Natur hat uns mit etlichen Sensoren ausgestattet, die sehr genau signalisieren, welche Lebensmittel uns guttun und welche nicht. Als Erstes entscheiden die Augen und die Nase darüber, ob eine Speise so aussieht und riecht, dass wir sie überhaupt in den Mund nehmen mögen. Instinktiv lehnen wir z. B. alles ab, was von Farbe und Geruch her auf Fäulnis und Schimmel hindeutet. Nachdem ein Nahrungsmittel diesen ersten Test bestanden hat, steht schon der nächste bevor – an der Zunge. Die Oberfläche der Zunge ist übersät mit kleinen Auswölbungen, die man Papillen nennt und mit bloßem Auge im Spiegel sehen kann. Jede einzelne dieser Papillen besitzt hunderte von Geschmacksknospen, die nur unter dem Mikroskop sichtbar sind. Jede einzelne Geschmacksknospe besteht wiederum aus 50 bis 150 Geschmacksrezeptorzellen, deren Nervenenden die Informationen über das Essen ans Gehirn weiterleiten, wo sie mit abgespeicherten Erfahrungen abgeglichen werden. Die Erfahrungen, die wir mit Lebensmitteln machen, werden im Gehirn fest verankert und gehören zu den langlebigsten Erinnerungen überhaupt. Nachdem das Essen vom Gehirn geprüft und für gut befunden worden ist, gelangt es in den Magen, der in dieser Angelegenheit das letzte Wort hat. Haben Augen, Nase und Mund unaufmerksam eine verdorbene Speise passieren lassen, dann rebelliert der Magen, damit die Schadstoffe nicht über den Darm in den Blutkreislauf gelangen.

Wir haben also schon von Natur aus ein gutes Gespür dafür, was wir essen sollten und was nicht. Das Problem ist nur, dass dieses Gespür mit schlechten Essensgewohnheiten nachlässt. Haben wir uns erst einmal eine ungesunde Ernährung angewöhnt, so nehmen wir viele körperliche Rückmeldungen, die uns von bestimmten Lebensmitteln (z. B. von zu viel Salz in Fertiggerichten) abraten, gar nicht mehr wahr. Dem können wir vorbeugen und entgegenwirken, indem wir achtsam vieles ausprobieren. Achtsamkeit heißt in diesem Zusammenhang: **mit allen Sinnen ganz genau darauf achten, wie die Speisen beim Essen schmecken und wie wir uns nach dem Essen fühlen.** Viele ungesunde Lebensmittel, die wir vermeintlich für unser Leben gern essen, verlieren ihren Reiz, wenn wir sie ganz bewusst auskosten, während gesündere Speisen plötzlich unerwartet gut schmecken.

Indem wir unseren guten Geschmack kultivieren, tun wir etwas für unsere Gesundheit. Je bewusster, achtsamer und langsamer wir essen, umso mehr schärfen wir unser Gespür für gute Lebensmittel; selbst der beste Weinkenner kann nicht zwischen einem guten und einem schlechten

Tropfen unterscheiden, wenn er den Wein hastig runterkippt. Aber es kommt nicht nur auf den Geschmack beim, sondern auch auf das Gefühl nach dem Essen an. Das Gefühl ist hier (wie überall) ein ganzheitlicher Indikator für die unbewussten Prozesse, die in uns ablaufen. Wir brauchen kein ernährungswissenschaftliches Studium, um zu wissen, dass ein gedünsteter Lachs mit einer Ofenkartoffel, einer frischen Salatbeilage und einem Glas Wasser viel gesünder ist als ein fettiger Burger mit eine Extraportion Pommes und einem halben Liter Cola. Es genügt schon, darauf zu achten, wie wir uns nach dem Essen fühlen. Ein gutes Essen hinterlässt nicht nur einen guten Geschmack auf dem Gaumen, sondern ein gutes Gefühl im gesamten Körper; wir sind satt geworden, aber nicht müde und träge. Im Grunde reicht die bewusste Erfahrung also fast schon aus, um zu wissen, was eine gesunde Ernährung ist. Aber ein solches Erfahrungswissen erwerben wir nur, indem wir vieles achtsam ausprobieren. Daher: Durchbrechen Sie Ihre Ernährungsroutinen. Bleiben Sie offen für neue Anregungen.

TIPP

Führen Sie ruhig mal eine gewisse Zeit ein Ernährungstagebuch, in dem Sie genau notieren, was und wie viel Sie gegessen haben, wie das Essen geschmeckt hat und wie Sie sich nach dem Essen gefühlt haben. Auf diese Weise lernen Sie Ihren Körper besser kennen und können so bessere Ernährungsentscheidungen treffen.

SOKRATES

[469 – 339 v. Chr.]

Von dem Begründer der Philosophie, Sokrates, sind keine eigenen Schriften überliefert. Wir kennen ihn nur durch das Zeugnis seiner Schüler: die „Erinnerungen" von Xenophon und die „Dialoge" von Platon. In diesen tritt Sokrates als Wahrheitssucher auf, der eine ganz besondere Art der Gesprächsführung kultiviert. Sokrates belehrt seine Gesprächspartner nicht, sondern bringt sie durch geschicktes Nachfragen dazu, ihre Gedanken selbst zu entwickeln. Das ist die sokratische „Hebammenkunst": die Kunst, Gedanken auf die Welt zu bringen. Der Obrigkeit im antiken Athen missfiel das sokratische Wirken allerdings. Sie klagte Sokrates in einem absurden Prozess an, die Gesetze und die Götter zu missachten. Sokrates, der sich der Anklage nicht entziehen wollte, wurde schließlich zum Tode verurteilt. Sein Denken ist in den platonischen Dialogen bis heute lebendig.

DAS ETIKETT „GANZHEIT-LICH" WIRD OFT AUF UNWISSENSCHAFTLICHE WELTANSCHAUUNGEN GEKLEBT, DIE DEN FALSCHEN ANSPRUCH ERHEBEN, FÜR ALLES UND JEDEN GÜLTIG ZU SEIN. ABER URSPRÜNG-LICH GEHT ES BEIM GANZHEITLICHEN DEN-KEN UM DAS GENAUE GEGENTEIL DAVON.

2

GANZHEITLICH IST INDIVIDUELL

Der Arzt Hippokrates von Kos (460–370 v. Chr.) ist der Inbegriff eines ganzheitlichen Denkers und gehört trotzdem (oder gerade deswegen) zu den Vätern der empirischen Medizin. Hippokrates hat mit seinem Wirken nicht nur das medizinische Heilverfahren von magisch-religiösen Praktiken emanzipiert. Er hat auch die Ärzte für alle Zeiten auf den Eid verpflichtet, jeden Menschen, der ihre Hilfe braucht, nach bestem Wissen und Gewissen zu behandeln – unabhängig von der Herkunft, dem Geschlecht und der sozialen Stellung des Patienten. Das gehört zum Begriff der Ganzheitlichkeit bei Hippokrates dazu: der gleiche Anspruch jedes individuellen Patienten auf die ganze „Kunstfertigkeit" des Arztes.

Diese „ärztliche Kunst" steht bei Hippokrates auf drei Säulen: der Durchführung von Operationen, der Verschreibung von Medikamenten und der Anleitung zu einer gesunden Lebensweise. Die beiden letzten Punkte verbindet Hippokrates in der bis auf den heutigen Tag hochaktuellen Devise: **Lasst eure Nahrungsmittel eure Heilmittel und eure Heilmittel eure Nahrungsmittel sein!** Die hippokratische Diät dient nicht nur der präventiven Abwehr von Krankheiten, sondern leistet auch wertvolle therapeutische Dienste bei ihrer Behandlung.

Wer nun aber die Werke des Hippokrates in der Hoffnung aufschlägt, darin eine altbewährte Liste von gesundheitsfördernden Lebensmitteln zu finden, wird vermutlich enttäuscht sein. Statt eindeutiger Diätempfehlungen stößt man dort nämlich auf Schriften mit so exotischen Titeln wie „Über Luft, Wasser und Ortslagen", „Über die richtige Lebensordnung" oder „Über die Winde". Hippokrates hatte eben ein ganzheitliches, das heißt individuelles Verständnis von der richtigen Ernährung. Was die richtige und die falsche Ernährung ist, lässt sich pauschal nicht sagen, sondern hängt von vielen individuellen Faktoren ab: der körperlichen Grundverfassung, den Arbeitsbedingungen, dem Alter und den klimatischen Verhältnissen.

Hippokrates´ ganzheitliches Verständnis von Ernährung ist der Grund dafür, warum er die Diskussionen um das Für und Wider von einzelnen Lebensmitteln, die in der Antike genauso leidenschaftlich geführt worden sind wie in unserer Zeit, eher gelassen kommentiert. „Man soll nicht einfach sagen", heißt es beispielsweise im Corpus Hippocraticum über die Bekömmlichkeit von Milchprodukten, „der Käse wäre ein beschwerdemachendes Nahrungsmittel, weil er den einen schlecht bekommt. Man soll vielmehr wissen, welche Beschwerden er macht, aus welchem Grund sie entstehen und welchem Teil des Leibesinneren er unbekömmlich ist […]. Der Käse nämlich, den ich nur als Beispiel angeführt habe, schadet nicht gleichmäßig allen Menschen, sondern die einen haben nach seinem Genuss nicht die geringsten Beschwerden davon, er verleiht sogar denen, welchen er bekommt, seltene Kraft, während ihn wiederum andere schwer verdauen."[2]

Heute wissen wir, dass die Verträglichkeit von Milchprodukten davon abhängt, ob unser Körper das Laktase-Enzym bilden kann, das für die Verstoffwechselung von Milchzucker nötig ist. Ursprünglich ist der Mensch tatsächlich nicht darauf ausgelegt gewesen, die Milch von anderen Tieren zu sich zu nehmen. Erst seit circa 7.500 Jahren – aus evolutionärer Perspektive kein so großer Zeitraum – haben sich einige Menschen an tierische Milchprodukte gewöhnt. Einige, aber eben nicht alle. Tatsächlich ist ein Teil der Weltbevölkerung laktoseintolerant. Für den anderen Teil ist Milch deshalb aber noch lange kein ungesundes Lebensmittel. Vor allem in fermentierter Form (Joghurt, Kefir) kann sie sogar ein echtes Heilmittel sein: ein guter Vitamin- und Proteinlieferant, der eine wohltuende Wirkung auf den Blutzuckerspiegel hat.

Individuelle Unterschiede gibt es nicht nur bei der Verträglichkeit von Lebensmitteln, sondern auch von Mahlzeiten. Das Frühstück ist das beste Beispiel dafür. Während es für die einen die wichtigste Mahlzeit ist, die gar nicht nährstoffreich genug ausfallen kann, begnügen sich andere zum Frühstück mit einer Tasse Tee und einem Stück Brot. Was richtig und was falsch ist, kann nur der Einzelne für sich entscheiden, indem er genau darauf achtet, was ihm guttut und was nicht. Bei Hippokrates lesen wir: „Einigen Menschen ist es nämlich zuträglich, nur eine Hauptmahlzeit am Tag zu sich zu nehmen, und das haben sie sich selbst wegen der Bekömmlichkeit so zur Regel gemacht. Anderen aber bekommt es außerdem noch zu frühstücken aus demselben zwingenden Grund, denn so bekommt es ihnen und nicht anders.“

Heute gibt es viele Diäten mit klingenden Namen wie „Atkins-Diät“ oder „Paleo-Diät“, die mit einem ultimativen Anspruch daherkommen, als gäbe es für alle Menschen nur eine richtige Ernährungsweise. Aber warum soll das, was für Atkins gut war, gut für mich sein? Warum sollen wir uns im 21. Jahrhundert genauso ernähren, wie es die Jäger und Samm-ler vor tausenden von Jahren getan haben? Letztlich stellen solche Diätempfehlungen immer eine Art von Storytelling dar, um auf dem Markt der Meinungen auf sich aufmerksam zu machen. Das ist legitim. Aber das führt auch zu den unendlichen Debatten um das Für und Wider bestimmter Ernährungsweisen, bei denen man am Ende vor lauter Bäumen den Wald nicht mehr sieht. Wir sehen klarer, wenn wir beim Thema Ernährung (und nicht nur da) prinzipiell weniger auf die großen Storys und mehr auf die kleinen Anregungen achten. Es gibt keinen Grund, dass wir unsere Ernährung komplett an den Leitlinien der „Paleo-Diät“ orientieren, aber es gibt gute Gründe, dass wir uns von der Idee der „Paleo-Diät“ dazu anregen lassen, weniger hochverarbeitete Lebensmittel zu essen. Probieren Sie jede Anregung, die auf Sie einen vernünftigen Eindruck macht, gleich praktisch aus. So können Sie herausfinden, was ihnen wirklich guttut, indem sie aktiv werden. Denn, um es nochmal abschließend mit Hippokrates zu sagen: Wer behauptet, das ultimative Rezept für eine gesunde Ernährung zu kennen, das jederzeit und für jeden gilt, „der täuscht sich selbst und täuscht andere gründlich, denn das ist unmöglich“.[3]

3

WAS DER KÖRPER

KÖRPER

BRAUCHT

Das Wort „Protein" stammt vom griechischen Wort „protos" ab, was so viel wie „das Erste", „das Wichtigste" bedeutet. Tatsächlich ist die Neubildung von Proteinen, die sogenannte Proteinbiosynthese, einer der wichtigsten biologischen Prozesse überhaupt. Hier werden nach einem „genetischen Bauplan" aus dem „Baustoff" der Aminosäuren die Proteine zusammengesetzt, die unser Körper für alles Mögliche braucht: für den Aufbau von Muskelmasse, für die Informationsübertragung im zentralen Nervensystem, für die Bil-

dung von Antikörpern im Immunsystem u.v.m. Die Proteinbiosynthese beginnt im Zellkern. Da liegt der „genetische Bauplan" in Form der DNA. Der „Bauplan" verlässt den Zellkern nie. Er wird dort sicher aufbewahrt wie in einem Tresor. Aber die benötigten Bauanweisungen für die Proteine werden abgeschrieben (transkribiert) und von der messenger RNA (mRNA) aus dem Zellkern in die Zellflüssigkeit exportiert. In der Zellflüssigkeit dockt die mRNA nun an die Ribosomen an. Die Ribosomen sind die „Zellfabriken". Sie erhal-

BIOVERFÜGBARKEIT

100%
Ei

72%
Mais

79%
Bohnen

136%
Eier + Kartoffeln

Die Mischung von Eiern und Kartoffeln hat die höchste Bioverfügbarkeit (= 136 %). Aber auch Mais (72 %) und Bohnen (79 %) sind zusammen exzellente Proteinlieferanten (= 100 %).

ten von der mRNA den genetischen „Bauplan", um daraus die Proteine zu produzieren, die unser Körper gerade braucht. Das ist der zentrale Prozess des Lebens: vom Genom zum Proteom. Nun brauchen die „Zellfabriken" (Ribosomen) aber nicht nur eine „Bauanleitung", sondern auch einen „Baustoff". Dieser Baustoff sind die Aminosäuren und hier kommt die Ernährung ins Spiel.

Jedes einzelne Protein ist aus einer Kette von 100 bis 2.000 Aminosäuren zusammengesetzt. Im menschlichen Körper kommen insgesamt 21 verschiedene Aminosäuren vor, aus denen sich unvorstellbar viele Proteine zusammensetzen lassen. Von den 21 Aminosäuren in unserem Körper sind acht essenziell. Das heißt: Unser Körper benötigt sie, kann sie aber nicht selbst herstellen und muss sie deshalb über die Nahrung aufnehmen. Diese Nahrungsproteine werden im Darm enzymatisch in ihre Bestandteile (die Aminosäuren) zerlegt, aus denen die Zellen dann die Körperproteine bilden. Je besser die Struktur der Aminosäuren sich für die körperliche Verwertung eignet, umso wertvoller sind die Proteine, die wir durch die Nahrung aufnehmen, umso höher ist ihre sogenannte Bioverfügbarkeit. In

den Ernährungswissenschaften wird zur Angabe der Bioverfügbarkeit von Proteinen ein ganzes Ei als Referenzmenge (= 100 %) genommen. Die Mischung von Eiern und Kartoffeln hat die höchste Bioverfügbarkeit (= 136 %). Aber auch Mais (72 %) und Bohnen (79 %) sind zusammen exzellente Proteinlieferanten (= 100 %).[4]

Laut der Deutschen Gesellschaft für Ernährung (DGE) sollte die tägliche Proteinzufuhr eines Erwachsenen (19 – 65 Jahre) 0,8g pro Kg seines Körpergewichts betragen. Es gibt Ernährungswissenschaftler, die eine Mischung aus pflanzlichen und tierischen Proteinquellen empfehlen, während andere zu einer rein vegetarischen Ernährung raten. **Hülsenfrüchte wie Linsen, Soja und Erbsen sind sehr gute Proteinlieferanten**, die durch Fleisch, Milchprodukte und Eier ergänzt werden können. Bei den tierischen Lebensmitteln ist es ratsam, statt auf rotes Fleisch **öfter auf Seefisch zu setzen**, der neben Proteinen noch Omega-3-Fettsäuren, Iod, Vitamin D und Selen enthält.

Der Körper braucht aber nicht nur immer wieder neue „Baustoffe", sondern auch viel Energie, um die lebensnotwendigen Prozesse – wie den der Proteinbiosynthese – aufrechtzuerhalten. Kohlenhydrate versorgen uns mit dem nötigen „Treibstoff". Sie werden im Körper zu Glukose verarbeitet, die die Energiequelle Nummer eins für unseren Körper ist. Die Zellen des zentralen Nervensystems (ZNS) verwenden fast ausschließlich Glukose für die Energiegewinnung. Alleine unser Gehirn braucht Tag für Tag 130 bis 150 g Glukose. Eine andere Energiequelle hat es nicht. Glukose ist fürs Überleben genauso wichtig wie Sauerstoff. Eine Unterbrechung der Glukosezufuhr würde genauso schnell zum Tod führen wie eine Unterbrechung der Sauerstoffzufuhr. Der Unterschied ist nur, dass wir Glukose in Form von Glykogen speichern und von diesen Reserven bis zu vier Wochen zehren können.

So wie die Proteine aus einer Verkettung von Aminosäuren bestehen, bestehen die Kohlenhydrate aus einer Verkettung von Zuckermolekülen. Und genauso wie die Proteine bei der Verdauung enzymatisch in einzelne Aminosäuren zerlegt werden, werden die Kohlenhydrate in einzelne Zuckermoleküle zerlegt. Die Einzelzucker gelangen dann in die Blutlaufbahn, von wo sie zu den Körperzellen transportiert werden, die daraus Energie gewinnen. Dieser Prozess wird vom Körper genauestens reguliert. Sobald der Blutzuckerspiegel ansteigt, werden die Hormone Insulin und Glukagon ausgeschüttet, die den Zucker transportieren, verwerten und speichern.

Für eine gesunde Ernährung ist es wichtig, dass wir vor allem komplexe, langkettige Kohlenhydrate zu uns nehmen. Der Körper braucht nämlich mehr Zeit, um sie zu verdauen, sodass die Glukose kontinuierlich, nach und nach, ins Blut kommt. Bei kurzkettigen Kohlenhydraten ist das Gegenteil der Fall. Sie führen zu einem schnellen Anstieg und Abfall des Blutzuckerspiegels, was die Insulinausschüttung aus der Balance bringt – Diabetes Typ 2 kann die Folge sein. Aber nicht nur für die körperliche Gesundheit, sondern auch für die geistige Leistungsfähigkeit ist eine kontinuierliche Glukosezufuhr ohne zu großes Auf und Ab („Peaks") sehr wichtig. Ein voller Magen studiert bekanntlich nicht gerne. Das gilt vor allem für einen Magen, der mit kurzkettigen Kohlenhydraten vollgestopft worden ist, die alle schnell ins Blut gehen und so den Stoffwechsel über Gebühr belasten. Exzellente Lieferanten für komplexe Kohlenhydrate sind: **Vollkornpro-**

> Zu den qualitativ hochwertigen Fetten gehören Walnussöl, Rapsöl, Leinöl und natives kalt gepresstes Olivenöl. Fettige Fische wie Makrele, Hering, Thunfisch, Lachs, Heilbutt und Sardinen enthalten reichlich Omega-3-Fettsäuren. Genau wie Nüsse.

dukte, **Haferflocken, Obst und Gemüse, Hülsenfrüchte und Sojaprodukte.** Der Anteil der Kohlenhydrate an der gesamten Energieversorgung sollte laut DGE mindestens bei 50 % liegen.

Der dritte primäre Nährstoff ist das Fett. Das Wort „Fett" hat einen negativen Klang, der uns gleich ans „Bauchfett" denken lässt. Aber Fette bilden nicht nur überflüssige Hüftpolster, sondern auch schützende Polster um die inneren Organe und Zellen. Sie spielen außerdem für das Gehirn eine wichtige Rolle. **Omega-3-Fettsäuren sind für das Gehirn essentiell.** Ein Mangel an Omega-3-Fettsäuren ist ein begünstigender Faktor für Konzentrationsschwäche,

Demenz und Alzheimer. **Zu den qualitativ hochwertigen Fetten gehören Walnussöl, Rapsöl, Leinöl und natives kalt gepresstes Olivenöl. Fettige Fische wie Makrele, Hering, Thunfisch, Lachs, Heilbutt und Sardinen enthalten reichlich Omega-3-Fettsäuren. Genau wie Nüsse.** Die ungekrönte Königin unter den Nüssen ist die Walnuss, die nicht nur einen hohen Anteil an ungesättigten Fettsäuren, sondern auch an Zink und Vitamin C enthält. Es empfiehlt sich, jeden Tag zwei bis drei Wallnüsse zu essen (nicht mehr, weil sie sehr kalorienreich sind).

Schließlich braucht der Körper noch ausreichend Mikronährstoffe, also Vitamine, Mineralien und Spu-

renelemente. Während die primären Nährstoffe (Proteine, Kohlenhydrate und Fette) das Material und die Energie liefern, damit die Stoffwechselprozesse im Körper überhaupt ablaufen, sorgen die Mikronährstoffe dafür, dass sie auch richtig ablaufen. Beispielsweise reguliert Vitamin A die Verteilung der Zellen in den Atemwegen. Ein Vitamin-A-Mangel kann deshalb dazu führen, dass zu viele schleimbildende Zellen in den Atemwegen entstehen, wodurch man anfälliger für grippale Infekte wird. **Bei einer ausgewogenen, abwechslungsreichen Ernährungsweise mit viel Obst und Gemüse sollte eigentlich kein Mangel an Mikronährstoffen bestehen.** Am häufigsten treten Mangelerscheinungen an Vitamin D, Jod, Folsäure, Eisen und Vitamin B12 auf (Veganer müssen Vitamin B12 ergänzen, weil es in relevanten Mengen nur in tierischen Produkten vorkommt).

Eine ausreichende Versorgung mit Mikronährstoffen – vor allem mit Vitamin D, Vitamin C, Zink und Selen – trägt nicht zuletzt zu einer gut funktionierenden Immunabwehr bei. So ist ein Vitamin-D-Mangel mitverantwortlich für Erkrankungen der oberen Atemwege (Husten, Schnupfen, Erkältungen). Das Sonnenlicht ist die Hauptquelle für Vitamin D; was ein Grund ist, warum wir an jedem Arbeitstag, auch und gerade im Winter, einen kleinen Spaziergang im Freien machen sollten – der andere Grund ist die gesundheitsfördernde und stressabbauende Wirkung von Bewegung. Außer durch das Sonnenlicht können wir **Vitamin D** durch die Nahrung aufnehmen. Größere Mengen kommen in **fettigem Fisch wie Lachs, Makrele, Hering und Aal** vor. Auch Eier und Käse enthalten in geringeren Mengen Vitamin D.

Es gibt also viele Stellschrauben, an denen wir bei der Ernährung drehen können. **Eine gesunde Ernährung enthält pro Energieeinheit (Kalorien) möglichst viele Nährstoffe.** Eine ungesunde Ernährung deckt den Energiebedarf mit leeren Kalorien, die dem Körper zu wenig von dem geben, was er außer Kalorien noch braucht, und zu viel von dem, was er nicht braucht: zu viel Süßes, Salziges und Fettiges. Achten Sie also nicht nur darauf, dass Sie Ihren Energiebedarf decken, sondern auch, wie Sie ihn decken.

4

DIE PFLANZLICHE BIOMASSE

Eine der größten Studien, die zum Thema Ernährung je durchgeführt worden sind, ist die „Global Burden of Disease Study". Anhand von empirischen Daten aus 195 Ländern haben die Autoren der Studie hochgerechnet, wie viele Menschen weltweit unter den Folgen einer falschen Ernährung leiden. Zu diesen Folgen zählen vermeidbare Todesfälle, aber auch sogenannte DALYs (engl. Akronym für Disability Adjusted Life Years). Das sind die Lebensjahre, die wir unnötigerweise an Krankheiten verlieren, das heißt, in denen wir kein beschwerdefreies Leben führen können.

Die Autoren der „Global Burden of Disease"-Studie kommen zu dem Schluss, dass alleine der mangelhafte Verzehr von Obst und Gemüse jährlich für zwei Millionen Todesfälle und 65 Millionen DALYs verantwortlich ist. Insgesamt schätzen die Autoren der Studie, dass eine falsche Ernährung im Jahr 2017 zu elf Millionen Todesfällen und 255 Millionen DALYs geführt hat.[5] Zum Vergleich: Im selben Jahr sind weltweit etwa acht Millionen Menschen an den Folgen des Rauchens gestorben.

Warum sind Obst und Gemüse so gesund? Die Antwort ist einfach: Obst und Gemüse haben von allen Lebensmitteln die höchste Nährstoffdichte, das heißt, sie liefern uns pro Energieeinheit (Kcal) die meisten primären Nährstoffe, Vitamine und Mineralien.

Noch dazu sind Obst und Gemüse reich an Ballaststoffen, deren Bedeutung für eine gesunde Ernährung kaum überschätzt werden kann. Ballaststoffe sind Bestandteile der pflanzlichen Zellwände, die nicht nur in Obst und Gemüse, sondern auch in Getreide und Hülsenfrüchten (Bohnen, Sojabohnen, Erbsen, Kichererbsen und Linsen) vorkommen. Obwohl die Ballaststoffe selbst unverdaulich sind, das heißt gar nicht in den Blutkreislauf gelangen, spielen sie eine wichtige Rolle bei der Verdauung. Sie sind gewissermaßen die Hefe im Verdauungsprozess. Sie lassen den Nahrungsbrei so aufquellen, dass er schonend verstoffwechselt wird und der Blutzuckerspiegel nicht abrupt ansteigt. Das beugt Diabetes Typ 2 vor. Außerdem senken Ballaststoffe indirekt den Cholesterolspiegel, indem sie Gallensäure binden, die dann vom Körper unter Verwendung von Cholesterol neu gebildet werden muss. Auf diese Weise wird das Cholesterol den Kreisläufen entzogen, in denen es Schaden anrichten kann.

Aber das ist noch nicht alles. Obst und Gemüse enthalten noch tausende sekundäre Pflanzenstoffe und Mikroorganismen, deren gesundheitsfördernde Wirkung die Wissenschaft gerade erst zu entdecken beginnt. Obst und Gemüse sind wahre Wunderwerke der Natur, die der Mensch nur bewahren, aber nicht verbessern kann. Je näher die Lebensmittel an dem Zustand sind, in dem sie schon vor tausenden von Jahren gepflückt und geerntet wurden, umso besser ist das für unsere Gesundheit. Kein Lebensmittelchemiker der Welt kann die natürliche Evolution in der Zusammensetzung von gesunden Nährstoffen übertreffen. Am Beispiel eines Apfels können wir uns das klar machen.

Ein durchschnittlicher Apfel ist 100 g schwer und enthält 85 g Wasser, 14 g Kohlenhydrate, 300 mg Proteine, 200 mg mehrfach ungesättigte Fettsäuren, 180 mg Kalium, 15 mg Calcium, 15 mg Magnesium und 20 mg Vitamin C. Frage: Warum können wir diese Nährstoffe nicht in eine kleine grüne Apfelpille pressen, die wir dann in Wasser auflösen und runterspülen?

BUNT IST

Antwort: Weil diese Nährstoffe nicht alles sind, was den Apfel ausmacht. Es kommen noch tausende von „kleinen Helfern" hinzu, die daran mitwirken, aus dem Apfel ein gesundes Lebensmittel zu machen. Bakterien zum Beispiel. Äpfel sind auch deshalb so gesund, weil sie etliche Bakterien enthalten, die mit dem Mikrobiom in unserem Darm harmonieren, sodass unsere Immunabwehr gestärkt wird.[6] 70 % der Immunaktivität findet nämlich im Darm statt, wo die Nährstoffe in den Blutkreislauf gelangen, um von dort zu den Zellen transportiert zu werden.

Zur gesundheitsfördernden Wirkung des Apfels tragen zudem noch die Polyphenole bei. Das sind die sekundären Pflanzenstoffe, die dem Apfel Farbe und Geschmack verleihen und ganz nebenbei eine antioxidative Wirkung haben. Wie wichtig solche unscheinbaren Helfer wie Bakterien und Polyphenole sind, hat jüngst eine randomisierte Studie der Universität Reading gezeigt. Die Wissenschaftler baten 43 Probanden mit leicht erhöhtem Cholesterinspiegel darum, über einen Zeitraum von acht Wochen zusätzlich zu ihrer üblichen Ernährung entweder zwei Äpfel am Tag zu essen oder eine entsprechende Menge künstlich gesüßten Apfelsaft zu trinken. Dabei bekam die erste Gruppe eine Apfelsorte mit hohem Polyphenol- und Ballaststoffgehalt serviert. Während ihr Cholesterinspiegel nach acht Wochen leicht gesunken war, hat sich der Cholesterinspiegel der Vergleichsgruppe, die stattdessen Apfelsaft getrunken hatte, sogar leicht erhöht.[7]

Deshalb ist es so wichtig, dass wir nicht auf pillenförmige Nahrungsergänzungsmittel setzen, sondern jeden Tag mindestens fünf Portionen an möglichst frischem, möglichst ganzem Obst und Gemüse essen. Greifen Sie dabei nach Möglichkeit

GESUND!

zu regionalen und saisonalen Produkten – Obst und Gemüse können auf langen Transportwegen nämlich bis zur Hälfte ihres Vitamingehalts verlieren. Probieren Sie immer wieder neue Obst- und Gemüsesorten aus. **Bunt ist gesund!** Farben sind mehr als ein schöner Schein. Brokkoli ist grün, weil er Chlorophyll enthält, das unser Hungergefühl dämpft. Tomaten sind rot, weil sie Lycopin enthalten, das das Risiko für Krebs und Herzerkrankungen senkt. Eine farbenfrohe, abwechslungsreiche Ernährung mit Obst und Gemüse fördert die bakterielle Vielfalt in Ihrem Mikrobiom und stärkt Ihre Immunabwehr.

Sie müssen übrigens nicht zu den exotischen „Superfoods" greifen, um Ihrem Körper mit pflanzlichen Nährstoffen etwas Gutes zu tun. Chia-Samen sind reich an Omega-3-Fettsäuren; Leinsamen und Nüsse sind es auch. Acai-, Goji- und Aroniabeeren enthalten viele Stoffe mit antioxidativen Wirkungen genauso wie Brombeeren, Himbeeren und Blaubeeren. Matcha-Tee entfaltet eine wohltuende Wirkung vergleichbar mit der von Kaffee, Kakao und heißem Wasser mit Zitrone. Es ist im Übrigen auch aus sozialen Gesichtspunkten fragwürdig, welchen Mehrwert der massenhafte Import von sogenannten „Superfoods" hat. Die „Getreideart" (streng genommen ist es keine) Quinoa wurde als „Gold der Inka" gepriesen. Und wie das Gold der Inka wird es deshalb massenweise aus Peru ins Ausland transportiert, sodass sich die heimische Bevölkerung ihr beliebtes Lebensmittel kaum noch leisten kann. Stattdessen wird Quinoa nach einem aufwendigen Transport nun in Ländern verzehrt, wo es genug Hirse und Hülsenfrüchte gibt, die genauso nahrhaft sind.[8]

5

LEBENSELEXIER

WASSER

Einer der
ältesten
philosophischen
Lehrsätze,
der in den
„Fragmenten der
Vorsokratiker"
überliefert
ist, lautet:
„Alles fließt."

Dieser Satz lässt sich leicht auf die Verhältnisse im menschlichen Körper übertragen. Gesundheit und Krankheit sind auch eine Frage des Fließens und Stockens von körperlichen Prozessen – vom Blutfluss in den Gefäßen bis hin zum Informationsfluss im zentralen Nervensystem (ZNS). Warum leiden wir unter Bluthochdruck? Weil der Blutfluss in den Gefäßen gehemmt ist, sodass das Herz mehr pumpen muss, um die Zellen mit den lebensnotwendigen Stoffen zu versorgen. Warum können wir nach zu viel Alkohol und zu wenig Schlaf nicht klar denken? Weil der neuronale Informationsfluss zum präfrontalen Kortex, wo die Denkarbeit stattfindet, blockiert ist. Alles fließt – auch und gerade im menschlichen Körper.

Damit die lebensnotwendigen Nährstoffe in unserem Körper dahin gelangen, wo sie gebraucht werden, braucht es ein Transportmittel. Wasser ist das Transportmittel in unserem

Körper. Unser Blut besteht zu 95 % aus Wasser, in dem die roten Blutkörperchen hin und her schwimmen, um die Zellen mit Sauerstoff zu versorgen. Die Zellen bestehen selbst wiederrum zu 75 % aus Wasser, das die zellulären Prozesse, wie die Erzeugung von Energie, überhaupt erst möglich macht. Aber Wasser ist weit mehr als nur ein Transportmittel für den Stoffwechsel. Es reguliert auch wichtige Körperfunktionen: von der Verdauung über die Herz-Kreislauf-Funktionen bis hin zur Immunabwehr.[9] Und nicht zuletzt hat der Wasserhaushalt im Körper noch einen immensen Einfluss auf unsere kognitive Leistungsfähigkeit. Das Gehirn reagiert auf Wassermangel hochsensibel. Nur wenn es ausreichend mit Flüssigkeit versorgt ist, kann es optimal arbeiten. Daher fühlen sich Menschen, die zu wenig trinken, oft müde und unkonzentriert. Ein Wassermangel (Dehydration) von 10 % im Gehirn entspricht einem Energieverlust von 30 %. Aber der Flüssigkeitsentzug schadet nicht nur dem Gehirn, sondern dem gesamten Körper. Unser Körper versucht nämlich den Mangel auszugleichen, indem er dem Blut Flüssigkeit entzieht und die Schweißproduktion drosselt. Dadurch wird das Blut dickflüssiger. Seine Fließei-

genschaften verschlechtern sich, was Schwindel, Erbrechen und Kreislaufprobleme zur Folge haben kann.

Aus all diesen Gründen ist es immens wichtig, dass wir Tag für Tag genug trinken. **Täglich sollte ein Erwachsener etwa 35 ml Wasser pro Kg Körpergewicht durch feste Nahrung und Getränke zu sich nehmen (bei Hitze und Belastung steigt der Bedarf).** Nur trinken, wenn man Durst hat, funktioniert leider nur in jungen Jahren. Je älter wir werden, umso stärker lässt nämlich das natürliche Durstgefühl nach, während gleichzeitig der Wassergehalt des Körpers nach dem 25. Lebensjahr kontinuierlich abnimmt. Aus evolutionärer Perspektive kommt es nun mal vorrangig darauf an, dass wir in jungen Jahren unsere Gene weitergeben, und nicht darauf, dass wir bis ins hohe Alter genug trinken und gesund bleiben. Dafür müssen wir schon selber sorgen, indem wir uns das Problem bewusst machen und aktiv werden. Wer beispielsweise das Trinken im Alltag immer wieder vergisst, kann es sich zur Gewohnheit machen, gleich am Morgen, noch vor dem Frühstück, einen halben Liter Wasser zu trinken. Wer will, kann bei dieser Gelegenheit auch gleich seine Mineralien und Vitamindepots auffüllen, indem er in ein Glas Wasser noch eine ganze Limette, etwas Apfelessig und eine Prise Salz dazugibt. Die über den Tag verteilte Flüssigkeitszufuhr kann man sicherstellen, indem man eine Wasserflasche gut sichtbar am Arbeitsplatz platziert, sodass man immer wieder ans Trinken erinnert wird.

Decken Sie Ihren Wasserbedarf mit Wasser. Das ist eine dieser ganz einfachen Ernährungsregeln, die jeder seiner Gesundheit zuliebe konsequent befolgen sollte. Es ist zwar richtig, dass alle Getränke letztlich Wasser enthalten, aber Kaffee, Bier und sogar Tee enthalten auch entwässernde Substanzen, die dem Körper Flüssigkeit entziehen. Deshalb ist reines Wasser das beste Getränk, das es gibt. Das gilt in Deutschland auch für das Wasser, das aus dem Hahn kommt. Solange die Rohre in der Wohnanlage nicht verunreinigt sind (das kann man testen lassen), brauchen wir keine Flaschen zu schleppen, sondern können getrost Leitungswasser trinken. Wem reines Wasser zu fade schmeckt, der kann es mit einem Spritzer Zitrone, oder mit Gurkenscheiben und Früchten aromatisieren. Zuckerhaltige Getränke wie Cola und Limonade gilt es weitestgehend zu vermeiden. Hin und wieder ein Smoothie am Morgen oder eine Saftschorle nach dem Sport (Verhältnis ein Drittel Saft zu zwei Drittel Mineralwasser) sind in Ordnung. Aber größere Mengen an Zucker sollten in der Flüssigkeitsversorgung (vor allem von Kindern) tabu sein. Jeden Tag ausreichend reines Wasser trinken, gehört zu den einfachsten und effektivsten Maßnahmen, die Sie für Ihre Gesundheit treffen können.

6

NICHT

ZU VIEL

Eine der zentralen Ideen der antiken Ethik ist die Wahrung der inneren Balance durch Vermeidung des Übermaßes. „Nicht zu viel!" – im Sinne dieses Imperativs hat schon Sokrates vor Speisen und Getränken gewarnt, „die zum Essen verlocken, ohne dass man Hunger hat, und zum Trinken, ohne dass man Durst hat; denn durch diese Dinge werden Magen, Kopf und Geist zugrunde gerichtet."[10] Das Übermaß bringt den Körper aus dem Gleichgewicht, indem es dem Organismus die Fähigkeit zur Selbstregulation nimmt – zur „Homöostasis". Das altgriechische Wort, das von „homoios" = selbst und „stasis" = Gleichgewicht abgeleitet ist, ist in der Moderne zu einem naturwissenschaftlichen Schlüsselbegriff avanciert. Er beschreibt die Selbstregulation eines offenen Systems, das einen Gleichgewichtszustand zu erhalten bemüht ist. In der Biologie ist Homöostasis beispielsweise definiert als „Konstanterhaltung eines inneren Milieus (Soll-Zustand), der durch Regelung zustande kommt." Was damit gemeint ist, lässt sich mit einem einfachen Beispiel gut illustrieren.

Was geschieht, wenn wir leicht bekleidet in einer kalten Winternacht spazieren gehen? Wir frieren. Aber was passiert genau? Unser Körper leitet einen **homöostatischen Regulationsprozess** ein, das heißt, er versucht die Kälteeinwirkung auszugleichen, um die Körpertemperatur im Soll-Bereich von 37 Grad zu halten.

Das Übermaß bringt
den Körper aus
dem Gleichgewicht,
indem es dem Organismus
die Fähigkeit zur
Selbstregulation nimmt.

Zu diesem Zweck wird die Information über das Absinken der Körpertemperatur zunächst dem Gehirn, genauer gesagt dem Hypothalamus, gemeldet. Der Hypothalamus leitet dann die entsprechenden Reaktionen ein, um die Balance wiederherzustellen: Erst bekommen wir eine Gänsehaut – das nicht mehr vorhandene Fell wird aufgeplustert –, dann beginnen wir zu zittern – durch die Bewegung der Muskulatur wird Wärme erzeugt – und schließlich laufen wir blau an – das Blut wird von der Oberfläche ins Innere des Körpers geleitet. Das sind körpereigene Reaktionen auf unser Verhalten, die automatisch ablaufen, aber nur kurzfristig helfen. **Das Einzige, was wirklich hilft, ist, dass wir diese körpereigenen Reaktionen als Signale zur Kenntnis nehmen, um aktiv unser Verhalten zu verändern.** Also in diesem Fall ein warmes Plätzchen aufsuchen oder warme Kleidung anlegen. Aus der Perspektive der Gehirnforschung kann man das so formulieren: Für die gesunde Selbstregulation ist es wichtig, dass der Hypothalamus das Steuer an den präfrontalen Kortex abgibt, damit hier eine bewusste Entscheidung getroffen werden kann. Ist der Signalweg zum präfrontalen Kortex blockiert, z. B. weil wir zu viel Alkohol getrunken haben, gerät unser Körper aus der Balance und wir handeln uns eine Erkältung ein.

Solche homöostatischen Prozesse spielen nun auch bei der Ernährung eine wichtige Rolle. Das beginnt schon beim Hunger- und Sättigungsgefühl. Die „Start"(hungrig)- und „Stopp"(satt)-Signale beim Essen sind das Resultat eines komplexen Zusammenspiels von Neuronen und Hormonen. Leptin ist ein Hormon, das von unseren Fettzellen ins Blut abgegeben wird. Nach einer gewissen Zeit ohne Nahrung nehmen die Fettzellen ab, sodass die Leptin-Konzentration im Blut sinkt. Diese Information wird von Neuronen an den Hypothalamus gemeldet, von dort an höhere Gehirnregionen weitergeleitet und von uns schließlich als „Hunger" erlebt. Die Fettzellen melden dem Hypothalamus: „Wir werden weniger." Der Hypothalamus meldet uns: „Du hast Hunger." Und wir reagieren auf die Meldung, indem wir etwas essen. Durch die Mahlzeit werden die Fettdepots aufgefüllt, sodass der Leptinspiegel wieder steigt und wir von unserem Gehirn die Rückmeldung bekommen: „Du bist satt." Zu viel Essen stört diesen einfachen Regulationsmechanismus. Die neuronalen Leptin-Rezeptoren stumpfen gewissermaßen ab. Dadurch signalisiert der Hypothalamus uns ein Hungergefühl, obwohl genug Leptin im Blut vorhanden ist (obwohl wir also eigentlich satt sein sollten). Es ist genau wie bei dem Beispiel zuvor, wo zu viel Alkohol uns ein Gefühl der Wärme gibt, obwohl wir eigentlich frieren sollten. Wie in so vielen Bereichen gilt auch hier: **Übermaß stumpft ab.**

Die „Abstumpfung" von körpereigenen Sensoren spielt auch bei der Zivilisationskrankheit Diabetes Typ 2 eine entscheidende Rolle. Damit unsere Zellen optimal mit Energie versorgt werden können, muss die Glukosekonzentration in unserem Blut (der Blutzucker) innerhalb der engen Grenzen von 80 bis 120 mg gehalten werden. Dafür sorgen Insulin und sein Gegenspieler Glukagon. Durch die Nahrung nehmen wir Kohlenhydrate auf, die im Darm enzymatisch zerlegt werden und als Glukose (Zucker) in den Blutkreislauf gelangen. Sensoren in der Bauchspeicheldrüse registrieren nach einer Mahlzeit sofort, dass der Blutzuckerspiegel im Blut ansteigt. Daraufhin wird die Produktion von Insulin angekurbelt und die von Glukagon gedrosselt. Das Insulin verpackt die Glukose in sogenannte Vesikeln und transportiert sie zu den Zellen, wo sie zur Energiegewinnung gebraucht wird. Sobald die Glukose vom Insulin aus dem Blut an die Zellen abgegeben worden ist, beginnt der gegenläufige Prozess: Die Glukagonproduktion wird angekurbelt und die Insulinproduktion gedrosselt. Auf diese Weise bleibt der Stoffwechsel in Balance. Eine ungesunde Ernährung führt nun aber dazu, dass dieser homöostatische Regulationsprozess aus dem Gleichgewicht gerät. Der Verzehr von zu viel Zucker hat eine übermäßige Insulinproduktion zur Folge, was dazu führt, dass die Rezeptivität der Zellen für Insulin nachlässt (sie stumpfen ab). Der Blutzuckerpegel sinkt nicht, wie er soll, weil die Glukose vom Blut in die Zellen gelangt. Der überforderte Körper reagiert darauf mit einer Art Stressreaktion: Er produziert noch mehr Insulin, was die Sache aber nur noch schlimmer macht, weil die Wirkung des Insulins dadurch nur weiter nachlässt.

TIPP

Vermeiden Sie solche Negativspiralen, die die homöostatischen Prozesse in ihrem Körper aus der Balance bringen. Essen Sie nicht zu viel, zu süß, zu salzig und zu fettig. Dadurch reduzieren Sie das Risiko, sich eine Zivilisationskrankheit wie Diabetes Typ 2 einzuhandeln, deren Folgen Sie dann mit Medikamenten ausgleichen müssen, deren Nebenwirkungen wieder andere körpereigene Prozesse aus der Balance bringen. Verzichten Sie weitgehend auf kurzkettige, leere Kohlenhydrate in Form von Haushaltszucker, Weißbrot und Softdrinks. Die liefern wenig Vitamine, Mineralstoffe und Spurenelemente pro Energieeinheit und treiben den Blutzuckerspiegel abrupt nach oben. Setzen Sie stattdessen auf ballaststoffreiche komplexe Kohlenhydrate in Form von Vollkornprodukten, Hafer, Obst und Gemüse. Diese Lebensmittel enthalten nicht nur viel mehr Nährstoffe pro Kohlenhydrat, sondern sorgen auch dafür, dass die Kohlenhydrate schonend verstoffwechselt werden.

7

WAS HEISST EIGENTLICH DIÄT?

„Auf Diät sein" klingt ein bisschen so wie „auf Bewährung sein": Nachdem man es etwas zu arg getrieben hat, muss man sich jetzt zwangsweise zurückhalten und vor dem Rückfall in alte Verhaltensmuster hüten. Das ist natürlich ein überspitzter Vergleich, aber das Grundproblem der meisten Diäten besteht tatsächlich darin, dass wir sie uns wie eine Strafe für vergangene Verfehlungen auferlegen. Das hat mit dem ursprünglichen Sinn des Wortes „Diät", das auf Hippokrates zurückgeht, wenig zu tun. Wenn Hippokrates von der diätischen Kunst spricht, dann meint er damit zweierlei: erstens **eine langfristig gesunde Lebensordnung**, zu der neben einer guten Ernährung immer auch ausreichend Bewegung und Erholung gehören. Zweitens eine Ernährungsweise, die gemäß dem hippokratischen Grundsatz, **„lasst eure Heilmittel eure Nahrungsmittel und eure Nahrungsmittel eure Heilmittel sein"**, zur Prävention und Therapie von Krankheiten beiträgt. In diesem Sinne spricht Hippokrates beispielsweise davon, „eine sich anbahnende Krankheit früh zu erkennen und sie durch geeignete diätische Maßnahmen zu bekämpfen, bevor sie akut wird."[11]

Wie aktuell der Ansatz von Hippokrates ist, zeigt eine Studie, die 2019 in der renommierten medizinischen Fachzeitschrift „Lancet" publiziert worden ist. Sie kommt zu dem Schluss, dass allein in Deutschland 10

WAS PASSIERT, WENN WIR NACHHALTIG 10KG ABNEHMEN:

Gesamtmortalität	-20 %
Diabetesassoziierte Mortalität	-30 %
Adipositasassoziierte Karzinomtodesfälle	-40 %
Blutdruck systolisch	-7 mmHg
Blutdruck diastolisch	-3 mmHg
Risiko für Typ2 Diabetes	-58 %
LDL Cholesterol	-15 %
HDL Cholesterol	+8 %

Quelle: Fröleke, Einführung in die Ernährungslehre, S.192

% aller vorzeitigen Todesfälle durch eine gesündere Ernährung hätten vermieden werden können.[12] Aber nicht nur in präventiver, sondern auch therapeutischer Hinsicht kann eine langfristige Ernährungsumstellung in Kombination mit ausreichend Bewegung und Erholung viel bewirken. Beispielsweise können sich Verengungen von Herzkranzarterien nach 32 Monaten einer strengen pflanzenbasierten Diät wieder zurückbilden – ganz ohne chirurgische Eingriffe und Medikamente.[13]

Eine Diät im hippokratischen Sinne ist also das beste Heilmittel gegen das, was man metabolisches Syndrom nennt. Mit diesem Begriff bezeichnet man in der Medizin den stoffwechselbedingt engen Zusammenhang zwischen schlechter Ernährung, Übergewicht und Zivilisationskrankheiten wie Diabetes Typ 2 und Bluthochdruck. Fast 80 % aller Typ-2-Diabetiker sind entweder übergewichtig (BMI > 25) oder adipös (BMI > 30). Bluthochdruck tritt bei Adipösen drei- bis sechsmal häufiger auf als bei

Normalgewichtigen. Und mit steigendem Gewicht steigt das Risiko, an Gicht, Fettleber und Krebs zu erkranken. Am metabolischen Syndrom zeigt sich, dass schlechte Ernährungsgewohnheiten den gesamten Organismus – in einer Art Kettenreaktion – aus der Balance bringen können. Aber die gute Nachricht ist, dass das im Umkehrschluss genauso gilt. Wem es gelingt, sein Übergewicht durch eine Ernährungsumstellung nachhaltig zu verringern, der baut mehr als nur ein paar Fettpolster um die Hüften ab. Er reduziert sein Krankheitsrisiko um ein Vielfaches.

Betrachten Sie die Nahrungsmittel als präventive Heilmittel. **Es ist eine wissenschaftlich fundierte Tatsache, dass eine gute Ernährung nicht nur das Krankheitsrisiko reduziert, sondern auch die körperliche und geistige Leistungsfähigkeit – bis ins hohe Alter – optimiert.** Genau darum ging es Hippokrates, als er vor 2.500 Jahren den Begriff der „Diät" prägte, und darum sollte es uns heute auch wieder verstärkt gehen. Wenn wir uns die richtigen Fragen stellen, bevor wir eine Diät machen, wird sie auch funktionieren. Nicht: Was kann ich tun, um meinem optischen Ich-Ideal möglichst schnell möglichst nahe zu kommen? Sondern: Was kann ich durch meine Ernährung dafür tun, damit ich die nächsten zehn Jahre möglichst gut lebe? Damit ich von Krankheiten möglichst verschont bleibe. Damit ich mich in meinem Körper wohl fühle. Damit ich genug Energie habe, um das zu tun, was ich tun will!

> „Lasst eure Heilmittel eure Nahrungsmittel und eure Nahrungsmittel eure Heilmittel sein."

8

MIT KLEINEN SCHRITTEN (+1) ZUM ZIEL

Es gibt schlechte Gewohnheiten wie das Rauchen, die einfach abgestellt werden müssen. Für einen Raucher ist die Sache letztlich einfach: gut = aufhören und schlecht = weiterrauchen. Was die Essensgewohnheiten betrifft gibt es viele Stufen von „besser" zu „schlechter". Bei der Umstellung von Ernährungsgewohnheiten geht es nicht so sehr um den willensstarken Verzicht von heute auf morgen, sondern mehr um das Ausprobieren und kontinuierliche Umsetzen von besseren Alternativen. Wer eine Diät im hippokratischen Sinne, also eine langfristig gesunde Lebensordnung anstrebt, kommt mit vielen kleinen Schritten schneller ans Ziel, als

wenn er Anlauf zu dem einen großen Sprung nimmt.

Stellen wir uns einen Angestellten vor, Mitte vierzig, der im Vertrieb eines Versicherungsunternehmens arbeitet. Am Morgen auf dem Weg zur Arbeit macht er beim Bäcker halt, um sich einen Kaffee und ein Käse-Schinken-Croissant zu kaufen. Das ist ein liebgewonnenes Ritual. In der Mittagspause wählt er in der Kantine meistens das fettigste Menü. Obst und Gemüse sind für ihn kein zentraler Bestandteil der Ernährung, sondern bestenfalls Beilagen. An durchschnittlich zwei bis drei Tagen in der Woche nimmt er spät abends noch

Termine wahr, bei denen dann nochmal schwer gegessen und auch viel Alkohol getrunken wird.

Unser fiktiver Vertriebler weiß, dass seine Ernährungs- und Lebensweise langfristig nicht gesund sind. Zumal er schon die ersten Folgen spürt: Er nimmt immer mehr Gewicht zu, ist schon nach kurzen Anstrengungen aus der Puste und fühlt sich öfter nicht mehr so leistungsfähig wie früher. Er will besser leben, indem er sich an den Fixpunkten einer gesunden Ernährung orientiert: 1.) fünf abwechslungsreiche Portionen an frischem Obst und Gemüse am Tag essen; 2.) Weißmehlprodukte durch Vollkornprodukte ersetzen; 3.) maßvoller Fleischkonsum, eher Fisch statt rotes Fleisch; 4.) wenig industriell verarbeitete Lebensmittel; 5.) hochwertige Öle und Fett verwenden; 6.) auf magere Milchprodukte setzen; 7.) genug trinken, vor allem Wasser und Tee; 8.) das Essen schonend zubereiten, am besten dünsten; 9.) selber kochen; 10.) langsam und achtsam essen; 11.) ein- bis zweimal pro Woche eine Hauptmahlzeit einfach ausfallen lassen; 12.) die Nahrungsaufnahme auf ein Intervall von zehn bis zwölf Stunden am Tag begrenzen.

Wenn unser fiktiver Vertriebler nun den Versuch macht, sich von heute auf morgen an alle zwölf Leitlinien zu halten, ist die Gefahr groß, dass die Ernährungsumstellung nach ein paar Wochen wieder Geschichte ist. Spätestens nachdem er sich bei einem Kundentermin im Restaurant nur ein Glas Wasser bestellt hat, wird er sich vermutlich sagen, dass die neue Ernährungsweise mit seinem Lebensstil nicht vereinbar ist, weil sie seine Routinen zu stark aus der Balance bringt.

Deshalb ist es besser, wenn unser Vertriebler den Leitlinien zu einer gesünderen Ernährung Schritt für Schritt, +1, folgt. Er hat ja Zeit. Er will gesünder leben, aber es liegt noch kein akuter Notfall vor. Also beginnt er erstmal damit, seine Frühstücksgewohnheiten zu verändern. Anstelle des Käse-Schinken-Croissants vom Bäcker isst er morgens ein Vollkornbrot mit Quark und magerem Schinken, dazu Tomaten oder Paprika. Das schmeckt nicht viel schlechter, ja eigentlich schmeckt es sogar besser, vor allem aber ist es eine viel nahrhaftere Grundlage für den Tag. Den Kaffee holt er sich nach wie vor beim Bäcker: das freundliche Hallo, der kurze Schnack mit der Verkäuferin - warum soll er dieses liebgewonnene Ritual aufgeben? Nach der Umstellung der Frühstücksgewohnheit macht er den nächsten Schritt auf dem Weg zu einer gesünderen Ernährung. Er beschließt, jedes Mal, wenn ein geschäftliches Abendessen anliegt, mittags nur einen Salat in der Kantine zu essen. Auf die Frage der Kollegen, ob er nun Vegetarier geworden sei, antwortet er locker: Ich gehe doch heute Abend noch mit dem Kunden essen.

Ein Veränderungsprozess, der schrittweise erfolgt, hat viele Vorteile. Es ist kein so großer Angang, überhaupt anzufangen. Die Ernährung von heute auf morgen um 180 Grad umzustellen, ist nur in einer medizinischen Akutsituation sinnvoll. Ansonsten läuft man Gefahr, noch vor dem Start innerlich auszupusten: „Wie soll ich das nur durchhalten?" Ein erster kleiner Schritt ist dagegen leicht gemacht. Und danach fällt jeder weitere Schritt sogar noch leichter. 1+1 ist in solchen Fällen =3, weil mit jedem Schritt, den man tut, das Selbstvertrauen wächst, den eingeschlagenen Weg weitergehen zu können. Und wenn man mal vom Weg abkommt, kann man leicht wieder zurückfinden.

Das Gegenteil ist der Fall, wenn man von heute auf morgen alles gewollt hat. Dann fühlt sich jede Krise – wegen des überzogenen Anspruchs, den man an sich selbst stellt – gleich wie eine Katastrophe an: „Ach, schon bin ich gescheitert." Die schlechten Gewohnheiten freut das Drama: „Siehst du, das ist nix für dich, jetzt machen wir da weiter, wo wir aufgehört haben."

TIPP

Für die Ernährungsumstellung gilt deshalb, was für alle Zielsetzungen gilt: Brechen Sie Ihr Ziel auf zielführende Leitlinien herunter, denen Sie Schritt für Schritt (+1) im Alltag folgen. Wenn Sie dabei mal vom Weg abkommen, ist das kein Problem. Umwege sind gut, solange sie keine Ab- und Irrwege sind, sondern zum eigentlichen Weg wieder zurückführen.

9

MINIFASTEN

2016 erhielt der Japaner Yoshinori Ohsumi den Nobelpreis für die Entschlüsselung eines zellulären Mechanismus namens Autophagie. Bei der Autophagie handelt es sich um eine Art Recycling- und Reparaturprozess, bei dem beschädigte Proteine eingesammelt, in ihre Bestandteile zerlegt und wiederverwertet werden. Zuerst wird ein beschädigtes Protein identifiziert. Dann bildet die Zelle eine Art Beutel, der das Protein umschließt. Dem Beutelinhalt werden nun Enzyme zugesetzt, die das Protein in seine brauchbaren Bestandteile zerlegen, die wieder in die Zelle eingespeist werden können – so wie nach einem Recyclingprozess brauchbare Gegenstände wieder in den Wirtschaftskreislauf eingespeist werden können. Die Autophagie ist eine der Ursachen für die heilsame Wirkung des Fastens. Schon nach zehn bis zwölf Stunden ohne Nahrung wird die Autophagie im gesamten Körper nämlich verstärkt aktiviert.

Nacht für Nacht legen wir alle eine kurze Fastenzeit ein, in der wir weder Nahrung noch Flüssigkeit zu uns nehmen. Daher kommt das englische Wort für Frühstück, Breakfast, Fastenbrechen. Diese natürliche Fastenzeit können wir uns zunutze machen, **indem wir das Intervall zwischen dem Abendessen und dem Frühstück noch ein Stück weit vergrößern, um so den Selbstreinigungsprozess des Körpers zu unterstützen.** Das ist das Prinzip des Intervallfastens, das sich nicht ohne Grund seit einigen Jahren immer größerer Beliebtheit erfreut.

In einer der renommiertesten Fachzeitung für Medizin, dem New England Journal of Medicine (NEJM), ist jüngst ein Artikel über die Wirkung des Intervallfastens erschienen. Die Autoren kommen zu dem Schluss, dass Intervallfasten ein breites Spektrum von positiven Effekten auf Körper und Geist hat: Es kurbelt den Fettabbau an, reduziert die Produktion von freien Radikalen, hemmt die Entzündungsprozesse im Körper, optimiert die Blutzuckerregulation und fördert die Verknüpfung von Nervenzellen (die sogenannte Neuroplastizität).[14]

Eine weitere Ursachen für die heilsame Wirkung des Intervallfastens sehen die Autoren des NEJM-Artikels in der zeitweiligen Umstellung des Stoffwechsels von einer glukogenen zu einer ketogenen Energieversorgung. Glukose (aus Kohlenhydraten) und Fettsäuren sind unsere wichtigsten Energiequellen. Während die Glukose nach einer Mahlzeit direkt zur Energiegewinnung herangezogen wird, werden die Fettsäuren in speziellen Zellen gespeichert. Benötigt der Körper in den Essenspausen zusätzliche Energie, werden die Fettsäuren wieder freigegeben und von der Leber in sogenannte Ketonkörper verwandelt. Diese Ketonkörper versorgen den Körper nicht nur kontinuierlich mit Energie, sondern haben außerdem noch einen positiven Einfluss auf unsere kognitive Leistungsfähigkeit. Sie regen zum Beispiel die Produktion des Proteins **BDNF** („Brain-derived neurotrophic factor") an. BDNF fördert die **Vernetzung der Nervenzellen** in unserem Gehirn, so dass wir neue Informationen besser verarbeiten und leichter im Langzeitgedächtnis abspeichern können. **Die Produktion von BDNF ist ein exzellentes Beispiel dafür, welchen immensen Einfluss die Lebensführung auf unsere kognitive Leistungsfähigkeit hat. Sie wird nämlich nicht nur durch eine gute Ernährung, sondern auch durch ausreichend Bewegung und Stressvermeidung angekurbelt – und durch das Gegenteil davon gehemmt.**

Das Intervallfasten führt zu einer evolutionär vorgesehenen Umstellung des Stoffwechsels, der unserem Organismus guttut. In den Essenspausen werden die Zellen aktiv, um den Energiehaushalt möglichst effizient zu verwalten. Damit ein gutes Essen seine Wirkung entfalten kann, braucht es also eine angemessene Pause vom Essen. Das ist aber bei den heutigen Ernährungsgewohnheiten, bestehend aus drei Mahlzeiten am Tag und vielen

Snacks zwischendurch, schwierig. Das tägliche, genauer gesagt nächtliche Intervallfasten ist deshalb eine gute diätische Maßnahme, auf die mittlerweile auch immer mehr Sportler setzen.

Unterstützen Sie den Selbstreinigungsprozess Ihres Körpers, indem Sie die nächtliche Fastenzeit bewusst verlängern. Ob 16, 14, zwölf oder zehn Stunden das richtige Zeitfenster für Sie sind, müssen Sie selbst herausfinden, indem Sie es ausprobieren. Halten Sie sich dabei nicht an äußerliche Vorgaben, sondern an Ihren gesunden Menschenverstand. Es macht natürlich wenig Sinn, abends um 22 Uhr noch schwer zu essen und dann auf der Arbeit so lange auszuharren, bis man um 14 Uhr in die Kantine stürmen kann. Aber wenn Sie beispielsweise um 20 Uhr eine letzte Mahlzeit zu sich nehmen, um Mitternacht einschlafen, morgens um acht Uhr aufwachen, nur einen Kaffee (ohne Milch und Zucker) trinken, einen kleinen Spaziergang machen und dann um zehn Uhr frühstücken – ist das ein ziemlich guter Rhythmus (vor allem, wenn Sie ein paar Kilo verlieren wollen). **Eine optimale Ergänzung zum Intervallfasten ist das Dinner-Canceling. Lassen Sie jede Woche eine Hauptmahlzeit komplett ausfallen und ersetzen Sie eine zweite durch Rohkost.** Es lohnt sich das (moderate) Intervallfasten und das Dinner-Canceling auszuprobieren. Beides sind diätische Maßnahmen, die sich leicht mit einer genussvollen Ernährung in Einklang bringen lassen, weil sie nicht zu radikal sind und zudem das Hungergefühl, den Appetit und die Wertschätzung für das Essen steigern.

10

STUDENTENFUTTER

Bei „Studentenfutter" denken wir an Nüsse und Rosinen. Für immer mehr junge Menschen besteht das Studentenfutter allerdings aus Koffeintabletten und Amphetaminen. Laut einer vom Bundesgesundheitsministerium in Auftrag gegebenen Studie aus dem Jahr 2012 hat jeder fünfte Student schon einmal zur Pille gegriffen, um bessere Leistungen zu erzielen. Aber nicht nur immer mehr Studenten, sondern auch Angestellte und Selbstständige begeben sich auf den Irrweg der künstlichen Leistungsoptimierung. Warum ist das – von den gesundheitlichen Nebenwirkungen einmal ganz abgesehen – ein Irrweg? Weil es drei Ursachen dafür geben kann, dass der Leistungsdruck für einen Menschen zu hoch ist, und der Griff zur Pille keine dieser Ursachen behebt.

Ursache Nr. 1: Der Leistungsdruck ist zu hoch, weil die Gesellschaft sich an den falschen Parametern orientiert. Bestes Beispiel dafür sind die Sportarten, in denen ohne Doping keine Rekorde mehr möglich sind. In diesen Sportarten muss im Grunde immer weiter gedopt werden, weil sonst das „weiter, höher, schneller", das zum Sport nun mal dazu gehört, nicht mehr realisiert werden kann. Aber das ist eine absurde Situation, die durch eine systematische Fehlentwicklung über Jahre hinweg entstanden ist. Denn der Reiz des „weiter, höher, schneller" liegt doch nicht in den absoluten Zahlen, sondern in den Relationen zwischen den Sportlern. Der eine will im Wettkampf schneller sein als der andere. Der Wettkampf braucht überhaupt kein Doping, im Gegenteil. Aber sobald einmal gedopt worden ist, lässt sich fast kein Wettkampf mehr ohne beschreiten. Das ist die fatale Spirale, die man auch von Suchtkrankheiten kennt. Am besten ist es, überhaupt nicht in eine solche Spirale hineinzukommen. Ist das aber der Fall gewesen, dann darf man das System nicht um jeden Preis am Laufen halten, sondern muss es auf einer besseren Grundlage neu starten. Übertragen auf Schule, Studium und Beruf bedeutet das: Wehret den Anfängen! Lasst euch nicht dazu verleiten, einem zu hohen Leistungsdruck mit künstlichen Mitteln gerecht zu werden; denn dann wird aus der Ausnahme ganz schnell eine Regel.

Ursache Nr. 2: Der Leistungsdruck ist zu hoch, weil die eigenen Fähigkeiten nicht ausreichen, um den Anforderungen gerecht zu werden. Das sollte man sich eingestehen. Man ist deshalb nicht unfähig, sondern hat einfach noch nicht das gefunden, was zu einem passt. Die künstliche Leistungssteigerung verschleppt in diesem Fall nur den Findungsprozess. Statt nach Alternativen zu suchen – sich umzublicken und neu zu orientieren –, geht man besinnungslos den falschen Weg bis zur Erschöpfung weiter.

Ursache Nr. 3: Der Leistungsdruck ist zu hoch, weil man die eigenen Potenziale nicht ausschöpfen kann. Die Ursachen dafür liegen meistens in der Arbeits- und Lebensweise. Gerade dann ist das Gehirndoping der falsche Weg. Scheinbar kommt man schneller ans Ziel, aber in Wirklichkeit entfernt man sich davon, weil man den Ursachen des Problems nicht auf den Grund geht und die Veränderung der eigenen Arbeits- und Lebensweise hinausschiebt. Was haben falsche Optimierungsstrategien, Doping und Pestizide gemeinsam? Sie führen zu kurzfristigen Leistungs- und Ertragssteigerungen, die langfristig auf Kosten des Gesamtsystems gehen.

Pharmakologische Mittel steigern die kognitive Leistungsfähigkeit langfristig nicht. Im Gegenteil: Sie machen abhängig, belasten Körper, Geist und Seele und führen letztlich in den Burn-out. **Wer seine kognitive Leistungsfähigkeit verbessern will, sollte statt auf Gehirndoping durch Pillen lieber auf ein Braintuning durch Verhaltensänderung setzen.** Bewegung und Ernährung fördern den Stoffwechsel im Gehirn. Das Gehirn macht gerade einmal 2 % unseres Körpergewichts aus, verbraucht aber stolze 20 % unserer gesamten Ener-

> Das Gehirn macht gerade einmal 2 % unseres Körpergewichts aus, verbraucht aber stolze 20 % unserer gesamten Energieressourcen.

für eine Verbesserung der neurokognitiven Gesundheit). Der Titel spielt auf das Verb „to enlighten" (aufklären) bzw. das Nomen „Enlightenment" (Aufklärung) an. Tatsächlich geht es hier um etwas, das immer noch zu wenigen Menschen klar ist, obwohl es allen klar sein sollte: **dem Nachlassen der kognitiven Fähigkeiten (vor allem im Alter) kann man präventiv entgegenwirken.**

gieressourcen. Es ist deshalb auf eine effiziente Verwaltung des Energiehaushalts angewiesen, die wir am besten durch viel Bewegung, ausreichend Schlaf, genügend Arbeitspausen und eine gesunde Ernährung sicherstellen können.

Viele Studien haben gezeigt, dass eine gesunde Ernährung in Kombination mit ausreichend Bewegung und Erholung die kognitive Leistungsfähigkeit steigert und bis ins hohe Alter vor Demenz schützt. Schauen wir uns eine dieser Studien, die den schönen und sinnigen Titel ENLIGHTEN trägt, etwas genauer an. ENLIGHTEN ist ein Akronym für: Exercise and Nutritional Interventions for neurocognitive Health Enhancement (Trainings- und Ernährungsinterventionen

An der ENLIGHTEN-Studie nahmen 160 Probanden ab einem Alter von 55 Jahren teil, bei denen ein Nachlassen der kognitiven Leistungsfähigkeit, aber noch keine Demenz diagnostiziert worden war. Außerdem hatte jeder Teilnehmer mindestens einen kardiovaskulären Risikofaktor, z. B. Bluthochdruck oder Typ-2-Diabetes. Es wurden vier Gruppen gebildet. Die erste Gruppe nahm sechs Monate lang an einem Bewegungsprogramm teil, bei dem sie dreimal die Woche ein 45-minütiges aerobes Training im optimalen Herzfrequenzbereich absolvieren musste. Die zweite Gruppe wurde auf eine gesunde Diät gesetzt mit viel Obst, Gemüse, Vollkorn- und mageren Milchprodukten und wenig Salz, Zucker und rotem Fleisch. Die dritte Gruppe absolvierte sowohl das Bewegungsprogramm als

auch die Diät. Die vierte Gruppe bildete die Kontrollgruppe und erhielt lediglich eine allgemeine Gesundheitsberatung.

Wenig überraschend haben sich die kognitive Leistungsfähigkeit und der körperliche Allgemeinzustand der dritten Gruppe am stärksten verbessert. Aber das Ausmaß dieser Verbesserung ist schon überraschend, geradezu erstaunlich: Das biologische Alter der Probanden ist nach sechs Monaten gesunder pflanzenbasierter Ernährung und schonender aerober Bewegung um bis zu acht Jahre gesunken.[15]

Die Devise für mehr kognitive Leistungsfähigkeit lautet: Verhaltensbasiertes Braintuning statt pillenbasiertes Gehirndoping. Es gibt nichts – wirklich nichts –, was einen geistig so leistungsfähig macht wie genug Schlaf, regelmäßige Arbeitspausen, frische Luft, aerobe Bewegung und eine gute Ernährung. Sie können die Ernährung also ganz gezielt einsetzen, um ihre kognitive Leistungsfähigkeit zu steigern, anspruchsvolle Arbeitsphasen zu meistern und bis ins hohe Alter geistig fit zu bleiben. Die Grundlage legen Sie mit einem nährstoffreichen Frühstück. Ein selbst gemischtes Müsli mit Haferflocken, Nüssen, mageren Milchprodukten und Obst oder auch ein Vollkornbrot mit Quark, magerem Schinken, dazu Tomaten oder Paprika und ein Glas frisch gepresster Orangensaft – das gibt Ihnen die Energie, die Sie über den Tag brauchen (vergleichen Sie einmal ganz bewusst die Auswirkungen eines solchen Frühstücks auf Ihre geistige Leistungsfähigkeit mit denen einer Scheibe Weißbrot mit Salami)

Mittags sollten Sie eher auf Proteine als auf Kohlenhydrate setzen, vor allem wenn Sie nach der Pause noch viel leisten müssen. Pasta macht müde. Fisch eignet sich dagegen besonders gut, um nach der Mittagspause schnell wieder zur Hochform aufzulaufen. Er ist reich an Omega-3-Fettsäuren. Gerade für die kognitive Leistungsfähigkeit ist **das richtige Verhältnis von Omega-6- zu Omega-3-Fettsäuren** wichtig. Dieses Verhältnis sollte nach Empfehlung der Deutschen Gesellschaft für Ernährung (DGE) bei **3 zu 1** liegen. Tatsächlich liegt es in den westlichen Industrienationen aber Schätzungen zufolge eher bei 15 zu 1. Da ein Mangel von Omega-3-Fettsäuren zu Müdigkeit, Konzentrationsmangel und sogar Depression beitragen kann, sollten sie gerade in

Zeiten, in denen Sie verstärkt unter Druck stehen, zu Omega-3-haltigen Lebensmittel wie Lachs, Spinat und Leinöl greifen.

Einen echten Energieschub für zwischendurch verleihen Ihnen Nüsse und Trockenfrüchte – die Kombination aus beidem macht das Geheimnis des Studentenfutters aus. Dasselbe gilt für Obst. Viele Sportler essen in Wettkampfpausen eine Banane. Sie ist der ideale Energiekick, wenn's drauf ankommt – nicht nur für Sportler. Eine Banane enthält neben Magnesium, das die Funktion der Nervenzellen stärkt, nämlich auch jene Aminosäuren, die von unserem Gehirn in das „Glückshormon" Serotonin umgewandelt werden. Und noch etwas können Sie sich von den Sportlern für den Alltag abschauen: Sportler denken immer daran, ausreichend zu trinken, weil sie wissen, wie schnell Flüssigkeitsverlust die körperliche Leistungsfähigkeit beeinträchtigt. Bei der geistigen Leistungsfähigkeit ist das nicht anders. Trinken Sie mindestens zwei Liter am Tag; am besten schon bevor der Durst einsetzt.

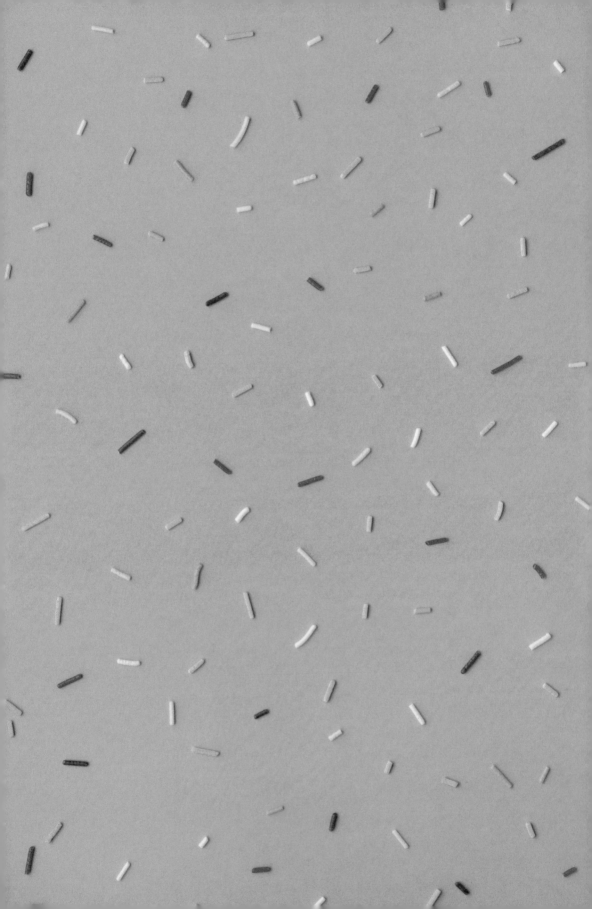

11

RAFFINIERTE LEBENSMITTEL

In einem guten Umfeld werden gute Entscheidungen getroffen und gute Entscheidungen schaffen ein gutes Umfeld. Das gilt nicht zuletzt für die Entscheidungen, die wir tagtäglich in puncto Ernährung treffen. Es ist gar nicht so leicht, die richtige Wahl beim Einkaufen von Lebensmitteln zu treffen, wenn man in einem gesellschaftlichen System lebt, in dem es prinzipiell darum geht, möglichst billig produzierte Waren möglichst attraktiv zu vermarkten und möglichst teuer zu verkaufen. Viele der Lebensmittel, die wir heute im Supermarkt kaufen, sind deshalb in einem doppelten Sinne raffiniert: industriell in einer Raffinerie produziert und raffiniert im Sinn von „clever" vermarktet.

Seit der Industrialisierung werden außer Rohstoffen wie Erdöl auch Lebensmittel wie Zuckerrüben, Pflanzenöle und Mehl in technisch aufwendigen Verfahren „gereinigt". Das Wort steht hier in Anführungszeichen, da man in mancherlei Hinsicht auch von einem „Verunreinigungsprozess" sprechen könnte, der den Lebensmitteln ihre Nährstoffe entzieht und leere Kalorien übriglässt. Am Beispiel des Weißmehls wird das deutlich.

Das volle Getreidekorn ist ein wahres Wunderwerk der Natur, in dem fast alle Nährstoffe zusammengeballt sind, die wir zum Leben brauchen. Im Mehlkörper des Korns: komplexe Kohlenhydrate und Pro-

teine. **Im Keimling: Vitamine. In der Schale: Mineralien und Ballaststoffe.** Bei der industriellen Verarbeitung des vollen Korns zu Weißmehl gehen der Keimling und die Randschichten verloren. Übrig bleibt lediglich der hochausgemahlene Mehlkörper. So werden aus komplexen Kohlenhydraten leere Kohlenhydrate, die wenig Nährstoffe pro Kalorie zu bieten haben und aufgrund der fehlenden Ballaststoffe noch dazu den Blutzuckerspiegel schnell hochtreiben.

Zu einem ähnlich zweifelhaften Ergebnis führt der Raffinationsprozess von Ölen und Fetten. Sie werden in der Fabrik zuerst mithilfe von Phosphorsäure entschleimt, dann in einer Natronlauge gebadet und schließlich gebleicht und desodoriert, das heißt, unerwünschte Gerüche werden durch Wasserdampf herausgefiltert. Bei diesem Raffinationsprozess bleiben viele wichtige Inhaltsstoffe, wie z. B. das Vitamin E, auf der Strecke. Deshalb sollte man im Supermarkt **nur die unraffinierten Olivenöle mit der Kennzeichnung „extra vergine", „nativ" und „kalt gepresst"** kaufen.

Nicht besser steht es um die Raffination von Zucker. Weißer Haushaltszucker ist das Endprodukt eines mehrstufigen Verarbeitungsprozesses von Zuckerrüben. Die Zuckerrüben werden zerkleinert und mit heißem Wasser ausgewaschen, bis der Zuckersaft übrigbleibt. Der Zuckersaft wird dann mithilfe von Kalk, Kohlensäure, Eiweißen und organischen Säuren so lange bearbeitet, bis der sogenannte Dünnsaft entsteht. Dieser wird filtriert, mit Schwefeldioxid aufgehellt und schließlich erhitzt, bis das Wasser verdampft und der Saft zu einem Sirup aufdickt. Der Sirup kommt in Zentrifugen, in denen er zu dem weißen Kristallzucker aufgelöst wird, den wir für rund einen Euro das Kilo im Supermarkt kaufen können. Das Ergebnis dieses Raffinationsprozesses ist ein Produkt, das in großen Mengen gesundheitsschädlich ist und trotzdem in großen Mengen konsumiert wird. Und das nicht nur in Form von Haushaltszucker, sondern auch in industriellen Fertigwaren. **Schätzungsweise 80 % aller Fertigwaren, vom Müsli über Softdrinks bis zur Tiefkühlpizza, enthalten Zucker – viel zu viel Zucker.** Wie überzuckert unsere Lebensmittel tatsächlich sind, kann man daran feststellen, dass mit dem Zuckerpreis die Preise für fast alle anderen Lebensmittel steigen und fallen.

Auch Fleisch- und Wurstwaren verlieren im Zuge der industriellen Verarbeitung massiv an Qualität. Was in verschweißten Plastikverpackungen als Fleisch und Wurst daherkommt, hat oft mehr mit Fabrikhallen und Chemikalien als mit Weiden und Rindern zu tun. Wer nicht auf Fleisch verzichten will, sollte wenigstens diese Fleischsurrogate meiden.

Raffinierter Zucker, Weißmehl, hochverarbeitete Öle und Fette, Fleischsurrogate und dazu Unmengen an Salz – das ist der Mix, aus dem viele der Fertigprodukte bestehen, die im Supermarkt angeboten werden. Aber das ist noch nicht alles. Dazu kommen noch **etliche Zusatzstoffe**, die zum Teil ohne Kennzeichnung in den Fertigprodukten verarbeitet werden. Sie tragen Bezeichnungen wie Acesulfam K (E 950), ein Stoff, der 200-mal süßer ist als Zucker und bei Tierversuchen nachweislich Schäden an der DNA verursacht hat. Oder Glucono-delta-Lacton (E 575), das die Säureentwicklung verzögert, damit die Wurst immer schön rot aussieht. Von solchen Zusatzstoffen gibt es ca. 7.500. Einige davon sind sehr alt und werden schon seit Jahrhunderten verwendet. Andere werden in modernen Labors synthetisiert. In Hamburg gibt es das „Deutsche Zusatzstoffmuseum", das all diese Pulver und Flüssigkeiten ausstellt, die wir ohne unser Wissen im Supermarkt einkaufen. Das Museum wirbt auf seiner Website mit dem treffenden Satz: „Zusatzstoffe gehören ins Museum. Nicht ins Essen."[16]

Schließlich sind da noch die Transfettsäuren. Der richtige Grundsatz, das Fette an sich nicht schlecht sind, gilt nicht für Transfettsäuren. Die entstehen vor allem bei der industriellen Fetthärtung, die eingesetzt wird, um das Fett länger lagern zu können. Für Transfettsäuren (TFA) **„ist keine positive Funktion im Organismus bekannt, hingegen sind die negativen Effekte auf den Stoffwechsel eindeutig belegt".**[17] So trocken und nüchtern steht das in einem Standardlehrbuch für Ernährungswissenschaften. Die Autoren des Lehrbuchs führen weiter aus: „Nach heutigem Kenntnisstand wirken TFA aus Fetten industrieller Herkunft ungünstig auf mehrere Risikofaktoren für die koronare Herzkrankheit (KHK), so bewirken sie z. B. einen Anstieg des LDL-Cholesterins, eine Senkung des HDL-Cholesterins, eine Erhöhung des Nüchternspiegels an Neutralfetten sowie die Förderung endothelia-

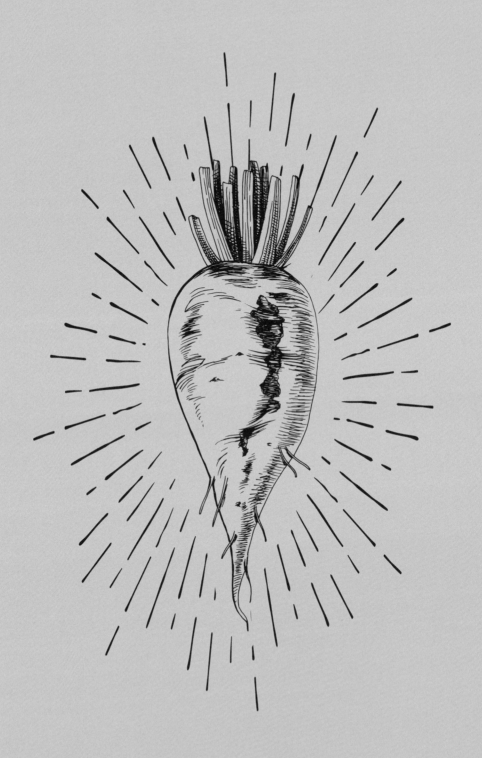

ler Fehlfunktionen. Auch eine verminderte Insulinsensitivität scheint in Einzelfällen möglich. Daher wird in aktuellen D-A-CH-Referenzwerten (2015) empfohlen, weniger als 1 % der Nahrungsenergie in Form von Transfettsäuren zuzuführen [...]. Bei konsequenter Vermeidung oder Einschränkung des Verzehrs von Lebensmitteln wie Pommes frites, Chips, Gebäck aus Blätterteig, Süßwaren, Fertiggerichten usw. liegt die Aufnahme deutlich geringer."[18]

In Deutschland denken wir oft, dass wir bei den Standards für Lebensmittel weit oben vor dem Rest der Welt rangieren. Das Problem mit den Transfettsäuren ist ein Beispiel dafür, dass das nicht immer der Fall ist. Während Transfettsäuren in den USA schon verboten sind und es in Ländern wie Dänemark und Österreich verbindliche Obergrenzen gibt, hat es die Gesetzgebung in Deutschland lange Zeit bei einer freiwilligen Empfehlung für die Hersteller belassen. Allerdings hat die EU-Kommission jetzt gehandelt. Am 2. April 2021 tritt eine Verordnung in Kraft, nach der industriell hergestellte Transfette nur noch 2 % des Fettgehalts von Lebensmitteln ausmachen dürfen. Spät, aber immerhin.

TIPP

Reduzieren Sie Ihren Konsum von hochverarbeiteten Lebensmitteln. Setzen Sie bei Brot, Nudeln und Pasta auf Vollkornprodukte und betrachten Sie Weißmehlprodukte eher als eine Art Süßigkeit und weniger als ein Grundnahrungsmittel. Greifen Sie nur zu unraffinierten Olivenölen mit der Kennzeichnung „extra vergine", „nativ" und „kalt gepresst". Essen Sie zweimal die Woche Rohkost. Orientieren Sie sich bei der Ernährung an der mediterranen Kost: wenig Fertigprodukte, wenig Fleisch, dafür viel Obst und Gemüse und Kräuter.

12

FLEISCH

VERZICHT?

Man kann von niemandem verlangen, dass er gegen seinen Wunsch, nur weil andere das machen, auf Fleisch verzichtet. Aber man kann von jedem erwarten, dass er die Argumente, die gegen den Fleischverzehr sprechen, zur Kenntnis nimmt, statt die vegetarische Lebensweise als „Modethema" abzutun. Tatsächlich handelt es sich beim Vegetarismus um alles andere als um ein Modethema. Schon in der Antike wurde kontrovers darüber diskutiert, ob es ethisch verantwortbar ist, das Fleisch von Tieren zu essen.

Die ersten Spuren dieser Diskussion finden wir in den antiken Texten über Pythagoras von Samos (570–510 v. Chr.), den wir alle durch den nach ihm benannten „Satz des Pythagoras" kennen. Für Pythagoras war der Fleischverzicht nicht nur eine asketische Maßnahme, die der Reinigung von Körper und Geist dient, sondern auch eine Konsequenz aus der damals weit verbreiteten Lehre von der Seelenwanderung. Viele griechische Philosophen waren wie Pythagoras überzeugt davon, dass die Seele das belebende Element der Materie ist (biblisch: Odem des Lebens). Gleichwohl hat die Vorstellung von einem Jenseits, in das die Seele nach dem Tod eingeht, im antiken Griechenland keine so große Rolle gespielt wie später im Christentum. Die Philoso-

Zum Vegetarier wird nämlich nur jemand, der sich schon mal intensiv über seine Ernährung Gedanken gemacht hat.

phen haben die Seele zwar als etwas von der Materie Verschiedenes, aber gleichzeitig doch als Teil der Natur aufgefasst. Und in der Natur – dieser Grundsatz der modernen Physik war ihnen bereits bekannt – geht nichts verloren. Warum also sollte die Seele (der Odem des Lebens) verloren gehen? Somit schien die Vorstellung von einer Seelenwanderung vielen antiken Philosophen plausibel zu sein. Aus dieser Vorstellung wurde dann das Argument abgeleitet, dass man Tiere nicht töten dürfe, weil sie eine Seele haben, die einmal einem Menschen gehört haben könnte. Das ist zwar kein rationales Argument, aber es bringt die vernünftige Empfindung zum Ausdruck, dass sich keine so scharfe Grenze zwischen Mensch und Tier ziehen lässt.

Der Philosoph Empedokles (495–435 v. Chr.) war ein überzeugter Vegetarier, der nicht verstehen konnte, warum seine Mitmenschen darauf bestehen, das Fleisch von Tieren zu essen, wenn es doch so viele „immer Frucht bringende Bäume" gibt. Gleichzeitig war Empedokles ein Anhänger der Seelenwanderungslehre: „Ich war bereits einmal", schreibt er, „Knabe, Mädchen, Pflanze, Vogel und flutentauchender stummer Fisch."[19] Vor dem Hintergrund dieses Mythos beschreibt Empedokles nun die Gewohnheit des Fleischessens als eine unnötige Grausamkeit: „Wollt ihr nicht aufhören mit dem misstönenden Morden? Seht ihr denn nicht, wie ihr einander zerfleischt in Unbedachtheit eures Sinns?"[20] Empedokles geht sogar noch einen Schritt weiter, um die aus seiner Sicht unnötige Grausamkeit des Fleischessen so deutlich wie nur irgend möglich zu machen. Er zieht alle Register, die der Mythos der Seelenwanderung zu bieten hat, indem er die Schlachtung eines Tieres als Mord an einem Verwandten darstellt: „Seinen eigenen Sohn, der die Gestalt gewandelt hat, hebt der Vater zum Todesstreich empor, schlachtet ihn und spricht noch ein Gebet dazu, der arge Tor! Die Knechte hingegen zaudern noch, den um sein Leben Flehenden zu opfern; doch jener, taub gegen sein Gewinsel, schlachtet ihn und richtet damit im Haus sein Sündenmahl an."[21]

Sehr interessant in Bezug auf den antiken Vegetarismus ist auch eine Stelle in Platons Hauptwerk „Der Staat". Dort schildert der platonische Sokrates detailliert, wie die Lebens- und Essgewohnheiten in der bestmöglichen Stadt seiner Meinung nach aussehen würden. Fleisch steht nicht auf dem Speiseplan. Erst nachdem aus der bestmöglichen Stadt die korrupte Stadt geworden ist, die, angetrieben von der Gier nach immer mehr (der „pleonaxia"), über ihre Nachbarn und letztlich sich selbst herfällt, sind aus den Menschen Fleischesser geworden.[22]

Es ist allerdings fragwürdig, welchen Stellenwert man dieser Passage zumessen will. Der historische Sokrates scheint jedenfalls kein strenger Vegetarier gewesen zu sein. Nach den Schriften seines Biografen Xenophon zu urteilen, ging es ihm eher um einen maßvollen und achtsamen Fleischverzehr denn um einen vollständigen Fleischverzicht. **Es komme darauf an, sagt Sokrates, ob „jemand das Brot wie Fleisch", also maßvoll mit** **Wertschätzung, oder das „Fleisch wie Brot", also maßlos ohne Wertschätzung, isst.**[23] Aber diese Aussage hat den Streit um die ethische Verantwortbarkeit des Fleischverzehrs nicht schlichten können. Er dauert an – bis auf den heutigen Tag.

Aus gesundheitlichen Gründen ist es nicht notwendig, dass wir vollständig auf Fleisch verzichten. Hier kommt es „nur" darauf an, dass wir Maß halten, also weniger, dafür aber qualitativ hochwertigeres Fleisch essen. Vegetarier leben zwar nachweislich überdurchschnittlich gesund, aber das liegt nicht so sehr daran, dass sie komplett auf Fleisch verzichten, sondern mehr an der achtsamen Lebens- und Ernährungsweise, die mit dem Fleischverzicht einhergeht. Zum Vegetarier wird nämlich nur jemand, der sich schon mal intensiv über seine Ernährung Gedanken gemacht hat. In ethisch-moralischer Hinsicht stellen sich heute in puncto Fleischverzicht dieselben Fragen wie zur Zeit von Empedokles: Sollten wir nicht auf das Töten von Lebewesen verzichten, wenn wir uns doch auch auf andere Weise ernähren können? Oder gehört das Fleischessen zur natürlichen Lebensweise des Menschen dazu, die ja auch anderen Lebewesen eigen ist?

Ist der Kompromiss, auf einen maßvollen Fleischkonsum zu achten, ein
vernünftiger oder ein fauler Kompromiss? Auf diese Fragen, die heute
wieder aktuell sind, stoßen wir auch
in der 2.500 Jahre alten antiken Lite-
ratur. Was sich seitdem allerdings verändert hat, ist die durch industrielle
Massentierhaltung verursachte öko-
logische Dimension des Problems, die
seine gesundheitlichen und ethisch-
moralischen Aspekte noch größer
macht. Die industrielle Massentierhaltung hat nicht nur das Leid der
Tiere, die auf engstem Raum zusam-
mengepfercht leben, immens vergrö-
ßert, sondern auch die Qualität des
Fleischs, das auf unseren Tellern landet, stark reduziert. Hinzu kommt,
dass die Massentierhaltung das Arten-
sterben durch Monokulturen und die
Übernutzung von Ressourcen fördert.
Die überflüssige Übernutzung von
Ressourcen ist allerdings ein Problem,
das nicht nur die Tierhaltung, sondern
die industrielle Landwirtschaft insgesamt betrifft. Man denke nur daran,
wie verrückt es beispielsweise ist, bei
einer Weltbevölkerung von sieben
Milliarden Menschen auch nur einen
Quadratkilometer unserer kostbaren
landwirtschaftlichen Flächen dafür zu
verwenden, um aus Mais-Monokul-
turen Biosprit für Autos zu machen.

TATSÄCHLICH
HANDELT ES SICH BEIM
VEGETARISMUS
UM ALLES ANDERE ALS
UM EIN MODETHEMA.
SCHON IN DER ANTIKE
WURDE KONTROVERS
DARÜBER DISKUTIERT,
OB ES ETHISCH VERANT-
WORTBAR IST, DAS
FLEISCH VON TIEREN
ZU ESSEN.

13

ERHALTEN, WAS UNS ERHÄLT

Jedem sollte mittlerweile klar sein, dass wir im 21. Jahrhundert vor großen ökologischen Herausforderungen stehen. Einen Planeten B, auf den wir ausweichen können, nachdem wir die Wälder überrodet, die Meere überfischt, die Ackerböden überdüngt und die Atmosphäre mit CO_2 vollgepumpt haben, gibt es nicht. Vieles läuft in dieser Hinsicht schlecht, sehr schlecht. Aber es gibt auch gute Nachrichten. Zum Beispiel diese: Die globale Landwirtschaft ist heute produktiv genug, um alle Menschen auf der Erde mit ausreichend Nahrungsmitteln zu versorgen! Die Landwirte fahren nicht nur in absoluten Zahlen, sondern in Relation zur wachsenden Weltbevölkerung die größten Ernten der Menschheitsgeschichte ein. So ist die durchschnittlich pro Person verfügbare Kalorienmenge von 2.700 kcal um die Jahrtausendwende auf 2.904 kcal im Jahr 2017 gestiegen. Eine effiziente Verteilung der Lebensmittel vorausgesetzt, könnten heute schon zehn bis zwölf Milliarden Menschen bedarfsgerecht ernährt werden.[24]

Es kommt nun aber darauf an, dass das auch so bleibt! Das heißt, dass wir als Menschheit eine nachhaltige Landwirtschaft betreiben, also das erhalten, was uns erhält: die Fruchtbarkeit des Bodens, die Reinheit des Wassers, die Artenvielfalt des Lebens. Nach allem, was wir wissen, gibt es hier Probleme. So warnen Wissenschaftler schon seit Längerem davor, dass unsere ressourcenintensive

Landwirtschaft den Boden langfristig regelrecht sterben lässt. Der Fachbegriff dafür lautet Bodendegeneration.

Eine Handvoll Boden enthält Milliarden von Mikroorganismen: Regenwürmer, Milben, Asseln, Insektenlarven, Pilze, Algen, Bakterien, die der natürliche Dünger der Erde sind. Die Stoffe, die diese Mikroorganismen ausscheiden, machen den Boden fruchtbar. Das ist ein natürliches System des Lebens, für das es keinen Ersatz gibt. Die Böden, die uns heute ernähren, sind im Verlauf von 10.000 Jahren seit der letzten Eiszeit entstanden. Alle 100 Jahre hat sich ein Zentimeter Boden gebildet. Die Arbeit von 100 Jahren, mehr als ein Menschenleben, für einen einzigen Zentimeter Boden!

Die Qualität des Bodens ist umso größer, je vielfältiger die Kulturen sind, die in ihm leben. Nun beruht die Effizienz der modernen Landwirtschaft aber auf der Bewirtschaftung von Monokulturen, die unter massivem Einsatz von Mineraldünger maximalen Ertrag abwerfen. Mit dieser landwirtschaftlichen Ertragssteigerung durch Kunstdünger verhält es sich wie mit der sportlichen Leistungssteigerung durch Doping.

Sie schädigt langfristig das Gesamtsystem. Schon heute werden 15 % der Ackerflächen in Deutschland nicht mehr nachhaltig bewirtschaftet, das heißt, es geht mehr Boden verloren als nachgebildet wird. Weltweit ist ein Viertel der eisfreien Landfläche bereits degeneriert. Überspitzt formuliert: Wenn es so weitergeht, werden wir bald nichts mehr zu essen haben, sondern uns die Zähne am Ausgangsgestein ausbeißen.

Die landwirtschaftliche Übernutzung des Bodens hat auch Konsequenzen für eine Ressource, die so unscheinbar wie unverzichtbar ist: das Süßwasser. Die Tatsache, dass in jeder europäischen Wohnung auf einen Handgriff hin Süßwasser aus dem Hahn fließt, ist keine Selbstverständlichkeit, sondern eine zivilisatorische Errungenschaft, gegen die wir, wenn wir uns den Wert des Wassers nur bewusst machen, sofort jedes Auto und Handy eintauschen würden.

2,1 Milliarden Menschen auf dieser Welt haben keinen durchgängigen Zugang zu sauberem Trinkwasser. Und in großen Metropolen wie Los Angeles und Kapstadt muss Wasser schon rationiert werden. Wird das Wasser also knapp? Im Unterschied zu anderen Ressourcen, wie z. B. Erdöl, ist Wasser zwar eine begrenzte Ressource, aber keine, die wir aufbrauchen können. Der Planet Erde kann keinen Tropfen Wasser verlieren. Das verbrauchte Wasser endet entweder im Boden oder in der Atmosphäre, aus der es in Form von Regen wieder zur Erde zurückfließt. Kann das Wasser also nicht verloren gehen, so kann es aber durch Verschmutzung und Privatisierung für viele Menschen unverfügbar gemacht werden.

Die ressourcenintensive Landwirtschaft trägt sowohl zu einer problematischen Verschmutzung als auch zu einer fragwürdigen Umverteilung von Grundwasser bei. Viele Experten warnen deshalb heute davor, dass die extrem „durstige" industrielle Landwirtschaft, die mit ihren künstlichen Bewässerungssystemen 70 % des Grundwassers in Anspruch nimmt, unser Ökosystem buchstäblich auszutrocknen droht. Hinzu kommt, dass die Filterfunktion des Bodens, durch den Wasser sickert, um Grundwasser zu werden, nachlässt. Je lockerer, humusreicher der Boden ist, umso mehr Wasser kann er aufnehmen und filtern. Die intensive Landwirtschaft führt aber zum Gegenteil: zu

einem degenerierten festen Boden, der noch dazu von den verwendeten Düngermitteln verunreinigt ist. Die Konsequenz: Wasserwerke entdecken immer öfter und immer mehr Agrarchemikalien im Grundwasser.

Die Technik wird's schon richten? Nein! Die Technik kann nur einen Beitrag zur Problemlösung leisten und das auch nur in dem Grad, in dem wir sie vernünftig einsetzen. Was dem im Weg steht, sind nicht nur Geschäftsmodelle, die nur auf kurzfristige Profite aus sind, sondern auch die weit verbreitete Einstellung, die ökologischen Probleme zu kennen, sie aber nicht wirklich wahrzunehmen. Für viele sind Klimaerwärmung, Bodendegradation, Umweltverschmutzung, Überfischung nicht das, was sie sind, sondern bloße Informationen: mediale Meldungen, politische Narrative, News, für manche auch Fake-News. Man kann sich mit ihnen auseinandersetzen, aber man kann es auch sein lassen. Einer hat diese, ein anderer jene Meinung. Es braucht offenbar eine noch substantiellere Aufklärung über die ökologischen Probleme, mit denen wir es zu tun haben. Sie darf sich nicht nur auf mathematische Zuordnungen von CO_2-Werten, Preisen und Tempera-

turen beschränken. Sie muss ganzheitlich sein. Nur dann kann sich ein zivilisatorischer Konsens bilden, der den Herausforderungen der Zukunft gewachsen ist: Mensch, Technik und Natur in Balance zu bringen. Die Landwirtschaft ist die Basis unserer Zivilisation! Wir können sie nur erhalten, indem wir zwei komplementären Imperativen folgen: einem individuellen und einem gesellschaftlichen. Der individuelle Imperativ lautet: Gehe achtsam, wertschätzend und ohne Verschwendung mit den Lebensmitteln um. Der zivilisatorische Imperativ lautet: Wir brauchen eine globale Landwirtschaft, die nicht von privaten Profitinteressen beherrscht wird, sondern dem **Prinzip Verantwortung** verpflichtet ist, das heißt

der nachhaltigen Produktion von gesunden und bezahlbaren Lebensmitteln für alle Menschen.

Es ist genug da, um die Bedürfnisse – aber nicht die Gier – von allen Menschen zu befriedigen. Am Anfang einer guten Ernährung steht die Achtsamkeit, mit der wir unsere Lebensmittel auswählen, verarbeiten und essen. Eben diese Achtsamkeit – und das ist eine erstaunliche, hoffungsvoll stimmende Erkenntnis – ist nicht nur das Prinzip einer nachhaltigen, sondern auch einer gesunden und genussvollen Ernährung. So gut hat es die Natur mit uns gemeint. Nachhaltigkeit, Gesundheit und Genuss bilden einen natürlichen Dreiklang.

14

SELBST IST DER KOCH

Essen ist viel mehr, als den Körper nur von dem Zustand „hungrig" in den Zustand „satt" zu befördern. Essen ist ein Stück Lebensfreude, die wir mit allen Sinnen – sehend, hörend, riechend, schmeckend, fühlend – zelebrieren. Wenn eine gesunde Lebensweise nur auf Verzicht hinauslaufen würde, wäre es schlecht um uns bestellt. Der Mensch verträgt keine Fesseln. Nun fesseln wir uns aber nicht mit einer gesunden, sondern im Gegenteil gerade mit einer ungesunden Lebensweise. Ein starker Raucher ist an seine Zigaretten gefesselt. Einmal die Stunde ist er gezwungen, sich eine anzustecken. Ein Alkoholiker ist an den Alkohol gefesselt. Er muss sich Abend für Abend auf einen bestimmten Pegel bringen, damit das Leben

erträglich wird. Genauso fesseln uns schlechte Ernährungsgewohnheiten: nämlich an die falsche Alternative, zwischen Gesundheit und Genuss wählen zu müssen, statt beides haben zu können. Und schließlich handeln wir uns durch eine ungesunde Lebensweise irgendwann die unerträglichsten Fesseln ein: unnötige Krankheiten, die uns die Freiheit nehmen, das Leben zu führen, das wir führen wollen. Sollten wir nicht alles tun, um das so lange wie möglich zu vermeiden; vor allem, wenn es doch so einfach ist? **Der Weg zu einer Ernährung, die gleichzeitig lecker und gesund ist, ist einfach: mehr selber kochen und weniger hochverarbeitete Lebensmittel konsumieren.**

Einfach loslegen, ausprobieren, wiederholen.

Gerade am Anfang ist Kochen allerdings mühsam. Es fehlt an allem: an Zutaten, Erfahrung, Zeit und Geschick. Aber das findet sich. **Einfach loslegen, ausprobieren, wiederholen**. Mit der Zeit kommt die Erfahrung, die sich dann auch in der Küche wiederspiegelt, die nach und nach mit den wichtigsten Utensilien, Grundnahrungsmitteln und Gewürzen bestückt wird. Schon bald braucht man keine lange Vorbereitung mehr, sondern kann die Entscheidungen, was man heute essen will, danach treffen, was in der Küche zur Hand ist, wonach einem der Sinn steht und wie viel Zeit man zur Zubereitung hat.

Kochen ist eine Aktivität, die wie alle Aktivitäten etwas Übung braucht. Gerade heute ist es leichter als je zuvor, sich zum Kochen inspirieren zu lassen. Man muss nicht der Lieblingsenkel der Großmutter sein, viele Kochbücher gelesen oder die Welt kulinarisch bereist haben. Es genügt, ein paar Worte ins Smartphone zu tippen, und schon erfährt man alles, was man wissen will: wie man ein Filetsteak

richtig brät, welche vegetarischen Gerichte es gibt, welche Gewürze man immer im Haus haben sollte, wie man am besten Zwiebeln schneidet und so weiter. Die moderne Technik ist hier, wie in so vielen Bereichen, ein echter Segen – solange man die Informationen, die YouTube und Co. bereitstellen, nicht einfach nur konsumiert, sondern aktiv in die Praxis umsetzt.

Wir haben beim Fleischer zwei Filets vom irischen Weiderind gekauft: mager, zart, mit einer intensiven roten Farbe. 20 Minuten vor der Zubereitung nehmen wir das Fleisch aus dem Kühlschrank, damit die Fasern sich entspannen können. Die Filets werden gesalzen und gepfeffert und in einer Pfanne mit hoch erhitzbarem Öl scharf von allen Seiten angebraten, sodass sich die Röstaromen entfalten können. Anschließend kommen die Filets in den Ofen, wo sie bei geringer Temperatur – je nachdem, ob wir das Fleisch gerne rare, medium oder well done essen – zwischen 15 und 30 Minuten garen. In der Zwischenzeit kochen wir zwei schöne große

Kartoffeln und einen ganzen Brokkoli. Nachdem die Filets aus dem Ofen gekommen sind, lassen wir sie noch ein wenig ruhen, um sie dann zu aromatisieren, das heißt, wir erhitzen ein Stück Butter in der Pfanne, legen frischen Rosmarin, Thymian, Schalotten und Knoblauch dazu und braten die Filets in der Butter kurz nach, damit die Aromen auf das Fleisch übertragen werden. Wenn wir wollen, können wir im Anschluss die aromatische Flüssigbutter noch mit etwas Brühe übergießen, einen Schuss Rotwein dazugeben, et voilà: die perfekte Soße für das Fleisch. Auf den Teller kommen das Filet, ein großes Stück Brokkoli und die aufgeschnittene, dampfende Kartoffel, dazu ein wenig Sour Cream. Auf dem Tisch stehen zwei Gläser Rotwein und eine Karaffe Wasser.

Gutes Essen hat seinen Preis: Zeit und Geld. Beides gibt es nicht im Überfluss. Es macht schon einen Unterschied, ob wir bedenkenlos Obst und Gemüse auf dem Wochenmarkt, Fleisch und Fisch an der Theke und Brot und Gebäck im Bioladen kaufen können oder ob wir das Geld für den Einkauf beim Discounter zusammenzählen müssen. Schon Hippokrates war bewusst, dass die Lebensführung

des Einzelnen immer auch von seinen Lebensumständen, das heißt von seiner sozialen Stellung abhängig ist. Nur die wenigsten haben, so Hippokrates, die nötige Zeit und das nötige Geld, um alle die Dinge zu tun, die sie ihrer Gesundheit zuliebe tun sollten. Leider ist das heute immer noch so. Es gibt etliche Studien, die auf einen signifikanten Zusammenhang zwischen Einkommen, Lebensführung und Lebenserwartung hinweisen. Es ist wichtig, das zu wissen, gerade für diejenigen, die kein großes Einkommen zur Verfügung haben. Sie müssen nämlich doppelt so sehr auf ihre Lebensführung achtgeben, um den Mangel an Zeit und Geld so gut es geht zu kompensieren.

Kochen Sie so oft wie möglich selbst. Das ist die gesündeste, leckerste und preiswerteste Art zu essen. Probieren Sie neue Dinge aus. Lassen Sie Ihre Küche nicht zu einem Ort werden, der mehr Stress als Appetit verursacht. Ihre Küche sollte zum Kochen einladen. Sie sollte kein Ort sein, wo sich Post, Zeitschriften und ausrangierte Gegenstände stapeln. Wie gesagt: in einem guten Umfeld werden gute Entscheidungen getroffen und gute Entscheidungen führen zu einem guten Umfeld.

15

FÜRS
WOHLBEFINDEN

„Du bist, was du isst"

Der berühmte Satz **„Du bist, was du isst"** stammt von dem Philosophen Ludwig Feuerbach. Wie recht er damit hatte, können wir eigentlich erst heute, dank der Gehirnforschung, richtig ermessen. Am offensichtlichsten ist der Einfluss der Ernährung auf den sichtbaren Teil unseres Körpers: die Figur. Weniger sichtbar, aber doch klar erkennbar, ist ihr Einfluss auf unsere inneren Organe, zu denen nicht zuletzt das Gehirn gehört. Das Gehirn besteht zu 90 % aus Stoffen, die der Körper nicht selber herstellen kann und darum mit der Nahrung aufnehmen muss. Es sollte uns deshalb nicht wundern, dass eine Ernährung mit zu wenigen Vitaminen und Ballaststoffen und zu vielen schlechten Fetten und raffiniertem Zucker unser Gehirn und damit auch unsere Gedanken, Gefühle und Stimmungen negativ beeinflusst. Das gilt natürlich genauso im Umkehrschluss. Seit Langem ist beispielsweise bekannt, dass die Omega-3-Fettsäuren, die in Fisch, Pflanzenöl, Innereien und Kernen enthalten sind, nicht nur die kognitive Leistungsfähigkeit steigern, sondern auch eine wohltuende Wirkung auf unsere Psyche haben.

Wenn dem aber so ist, warum kommt dann eine aktuelle Meta-Analyse im British Journal of Psychiatry zu dem Ergebnis, dass eine gesteigerte Aufnahme von Omega-3-Fettsäuren in Form von Nahrungsergänzungsmitteln keinen signifikanten Effekt auf die Psyche hat?[25] Aus zwei Gründen: Erstens ist die Psyche ein ganzheitliches Phänomen, nichts, was sich nach Belieben rauf- und runterregeln lässt. Zweitens ist die Ernährung ein ganzheitliches Phänomen, das mehr ist als die Summe einzelner Nährstoffe. Morgens eine Omega-3-Kapsel für die Stimmung, mittags Traubenzucker für die kognitive Leistungsfähigkeit und abends Zink für das Immunsystem – eine so waren- und tablettenförmige Auffassung von Gesundheit und Ernährung greift viel zu kurz. Es liegen Welten zwischen dem Schlucken einer Omega-3-Kapsel und dem Essen von Fisch am Freitagabend. Das eine ist ein steriler Akt, das andere eine Aktivität, die von der Zubereitung des Essens bis zur Unterhaltung am Tisch reicht. Und es sind diese Aktivitäten, die eine Wirkung entfalten.

Das romantische Candle-Light-Dinner, das gemeinsame Abendessen im Kreis der Familie, das Lieblings-restaurant im Urlaubsort oder auch das Fertiggericht an einem gemütlichen Fernsehabend – in guten Zeiten gibt es gutes Essen. In schlechten Zeiten essen wir entweder zu wenig, weil wir vor Kummer und Sorgen gar nicht daran denken, oder wir essen zu viel, um den Kummer und die Sorgen dadurch zu kompensieren. Das setzt eine Negativspirale in Gang. Vor allem, wenn die schlechte Ernährung – wie das meistens der Fall ist – mit wenig Schlaf und wenig Bewegung einhergeht. Gerade in Krisenzeiten sollten wir darauf achten, dass wir uns gut ernähren, ausreichend bewegen und genug schlafen. Nach der Devise: „Die negativen Gedanken und Gefühle kann ich im Moment gerade nicht abstellen – und will es vielleicht auch gar nicht. Aber ich kann zumindest dafür sorgen, dass diese Gedanken und Gefühle sich nicht über den Anlass hinaus verselbstständigen, auf meinen gesamten Körper übergreifen und mich völlig aus der Balance bringen. Das tue ich am besten, indem ich weiterhin – jetzt erst recht – darauf achte, gut zu essen, genug zu schlafen und mich ausreichend zu bewegen.“

16

ZUM
WOHLSEIN

Lebensmittel sind nicht nur Heilmittel im hippokratischen Sinne, sondern auch Genussmittel. Trauben, Kakao und Kaffee … wir können dankbar sein, dass die Natur uns solche Genussmittel an die Hand gegeben hat, mit denen sich das Dasein versüßen lässt. Schließlich gibt es kein Leben (auch kein gutes), das ohne schmerzhafte Erfahrungen auskommt, die hin und wieder einer kleinen Linderung bedürfen. „Wer Sorgen hat", schreibt Wilhelm Busch, „hat auch Likör." Aber wir brauchen die Genussmittel nicht nur als Kompensation für das, was uns das Leben versagt, sondern genauso umgekehrt, um die erfüllten Tage des Daseins auszukosten. Genussmittel geben uns die Gelegenheit zum Exzess, das

heißt zum freudigen Überschreiten („excedere") der alltäglichen Um-Zu-Relationen. Wenn wir Wein trinken, trinken wir nicht, um unseren Körper mit Flüssigkeit zu versorgen, sondern lassen unsere Lebensgeister rege werden. Wenn wir ein intensives Gespräch führen, tun wir das nicht, um den anderen Menschen Informationen zu übermitteln, sondern drücken unsere Gedanken und Gefühle aus und lassen sie wirken. Wenn wir Sport machen, bewegen wir uns nicht, um von A nach B zu kommen, sondern aus Freude daran, spielerisch in Bewegung zu sein. All das sind Exzesse, bei denen der Zweck in der Handlung selbst liegt und die man deshalb auch paradoxerweise zwecklos nennen könnte. Sie gehören zum

Menschsein dazu. Der Mensch ist das Tier, das Feste feiert.

Es zeichnet die griechische Philosophie aus, dass sie mehr als andere spirituelle Systeme (wie z. B. der römische Stoizismus) der exzessiven Natur des Menschen zugewandt ist. Nicht ohne Grund gehört das „Symposion" zu den bedeutendsten platonischen Dialogen: das „Festmahl", bei dem alles zusammenkommt, die Feier eines schönen Anlasses, das gute Essen, das Trinkgelage und die großen Reden. Und gerade deshalb, weil die griechische Philosophie eben nicht stoisch war, hat sie so großen Wert auf die Idee der Balance gelegt – des richtigen Maßes, des „weder zu viel noch zu wenig", der goldenen Mitte. Damit aus den Genussmitteln, die das Leben schöner und leichter erscheinen lassen, nicht irgendwann Suchtmittel werden, die es hässlicher und schwerer machen.

Aber was ist das richtige Maß? Was ist zum Beispiel das berühmte Glas Wein zu viel? Rein biologisch betrachtet schon das zweite Glas. Da lassen sich bereits negative Wirkungen auf den körperlichen Allgemeinzustand, das Erinnerungsvermögen und nicht zuletzt auf den Schlaf nach-

weisen. Aber sind das zweite und dritte Glas Wein deshalb immer schon zu viel? Sicherlich sind sie es mitten in der Woche, wenn am nächsten Tag ein wichtiger Termin ansteht. Aber bei anderen Gelegenheiten – einer Hochzeit, einem Geburtstag, einem Sommerabend auf dem Balkon – muss selbst das vierte Glas noch kein Übermaß sein. Es ist eben nicht so leicht mit dem Maßhalten, was nicht nur die alten Griechen gewusst haben. Wie hat es doch Goethe so schön im Schenkenbuch seines West-östlichen Divans gesagt:[26]

TRUNKEN MÜSSEN WIR ALLE
SEYN! JUGEND IST TRUNKENHEIT
OHNE WEIN; TRINKT SICH DAS
ALTER WIEDER ZU JUGEND SO
IST ES WUNDERVOLLE TUGEND.
FÜR SORGEN SORGT DAS
LEBEN UND SORGENBRECHER
SIND DIE REBEN.

DA WIRD NICHT MEHR NACH-
GEFRAGT! WEIN IST ERNSTLICH
UNTERSAGT. SOLL DENN DOCH
GETRUNKEN SEYN, TRINKE
NUR VOM BESTEN WEIN:
SO LANG' MAN NÜCHTERN IST,
GEFÄLLT DAS SCHLECHTE, WIE
MAN GETRUNKEN HAT WEISS
MAN DAS RECHTE, NUR IST DAS
ÜBERMASS AUCH GLEICH ZU
HANDEN; HAFIS! O LEHRE
MICH WIE DU'S VERSTANDEN.

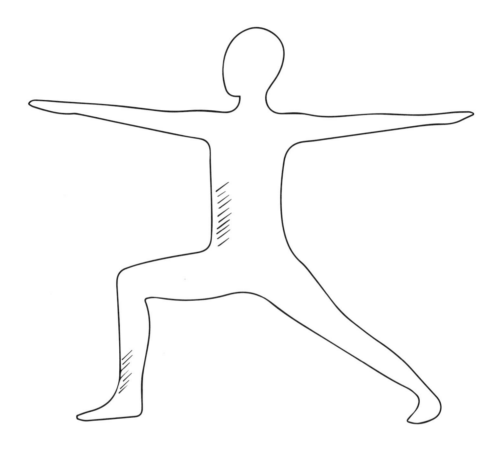

TEIL 2

BEWEGUNG

17

BEWEGUNG IST ENTWICKLUNG

Die menschliche Entwicklung begann damit, dass sich unsere Vorfahren eines Tages auf die Hinterbeine gestellt haben, um es mal mit einer anderen Fortbewegungsart auszuprobieren: dem aufrechten Gang. Der aufrechte Gang gehört zu den markantesten Eigenschaften, die den Menschen von anderen Lebewesen unterscheidet. Er hat der menschlichen Spezies buchstäblich neue „Handlungsspielräume" eröffnet, indem er die Hände von der Beteiligung an der Fortbewegung befreit hat. Sie konnten von nun an für neuartige Handlungen eingesetzt werden: auf Dinge zeigen, die angezeigten Dinge mit Sprachlauten bezeichnen, sie in Gebrauch nehmen und als Werkzeuge verwenden, um die Umwelt den eigenen Bedürfnissen gemäß zu gestalten. Die Erweiterung der koordinativen Fähigkeiten unserer Vorfahren ging so mit der Erweiterung ihrer kognitiven Fähigkeiten einher. Diese evolutionäre Interaktion von Bewegung und Denken lässt sich an jedem Menschlein beobachten, das sich in dieser Welt neu zurechtzufinden beginnt: **Kleine Kinder erkunden durch die Bewegung Schritt für Schritt die Welt, die sie sich dann Wort für Wort sprachlich aneignen. Je mehr koordinierte Bewegungen ein Kind entfaltet, umso mehr besichtigt, betastet, bezeichnet und begreift es seine Umwelt.** Nicht ohne Grund ist der Ausdruck „etwas begreifen" metaphorisch von „greifen nach etwas" abgeleitet.

Der aufrechte Gang hat uns Menschen zu echten Allroundern gemacht. Wir können zwar nicht so schnell laufen wie eine Antilope, nicht so geschickt auf Bäume klettern wie ein Affe, nicht so weit springen wie ein Tiger und nicht so elegant durchs Wasser gleiten wie ein Delfin, aber wir können von allem etwas: laufen, klettern, springen und schwimmen. Das heißt: **Wir können unsere Bewegung flexibel an verschiedenste Situationen anpassen und sind daher sehr überlebensfähig.**

Für die Jäger und Sammler war ausreichend Bewegung eine Frage des Überlebens. Sie mussten sich bewegen, um an Nahrung zu kommen. Das änderte sich mit der Landwirtschaft und der Sesshaftwerdung. Nun schlugen sich die Menschen nicht mehr durch die Wildnis, sondern setzen ihre Kraft an ein und demselben Ort für die Fruchtbarmachung des Bodens ein. Aus der Bewegung wurde körperliche Arbeit. Gleichzeitig entstanden größere Städte, deren Bewohner von den Erträgen des Landes leben konnten, ohne selbst landwirtschaftlich tätig sein zu müssen. Hand- und Kopfarbeit trennten sich voneinander. Die Kopfarbeiter (Politiker, Gelehrte, Kaufleute, Priester, Künstler),

die ihre Lebensmittel auf dem Markt kaufen konnten, brauchten sich kaum noch bewegen, um ihren Nährstoffbedarf zu decken. Daraus ergaben sich wieder neue Freiheitsspielräume. Sokrates musste nicht, wie noch der Dichter Hesiod, von früh bis spät auf dem Acker arbeiten. Er konnte auf den Markt gehen, dort seine Einkäufe erledigen, Freunde treffen und mit ihnen über Normen und Werte philosophieren.

Aber die Befreiung von der körperlichen Arbeit war ein Privileg und zugleich ein Problem. Die Menschen realisierten schnell, dass der Körper in Bewegung sein muss, um gesund zu bleiben. Da ausreichend Bewegung aber in der städtischen Lebenswirklichkeit nicht mehr selbstverständlich war, wurde sie bewusst organisiert – in Form des Spiels – an der Schwelle von Natur (realem Körpereinsatz) und Kultur (symbolischen Spielregeln). Im antiken Griechenland wurden Gymnastikvereine gegründet, Ballsportarten erfunden, Großveranstaltungen durchgeführt (allen voran natürlich die Olympischen Spiele). Außerdem wurde die Bewegung zum Gegenstand des Nachdenkens. In der griechischen Philosophie steckt ein Stück Ratgeberliteratur.

HIPPOKRATES

[460 - 370 v. Chr.]

Hippokrates von Kos war ein berühmter Arzt im antiken Griechenland, der aufgrund seiner empirischen Beobachtungsgabe zu den Wegbereitern der modernen Medizin zählt. Selbstverständlich verfügen die Mediziner heute über ein viel breiteres Faktenwissen als es Hippokrates zur damaligen Zeit haben konnte. Trotzdem ist vieles von dem, was in den hippokratischen Schriften überliefert wird, immer noch aktuell. Dazu zählt nicht nur seine ganzheitliche Sicht auf die Gesundheit, die die Zusammenhänge von Körper, Geist, Seele und Umwelt in den Blick nimmt, sondern vor allem auch der hippokratische Eid: allen Menschen, unabhängig von Einkommen und sozialer Stellung, die bestmögliche medizinische Behandlung zukommen zu lassen.

Hippokrates empfahl seinen Patienten, mehr Spaziergänge zu machen, um den Stoffwechsel in einem gesunden Gleichgewicht von Energieaufnahme (Ernährung) und Energieverbrauch (Bewegung) zu halten. Sokrates gab seinen Zuhörern den Ratschlag, auf ihre körperliche Verfassung achtzugeben, weil diese letztlich auch das Denken beeinflusst. Und der staatstragende Platon reflektierte auf die politische Funktion des Sports bei der Ausbildung gesunder (letztlich wehrtüchtiger) Bürger.

Wenn uns manches davon vertraut vorkommt, dann liegt das daran, dass wir in puncto Bewegung heute auf breiter Basis in der Situation sind, in der die schmale Schicht von philosophischen Kopfarbeitern vor 2.500 Jahren schon war. Wir suchen, jagen und erlegen unser Essen nicht mehr selbst. Wir kaufen es im Supermarkt oder lassen es uns per App direkt nach Hause liefern. Wir sind heute zum Glück vieler körperlicher Arbeiten enthoben. Aber gerade deshalb müssen wir uns fragen, wie wir die Bewegung, die wir nicht mehr nötig haben, spielerisch in unser Leben einbauen können. Denn letztlich haben wir sie doch nötig: **Unser Organismus ist auf ein Leben im Sitzen, am Com-** puter und vor dem Fernseher nicht eingestellt!

Achten Sie darauf, ob sie ausreichend in Bewegung sind. Sind Sie schon beim Treppensteigen aus der Puste? Schnellt Ihr Puls schon bei geringfügigen Belastungen in die Höhe? Dann sollten Sie sich definitiv mehr bewegen. Wie steht es um Ihre koordinativen Fähigkeiten? Können Sie auf einem Bein stehen? Wie lange? Und mit geschlossenen Augen? Wie elastisch ist Ihr Körper? Welchen Spielraum gewähren Ihnen Glieder, Gelenke und Muskeln? Können Sie auf einem Stuhl sitzend das Bein nach oben durchstrecken, um mit den Händen den Fuß zu umfassen? Wie viel Kraft haben Sie? Genug, um zehn Liegestütze zu machen? Um mit einem Bein vom Stuhl aufzustehen? Um sich aus dem Liegen in die Sitzstellung aufzurichten? Lernen Sie die Stärken und Schwächen Ihres Körpers kennen. Jede Veränderung zum Besseren beginnt damit, dass wir erst einmal den Status quo erkennen. Nur wer seine körperliche Allgemeinverfassung realistisch einschätzt, kann sie effektiv optimieren.

18

DER START IN DEN TAG

Nach Hippokrates sind Ernährung und Bewegung die zwei Teile, die zusammen das Ganze der gesunden „Lebensordnung" ausmachen – der „Diät" im ursprünglichen Sinne des Wortes.

Das Mindestmaß an Bewegung, das Hippokrates allen Menschen, Jung und Alt, ans Herz gelegt hat, waren ausgiebige Spaziergänge. Der Spaziergang wird von ihm als ein wahres Wundermittel angepriesen, das Körper und Geist auf schonende Weise fit hält und den optimalen Start in den Tag darstellt.[1] Im Anschluss an Hippokrates können wir uns einen idealen Tagesablauf wie folgt ausmalen:

Gut ausgeschlafen stehen wir bei Tagesanbruch nicht zu schnell auf, sondern lassen uns Zeit, um langsam wach zu werden. Wir recken und strecken uns noch im Bett liegend, um den Kreislauf schonend zu aktivieren. Nach dem Aufstehen nehmen wir eine Dusche. Zuerst mit kaltem (herzfern bei den Füßen beginnend!), dann mit warmem und dann wieder mit kaltem Wasser (der Körper soll sich nach der Dusche selbst erwärmen, das stärkt das Immunsystem!). Danach absolvieren wir eine kurze Gymnastikübung, die nicht einmal zwei Minuten dauert, aber die Steifigkeit aus den Gelenken vertreibt.

Danach absolvieren wir eine kurze
Gymnastikübung, die nicht einmal zwei Minuten
dauert, aber die Steifigkeit aus den
Gelenken vertreibt.

Wir beugen uns langsam vor, bis wir mit den
Fingern möglichst nahe an den Fußspitzen sind,
richten uns dann auf, pflücken mit den Händen
Früchte an einem imaginären Baum,
lassen den Rücken mit den Händen am Gesäß nach
hinten fallen und dehnen uns
abschließend nach jeder Seite einmal.

Nach der kurzen Übung machen wir einen kleinen Spaziergang von ein bis zwei Kilometern, sodass der Stoffwechsel in Gang kommen kann. Anschließend frühstücken wir nährstoffreich mit komplexen Kohlenhydraten, Proteinen, Vitaminen und Mineralstoffen. Zum Beispiel ein Müsli mit Haferflocken, magerem Joghurt, Apfel- und Bananenstücken und Nüssen. Die Kraft, die ein solches Frühstück verleiht, spürt man den gesamten Tag über!

Nach einer Tasse Kaffee oder Tee geht es an die Arbeit. Wir arbeiten 90 Minuten konzentriert, ohne Ablenkung. Anschließend machen wir eine kurze fünf- bis zehnminütige Pause für eine zweite Tasse Kaffee, einen Gang auf den Balkon oder auf die Terrasse. Dann arbeiten wir weitere 90 Minuten, wieder konzentriert und ohne Ablenkung. Wer zwei Arbeitseinheiten à 90 Minuten wirklich konzentriert, konsequent und ohne Ablenkung absolviert hat, hat schon so viel geschafft, dass der Tag gar nicht mehr unproduktiv werden kann. Er kann in Ruhe eine Mittagspause machen, die er mit einem weiteren Spaziergang an der frischen Luft abrundet.

Im Anschluss an die Mittagspause widmen wir uns wieder zwei 90-minütigen Arbeitseinheiten, die nur von einer kurzen Pause unterbrochen werden. Das effektive Arbeiten ohne unkonzentrierten Leerlauf und unproduktive Betriebsamkeit soll kein „sich Abstrampeln im Hamsterrad" sein. Im Gegenteil. Es soll Freiheitsspielräume eröffnen; Mußestunden vermehren. In einer vernünftig organisierten Gesellschaft, in der die Menschen wirklich produktiv arbeiten, bleibt immer genug Zeit, um nach Feierabend nicht erschöpft ins Sofa zu fallen, sondern sich den Kindern zu widmen, ins Theater zu gehen, Fußball zu spielen, ein Buch zu lesen, sich mit Freunden zu treffen, einen romantischen Abend zu verbringen.

So viel zur Idee eines guten Tagesablaufs. Zurück zu den Spaziergängen, die wir im Anschluss an Hippokrates immer wieder erwähnt haben. Viele Philosophen sind passionierte Spaziergänger gewesen. Von Immanuel Kant wird berichtet, dass die Königsberger ihre Uhr danach gestellt hätten, wann der berühmte Professor bei seinem obligatorischen Spaziergang am Mittag um die Ecke bog. Warum der Spaziergang den Philosophen immer schon so lieb war, kann man

sich denken: Gerade für Kopfarbeiter ist **leichte, regelmäßige Bewegung in Form von Spaziergängen** nicht nur ein optimaler Ausgleich, um Körper und Geist in Balance zu halten, sondern auch ein strukturierendes Ritual, das dem Arbeitstag einen festen Rhythmus verleiht und die kreative Lösung von Aufgaben erleichtert.

Wie gesagt: Heute sind die meisten von uns philosophische Kopfarbeiter. Wir arbeiten, indem wir denken, sprechen, rechnen, zeichnen, steuern und lenken. Aber nicht indem wir laufen, schleppen, tragen, drücken und ziehen. Das heißt: Physikalisch gesehen verrichten wir kaum noch Arbeit. Das tun die Maschinen. Auf der einen Seite ist das gut so. Die Romantisierung harter körperlicher Arbeit stammt meistens von Menschen, die eben nicht körperlich hart arbeiten müssen — sonst hätten sie ja keine Zeit zu romantisieren. Es gibt keinen Grund, sich vorindustrielle Lebensbedingungen zurückzuwünschen, in denen 90 % der Menschen im Schweiße ihres Angesichts auf dem Acker geschuftet haben. Auf der anderen Seite ist die heutige Lebens- und Arbeitswelt aber auch nicht frei von gesundheitlichen Risiken. **Wenn nämlich geistig-seelische Überforderung (Stress!) auf** körperliche Unterfordcrung (Bewegungsmangel!) trifft, wird es gefährlich.

Zu viel Stress, zu wenig Bewegung, zu wenig Schlaf, zu viel schlechtes Essen – das ist die Rezeptur für die Zivilisationskrankheiten unserer Zeit. Die Bewegung ist der beste Hebel, um das Gleichgewicht wiederherzustellen. Es ist oft leichter gesagt, als getan, „sich keinen Stress zu machen". Stress lässt sich rein mental schwer abbauen. Körperliche Bewegung baut Stress unweigerlich ab. Ernährungsgewohnheiten sind hartnäckig. Bewegung führt automatisch dazu, dass wir uns besser ernähren. Auf Kommando einzuschlafen oder willentlich durchzuschlafen, ist schwierig. Bewegung fördert einen guten Schlaf. **Manch eine Negativspirale, die einen zur Verzweiflung bringt, lässt sich durch etwas mehr Bewegung schon unterbrechen.**

TIPP

Gehen Sie öfter spazieren. Ganz bewusst. Im Park. Im Wald. Am Strand. Lassen Sie das Auto öfter stehen und Bus und Bahn vorüber fahren. Vielleicht haben Sie das Gefühl, dass Sie dadurch Zeit verlieren. Ja, Sie sind nicht so schnell am Ziel. Aber Sie verlieren nicht nur Zeit. Sie gewinnen auch welche. Zeit, um das ständige Sitzen auszugleichen. Zeit, um frische Luft zu tanken. Zeit, um die Sinne mit neuen Eindrücken anzuregen. Zeit, um auf andere Gedanken zu kommen und Lösungen für Probleme zu finden, nach denen Sie am Schreibtisch stundenlang vergeblich gesucht haben.

19

AUSDAUER FÜR EIN

LANGES

LEBEN

In der Abendsonne am Fluss entlangjoggen; nicht zu langsam und nicht zu schnell, sodass man sich locker beim Laufen unterhalten kann. Zu Hause ankommen mit dem guten Gefühl, den Körper gefordert, aber nicht ausgepowert zu haben. Einen Schluck trinken, eine Dusche nehmen und danach mit einem Körpergefühl, als könne man Bäume ausreißen, das tun, was man tun will: tanzen gehen, Freunde treffen, zu einer Verabredung eilen, in der Kneipe ein Bier trinken oder sich einfach nur einen gemütli-

chen Abend zu Hause machen. Was auch immer man tut, nach dem Joggen fühlt es sich besser an. Im Grunde genügt schon dieses **eigene Erleben**, um sich über die **vitalisierende Wirkung der Bewegung** im Klaren zu sein. Was wir in solchen Momenten subjektiv erleben, untermauern die wissenschaftlichen Zahlen, Daten und Fakten: Bewegung ist die beste Medizin!

Regelmäßige Bewegung erhöht nicht nur die Lebensqualität, sondern beugt auch Krankheiten vor. Das hat jüngst wieder eine Metaanalyse von 14 Langzeitstudien gezeigt, die den Gesundheitszustand von insgesamt 200.000 Menschen über einen Zeitraum von bis zu 35 Jahren verfolgt haben. Nach der Analyse dieses umfangreichen Datenpools kamen die Forscher zu dem Ergebnis, dass regelmäßiges Joggen das Risiko, an Herz-Kreislauf-Erkrankungen zu versterben, um 30 % reduziert.[2] Die Gründe sind seit langem bekannt. Regelmäßiges Laufen mit moderatem Belastungspuls kräftigt Herz und Lunge, senkt die schlechten Blutfettwerte (LDL-Cholesterin) und erhöht die guten (HDL-Cholesterin). Der gesamte Körper wird besser mit Sauerstoff versorgt, während gleichzeitig das Kohlendioxid schneller ausgeschieden wird.

Darüber hinaus kurbelt Ausdauersport den Fettstoffwechsel an, was den Blutzuckerspielgel senkt und Diabetes Typ 2 vorbeugt. Das ist einer der Gründe, warum so wenig Leistungs- und Breitensportler an Diabetes Typ 2 erkranken. Ein weiterer Grund ist der Muskelaufbau, der mit körperlicher Bewegung einhergeht. Muskeln erhöhen nämlich die Speicherkapazität des Körpers für Glukose, sodass

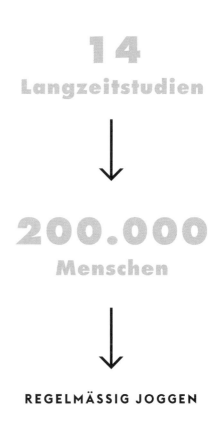

14
Langzeitstudien

200.000
Menschen

REGELMÄSSIG JOGGEN

30%
weniger
Herz-Kreislauf-
Erkrankungen

der Blutzuckerspiegel niedrig bleibt. Sie sind regelrechte Zuckerfresser.[3]

Damit ist die Liste der gesundheitsfördernden Effekte von Bewegung aber noch lange nicht abgeschlossen. Bewegung stärkt das Immunsystem. Die Produktion der sogenannten „Killerzellen", mit denen der Körper Bakterien und Viren bekämpft, wird angekurbelt, während gleichzeitig die Funktion der regulatorischen T-Zellen optimiert wird. Letztere sind diejenigen „Genschalter"[4], die verhindern, dass unser Immunsystem überreagiert (also bei geringfügigen Anlässen zu lange und zu stark reagiert) und so unnötige Entzündungsprozesse im Körper entfacht. In einem Satz: Bewegung optimiert die körperlichen Abwehrkräfte. Indem wir uns öfter bewegen, stärken wir unser Immunsystem und schützen uns so vor Krankheiten – von einfachen grippalen Infekten bis hin zu schwerwiegenden Zivilisationskrankheiten.

Noch dazu ist regelmäßige Bewegung das beste Anti-Aging-Mittel, das es überhaupt gibt, weil es direkt auf die genetischen Ursachen des Alterungsprozesses einwirkt: auf die Telomere. Telomere sind die „Schutzkappen" am Ende unserer Chromo-

somen, die mit jeder Zellteilung etwas kleiner werden – bis sie schließlich gar nicht mehr vorhanden sind und die Zelle abstirbt. Weil ihre Verkürzung ein natürlicher Aspekt des Älterwerdens ist, fungieren die Telomere als ein Marker, mit dem man das biologische Alter eines Menschen feststellen kann. Die Telomere können allerdings auch verlängert werden und zwar durch ein bestimmtes Enzym, die sogenannte Telomerase.

Eine randomisierte Studie von Wissenschaftlern der Universität Leipzig, die kürzlich im „European Heart Journal" veröffentlicht worden ist, hat nun gezeigt, dass regelmäßiger Ausdauersport die Aktivität des Telomerase-Enzyms deutlich erhöht. Nachdem die Studienteilnehmer ein sechsmonatiges Ausdauertraining mit drei Lauf- bzw. Walkingeinheiten pro Woche (bei 60-prozentigem Anstieg der Herzfrequenz) absolviert hatten, waren die Telomere in ihren Blutzellen um durchschnittlich 3,5 % gewachsen.[5] Das ist ein wichtiges Forschungsergebnis, weil es auf zellulärer Ebene eine Erklärung für den empirisch seit Langem bekannten Anti-Aging-Effekt von moderater, regelmäßiger Bewegung liefert.

Laufen, zügiges Gehen, Walken, Joggen – betrachten Sie das als ein wahres Wundermittel für Ihre Gesundheit. Denn genau das ist es! Regelmäßige Bewegung senkt den Blutdruck, entkalkt die Arterien, kräftigt das Herz, erhöht die Sauerstoffzufuhr, reduziert den Blutzucker, kurbelt die Fettverbrennung an, stärkt das Immunsystem und verlängert die Telomere. Und das sind nur die direkten Auswirkungen auf Ihre Gesundheit. Dazu kommen noch die indirekten Effekte, die dadurch entstehen, dass bessere Bewegung auch einen besseren Schlaf und eine bessere Ernährung zur Folge hat. Gehen Sie also nach Möglichkeit dreimal die Woche zwischen 30 und 60 Minuten laufen. Achten Sie dabei darauf, dass Sie langsam im aeroben Bereich joggen oder walken. Auch beim Thema Bewegung gilt nämlich, dass die falsche Dosis aus einem Heilmittel ein Gift macht. Wenn Sie zu schnell und zu lange laufen, kommen Sie in den anaeroben Leistungsbereich. Die Folgen sind: Sauerstoffnot und Übersäuerung. Sie belasten dann Ihr Herz, statt es zu kräftigen, schwächen Ihr Immunsystem, statt es zu stärken, und bauen Stress auf, statt ihn abzubauen. Kontrollieren Sie aus diesem Grund immer Ihren Belastungspuls. Entweder über das eigene Körpergefühl (kann ich beim Laufen noch klar denken, lächeln und mich unterhalten) oder über eine Pulsuhr (nachdem Sie vorher ihren maximalen Belastungspuls von einem Arzt haben feststellen lassen). Grundsätzlich empfiehlt es sich, einen ärztlichen Check-up zu machen, bevor man mit dem Lauftraining beginnt – vor allem ab einem gewissen Alter und bei Krankeitssymptomen und Vorerkrankungen. Beginnen Sie mit der Bewegung niedrigschwellig und steigern Sie Ihre Leistung langsam, aber kontinuierlich.

20

DAS LAUF

ABC

Die fünf wichtigsten Übungen des Lauf-ABCs wollen wir Ihnen hier kurz vorstellen.

In den meisten Sportarten, von Fußball über Tennis bis Basketball, müssen wir viel laufen. Mit der richtigen Lauftechnik bewegen wir uns nicht nur effizient, sondern schonen auch unsere Gelenke und Glieder. Da die richtige Technik nun diejenige ist, die individuell am besten zu einem passt, sollte man sich den Laufstil nicht von anderen abschauen. Sinnvoller ist es, regelmäßig Übungen aus dem Lauf-ABC zu absolvieren, bei denen der Körper von allein zu der ihm gemäßen Lauftechnik findet. Das Lauf-ABC besteht aus vielen kleinen Übungen, mit denen man die einzelnen motorischen Teile der motorischen Laufkette gezielt trainieren kann. Durch die Zerlegung der Bewegung in einzelne Teile fällt es jemandem, der sich an eine ineffiziente Lauftechnik gewöhnt hat, wesentlich

leichter umzulernen. Die Bewegung läuft zu 99 % unbewusst ab. Wir können uns beim Joggen nicht die gesamte Zeit dazu zwingen, anders zu laufen, als wir es gewohnt sind (schon gar nicht in einer sportlichen Wettkampfsituation). Aber wir können uns durch beharrliches Üben – Schritt für Schritt – bessere Gewohnheiten aneignen.

Sie können diese Übungen praktisch überall absolvieren – in der Halle, auf dem Sportplatz, in der freien Natur, mit Sportschuhen oder barfuß. Die Streckenlänge legen Sie je nach Bedürfnis und Trainingsgrad fest. Übungen auf kürzeren Strecken zwischen 10 und 40 Metern fördern die Schnellkraft, während Sie auf längeren Streckenabschnitten (40 bis 100 Meter) die Schnellkraftausdauer trainieren.

FUSSGELENKARBEIT

Die erste Übung dient der Fußgelenkarbeit. Für diese Übung stellen Sie sich gerade auf die Fußspitzen und laufen dann auf der Stelle, indem Sie abwechselnd den Ballen aufsetzen und wieder hochziehen. Nachdem Sie das einige Zeit getan haben, beginnen Sie sich langsam auf diese Weise fortzubewegen. Sie können die Übung variieren, indem sie die Frequenz der Beinarbeit erhöhen, ohne dabei schneller zu laufen. Nehmen Sie Ihre Arme mit, um die Frequenz zu steigern. Die Arme geben das Tempo vor. Sie sind gewissermaßen die Dirigenten des Laufs.

2.

KNIEHEBELAUF

Die zweite Übung, der Kniehebelauf, schließt direkt an die Fußgelenksarbeit an. Sie beginnen wieder mit aufrechtem Rücken auf den Zehenspitzen, aber diesmal heben Sie abwechselnd die Knie locker und halbhoch (ca. 45 Grad) an. Dann laufen Sie auf diese Weise los. Beugen Sie Ihren Oberkörper nun ein wenig nach vorne und setzen Sie auch Ihre Arme ein. Gegen Ende der Laufstrecke gehen Sie in eine normale Laufbewegung über, damit der koordinative Effekt sich auf diese überträgt. Auch diese Übung können Sie variieren, indem Sie die Frequenz steigern. Aber achten Sie dabei darauf, dass Sie die Übung immer locker und sauber ausführen.

3.

ANFERSEN

Nachdem Sie nach den ersten beiden Übungen schon auf-
gewärmt sein sollten, können Sie bei der dritten Übung,
dem Anfersen, direkt loslaufen. Versuchen Sie so natürlich
zu laufen, während Sie abwechselnd jeweils einen Fuß so
nahe wie möglich an das Gesäß führen. Wichtig: Bleiben
Sie in der Hüfte stabil. Je nach Trainingsstand können Sie
auch in dieser Übung die Frequenz der Beinarbeit nach Belieben steigern. Am Ende der Übung laufen Sie wieder kurz
locker aus.

4.

SIDESTEPS

Die vierte Übung besteht aus Sidesteps. Stellen Sie sich seitlich auf. Beginnen Sie die Bewegung mit einem Kreuz-schritt und laufen Sie seitlich in einem flüssigen Rhythmus etwa 50 Meter und danach wieder zurück. Diese Übung fördert vor allem die seitliche Hüftstabilität.

5.

RÜCKWERTSLAUFEN

Nachdem Sie die vier Übungen absolviert haben, trainieren Sie abschließend noch das Rückwärtslaufen. Dabei können Sie nach Belieben Elemente aus den vorangegangenen Übungen einbauen. Durch das ungewohnte Rückwärtslaufen stellen Sie Ihren Körper vor eine neue Herausforderung und schulen so zusätzlich Ihre koordinativen Fähigkeiten.

Führen Sie diese fünf Übungen nacheinander durch und machen Sie zwei bis drei Durchgänge. Sie werden feststellen, dass Sie auf diese Weise nicht nur an Schnellkraft und Ausdauer zulegen, sondern dass Ihr gesamtes Laufverhalten nach und nach effizienter und schonender wird.

21

WAS SIND KOORDINATIVE FÄHIGKEITEN?

Ein Fußballspieler läuft von der linken Flanke auf das gegnerische Tor zu. Er hat noch einen Gegenspieler vor sich, an dem er vorbei will, um dann einen Querpass auf den mitgelaufenen Mannschaftskameraden zu machen, der den Ball ins Tor schießen soll. Das ist sein Bewegungsziel. Was ist nun gefordert, damit er dieses Ziel erreicht?

Die erste Voraussetzung hat unser Spieler schon erfüllt. Er kann **sich raumzeitlich** auf dem Spielfeld **orientieren**. Er läuft nicht kreuz und quer wie ein Kind auf dem Schulhof über den Platz, sondern bewegt sich zielstrebig auf das Tor zu. Dabei hat er seine Gegen- und Mitspieler jederzeit

im Blick. So kann er aus der Situation auf dem Spielfeld einen Bewegungsplan ableiten, der gute Chancen hat, zum Torerfolg zu führen.

Damit dieser Bewegungsplan auch tatsächlich zum Torerfolg führt, muss unser Fußballspieler einen ausgeprägten **Gleichgewichtssinn** haben. Er muss in einer dynamischen Bewegung die Balance wahren: im vollen Lauf, beim Umspielen des Gegners, beim Abstoppen der Bewegung kurz vor dem Pass zum Mitspieler. Je dynamischer eine Bewegung ist, umso wichtiger ist die Fähigkeit, die Balance zu halten. Das gilt nicht nur für den Sport, sondern im übertragenen Sinne fürs Leben überhaupt.

Aber das ist noch nicht alles, was wir von unserem Spieler hier verlangen. Ein Bewegungsziel wird etappenweise erreicht. Jede einzelne Etappe stellt spezifische motorische Anforderungen an den Körper, die auf eine Weise erfüllt werden müssen, dass dabei ein einziger flüssiger Bewegungsablauf entsteht. Der Spieler muss also in der Lage sein, die einzelnen Teilbewegungen seines Körpers störungsfrei zu **verkoppeln**. Das wiederum setzt die Fähigkeit voraus, zwischen den beteiligten Körperpartien differenzieren zu können. Nur aufgrund dieser **Differenzierungsfähigkeit** kann der Spieler im vollen Lauf den Ball eng am Fuß führen, ohne dass er ihm verspringt. Sein Körper differenziert zwischen der groben Laufbewegung und der feinmotorischen Ballführung. Das ist nicht nur im Fußball, sondern in allen Ballsportarten wichtig. Es ist beispielsweise sehr leicht, beim Basketball aus dem Stand einen Korbleger zu machen. Aber nur dem geübten Basketballer gelingt das aus vollem Lauf, wenn man zwischen der wuchtigen Bewegung beim Abspringen und der feinfühligen Bewegung beim Ablegen des Balls differenzieren muss.

Stellen wir uns nun vor, unser Fußballspieler hat den Gegner erfolgreich umspielt. Er läuft auf den Torwart zu und ist jetzt im Begriff, den entscheidenden Querpass auf seinen Mitspieler zu machen, der den Ball dann nur noch ins Tor zu schieben braucht. Bis hierher läuft alles nach Plan. Unser Spieler überblickt ein letztes Mal die Situation, bevor er die letzte Teilbewegung zur Erreichung seines Handlungsziels ausführt. Aber, siehe da, der Mitspieler steht nicht da, wo er stehen soll. Er ist zu schnell zu weit gelaufen. Warum, weshalb? Darüber nachzudenken hat unser Spieler jetzt keine Zeit. Für ihn zählt jetzt nur, dass sich dadurch die Anspiellinie so verändert hat, dass der herausstürmende Torwart den Pass wahrscheinlich abfangen wird. Gleichzeitig ist eine Lücke zwischen dem Torwart und dem Pfosten entstanden. Da unser Spieler über eine gute **Reaktionsfähigkeit** verfügt, nimmt er alle diese Informationen blitzschnell wahr. Jetzt muss er nur noch in der Lage sein, das Handlungsprogramm, auf das er sich eingestellt hat, auf die neue Situation umzustellen. Diese **Umstellungs- und Anpassungsfähigkeit** hängt wiederum davon ab, ob er insgesamt seinen **Rhythmus** im Spiel gefunden hat. Denn je mehr man „im Spiel" ist, umso schneller kann man ohne großes Nachdenken eine geeignete Lösung für eine neue Situation finden. Unser Spieler hat seinen Rhythmus gefunden und so schlenzt er den Ball am Torhüter vorbei ins Tor.

Das sind also die sieben koordinativen Fähigkeiten, die in fast jeder Sportart den Unterschied ausmachen: **Orientierungsfähigkeit, Gleichgewichtsfähigkeit, Koppelungsfähigkeit, Differenzierungsfähigkeit, Reaktionsfähigkeit, Umstellungs- bzw. Anpassungsfähigkeit und Rhythmisierungsfähigkeit.**

Von dem Ausbildungsgrad der koordinativen Fähigkeiten hängt es letztlich ab, wie viel Freude wir an der Bewegung haben. So wie eine mangelhafte Kondition zur Erschöpfung führt, führt eine mangelhafte Koordination zu Frustration. Es macht einfach keinen Spaß, wenn beim Fußballspielen ständig der Ball verspringt oder beim Tennis fast jeder Aufschlag ins Netz geht. Ausgeprägte koordinative Fähigkeiten sorgen dafür, dass die Bewegung zielführend (erfolgreich), ressourcenschonend (effizient) und schön anzusehen (attraktiv) ist.

Koordinative Fähigkeiten lassen sich ein Leben lang trainieren. Das Grundprinzip des Koordinationstrainings besteht darin, eine einzelne Bewegung nicht bis zur Perfektion zu üben, sondern eine breite Palette von motorischen Fertigkeiten in wechselnden Situationen und unter steigendem Druck abzurufen. **Der Körper lernt so das Stabilitäts-Flexibilitäts-Dilemma aufzulösen,** das (wie wir noch erfahren werden) auch bei mentalen Herausforderungen eine Rolle spielt. Einerseits müssen wir nämlich stabile motorische Fertigkeiten entwickeln, was nur über die Wiederholung von immer gleichen Bewegungsabläufen, also über die Bildung von Routinen, gelingt. Andererseits sollten wir in der Lage sein, unsere motorischen Fertigkeiten flexibel auf neuartige Situationen einzustellen, was durch eingeschliffene Schema-F-Routinen eher erschwert wird. Die gezielte Ausbildung der koordinativen Fähigkeiten hilft uns bei der Auflösung dieses Dilemmas, weil die koordinativen Fähigkeiten die universelle Grundlage jedes Bewegungsablaufs sind. Darum beherrscht z. B. ein Profifußballer in der Regel die meisten Ballsportarten überdurchschnittlich gut.

Das Fundament der koordinativen Fähigkeiten wird – wie so oft – in der Kindheit gelegt. Kinder, die schwimmen lernen wollen, müssen ins Wasser gehen. Kinder, die ihre koordinativen Fähigkeiten entwickeln wollen, müssen sich bewegen: laufen, springen, klettern, toben. Kinder sollen dürfen! **Sie sollen so viele Bewegungserfahrungen wie nur möglich machen**, denn jede Bewegung hinterlässt im Gehirn eine Spur, ein neuronales Muster, das abgespeichert wird und später mit neuen Erfahrungen verknüpft werden kann. Mit sieben Jahren beginnt bei den Kindern die sensible Lernphase, in der sie ihre koordinativen Fähigkeiten besonders gut entwickeln können. Die Aufgabe von Schulen und Vereinen ist dann, ihnen dazu die Möglichkeit zu geben.[6] Aber auch Erwachsene können ihre koordinativen Fähigkeiten bis ins hohe Alter noch gezielt weiterentwickeln.

Trainieren Sie Ihre koordinativen Fähigkeiten im Alltag, indem sie ungewohnte Bewegungsmuster ausprobieren: z. B. auf einem Bein stehen, mit der linken Hand die Zähne putzen, beim Joggen Sidesteps machen oder einen kurzen Streckenabschnitt rückwärts laufen. Ballsportarten sind natürlich besonders förderlich für die koordinativen Fähigkeiten. Der Ball ist ja nichts anderes als ein dynamischer Bezugspunkt, der Sie dazu zwingt, Ihre Bewegung ständig neu auszurichten, das heißt zu koordinieren. Bei Mannschaftssportarten wie Fußball kommt noch eine weitere Form der Koordination dazu: die mit den Mitspielern. Aber sie müssen nicht zwangsläufig in einen Tennis- oder Fußballverein eintreten, um koordinative Übungen mit einem Ball zu machen. Es gibt viele einfache Übungen, die man auch allein durchführen kann. Das Ballprellen in allen Variationen gehört dazu: im Stehen, im Laufen, mit der linken und der rechten Hand, mit Handfläche und dem Handrücken. Anspruchsvoller wird es, sobald Sie zwei Bälle verwenden. Prellen Sie z. B. den einen Ball auf den Boden, während Sie den anderen in die Luft werfen und auffangen. Das ganze erst im Stehen und dann beim Gehen. Variieren Sie Frequenz und Tempo. Benutzen Sie verschiedene Bälle (Basketbälle, Tennisbälle, Gymnastikbälle). Lassen Sie sich eigene Übungen einfallen. Jede Art von körperlicher Aktivität, die Sie nicht schon beherrschen, sondern erst erlernen müssen, schult ihre koordinativen Fähigkeiten.

22

JONGLIEREN
& CO

Es gibt Jongleure, die können eine spannende Geschichte erzählen, während sie dabei die Bälle so durch die Luft wirbeln, dass daraus Bewegungsbilder entstehen, die exakt zu den Ereignissen in der Geschichte passen. Mehr Rhythmus, mehr Koordination geht kaum noch. Aber welcher Körperteil befähigt uns Menschen eigentlich zu so erstaunlichen koordinativen Leistungen, die keine Maschine der Welt auch nur annähernd beherrscht? Würde die Frage lauten, was einen Gewichtheber befähigt, auf der Bank 200 Kilogramm in die Höhe zu hieven, wäre die Antwort klar: die Arm-, Brust- und Schultermuskeln. Mit den koordinativen Fähigkeiten verhält es sich ein wenig anders. Da geht es nicht so sehr um die Muskel-

massen, sondern um die neuronalen Muster im Gehirn. Das Gehirn steuert den Bewegungsapparat, indem es den sensorischen Input, den es von den Sinnesorganen erhält, zu einem koordinierten motorischen Output verarbeitet. Die Koordination funktioniert umso besser, je mehr Bewegungserfahrungen man bereits gesammelt hat. Diese Erfahrungen werden im Gehirn in Gestalt neuronaler Verknüpfungen abgespeichert, auf die man dann in vergleichbaren Situationen zurückgreifen kann. Der Rückgriff auf Erfahrung geht dabei leichter und schneller vonstatten, wenn eine Bewegung oft wiederholt worden ist. **Übung macht bekanntlich den Meister.** Allerdings muss man dafür die Übung zuerst einmal gemeistert

haben. Es muss mindestens einmal „Klick" gemacht, das heißt, es muss sich eine neuronale Verschaltung im Gehirn gebildet haben, die den Bewegungsablauf repräsentiert.[7] Wie das funktioniert, was da im Gehirn genau abläuft, brauchen wir im Detail gar nicht zu wissen. Es ist viel wichtiger, diesen „Klick"-Moment einmal bewusst zu erleben. Probieren Sie dazu einmal folgende Übung aus: Sie nehmen zwei Tennisbälle in die Hand, werfen sie parallel in die Luft und fangen sie wieder auf. Das sollte spätestens nach ein paar Versuchen geklappt haben. Es ist ein bekanntes Bewegungsmuster, das die meisten von uns so oder so ähnlich schon einmal abgespeichert haben. Nun variieren Sie die Übung. Werfen Sie die Bälle wieder in die Luft, aber diesmal überkreuzen Sie gleich danach die Unterarme und versuchen die Bälle mit überkreuzten Armen wieder aufzufangen. Das ist schon wesentlich schwieriger. Sollte es Ihnen nach ein paar Versuchen gelingen: Herzlichen Glückwunsch! Sie haben gut ausgebildete koordinative Fähigkeiten! Den meisten Menschen wird das aber nicht so schnell gelingen, weil das Gehirn keine neuronalen Verknüpfungen parat hat, um diese Bewegungssequenz auf Anhieb zu meistern. Dafür verfügt es aber über

unzählige Neuronen, die nur darauf warten, etwas Neues zu lernen. Das tun sie aber nicht von alleine. Sie – nicht Ihre Neuronen – müssen erst ein wenig trainieren. Nehmen Sie also die Bälle nochmal in die Hand, aber überkreuzen Sie dabei gleich zu Beginn die Unterarme. Führen Sie die Bewegung umgekehrt aus: die Bälle hochwerfen, mit überkreuzten Armen und geöffneten Armen wieder auffangen. Sobald das funktioniert hat, wiederholen Sie die Übung, an der Sie eben gescheitert sind. Nach ein paar Versuchen sollte es jetzt klappen und … klick machen. Ihr Körper hat verstanden, ihr Gehirn die entsprechende neuronale Verschaltung gebildet. Diese Verschaltung ist nach dem ersten geglückten Versuch aber noch sehr labil. Durch Wiederholungen wird sie stabilisiert, bis ihnen der Ballwurf ganz leicht von der Hand geht. Apropos „Ballwurf": Nach demselben Prinzip erlernen wir auch komplexere Bewegungssequenzen wie z. B. einen Aufschlag beim Tennis.

23

DURCH DEN KÖRPER ZUM GEIST

„Für alles menschliche Tun", sagt Sokrates „ist der Körper von Nutzen. Und bei allem, wozu man den Körper braucht, ist es sehr wesentlich, über einen möglichst leistungsfähigen Körper zu verfügen."[8] Zu dem, wozu man den Körper braucht, zählt nach Sokrates ausdrücklich auch das Denken: „Wer weiß nicht, dass selbst da, wo der Körper am wenigsten vonnöten scheint, nämlich beim Denken, doch viele großen Irrtümern unterliegen, weil ihr körperlicher Gesundheitszustand nicht in Ordnung ist. Aber auch Vergesslichkeit, Mutlosigkeit, Verdrossenheit und Wahnsinn beeinflussen aufgrund der schlechten körperlichen Verfassung bei vielen häufig das Denkvermögen derart, dass auch das vorhandene Wissen verlorengeht."[9]

Aus solchen Überlegungen haben die Lateiner später das berühmte „mens sana in corpore sano" (in einem gesunden Körper steckt ein gesunder Geist) gemacht. Diesen Satz kann man allerdings nicht zitieren, ohne dabei mindestens zwei einschränkende Anmerkungen zu machen.

Erstens: Was meinen wir überhaupt, wenn wir von einem „gesunder Geist" sprechen? Undifferenziert darf man diesen Begriff nicht verwenden. Wir müssen hier zumindest zwischen „Verstand" und „Vernunft" unterscheiden. Der Begriff des „Verstandes" bezeichnet die Fähigkeit zur kognitiven Informationsverarbeitung. Wer über einen scharfen Verstand verfügt, der kann komplexe Sachverhalte schnell erfassen, Entwicklungen antizipieren, geschickt argumentieren und zielführend handeln. Der Begriff der „Vernunft" geht über diese Sekundärtugenden hinaus. Er bezeichnet die Fähigkeit, universelle Werte zu erfassen und durch das eigene Verhalten geltend zu machen. Ein Betrüger, der sein argloses Opfer geschickt aufs Glatteis führt, hat einen scharfen Verstand, aber er handelt unvernünftig. Denn vernünftig wäre es, diesen Verstand für sinnvollere, für bessere Dinge einzusetzen, als den eigenen Vorteil daraus zu ziehen, dass man einem Mitmenschen schadet. Bei dem Satz „In einem gesunden Körper steckt ein gesunder Geist" kann sich der Begriff des „Geistes" also nur auf den Verstand, das heißt auf die kognitive Leistungsfähigkeit beziehen. Denn niemand wird doch wohl behaupten wollen, dass die Integrität eines Menschen von seiner körperlichen Verfassung abhängt.

Zweitens: Auch in Hinblick auf die körperliche Leistungsfähigkeit müssen wir uns vor Verallgemeinerungen hüten. Wir dürfen uns den Satz, dass in einem gesunden Körper ein gesunder Geist steckt, nicht zu bildlich vorstellen. Nach dem Motto: athletischer Jurastudent, der heute in den Bergen Snowboard fährt, morgen Marathon läuft und übermorgen sein zweites Staatsexamen ablegt; in der Regelstudienzeit und mit Bestnote versteht sich. Nichts gegen athletische Jurastudenten, aber sie sind nicht das Maß aller Dinge. Winston Churchill war eine Person der Weltgeschichte mit einem messerscharfen Verstand. Der Sportlichste war er nicht. Aus den Biografien über ihn erfahren wir mehr über Zigarren und Whisky als über Laufen und Gymnastik. Der verstorbene Physiker Steven W. Hawking hat mit seinem Geist das Universum erkundet wie vor ihm nur Newton und Einstein. Fast sein ganzes Leben lang war er vom Hals abwärts gelähmt und an den Rollstuhl gefesselt. Es geht hier also nicht um Optimierungsphantasmen, sondern um den praktischen Beitrag, den die körperliche Verfassung zur Bewältigung kognitiver Herausforderungen leisten kann.

Schon 1960 entdeckten Forscher am Massachusetts Institute of Technology (MIT), dass das Training von Mäusen im Laufrad zur Verbesserung ihres räumlichen Gedächtnisses und zur Vernetzung von Nervenzellen im Hippocampus (das ist die Region im Gehirn, wo die Erinnerungen „abspeichert" werden) führt. Einen vergleichbaren Effekt hat die körperliche Bewegung auf die Nervenzellen beim Menschen. Regelmäßige Bewegung fördert die Gedächtnis- und Lernleistung, indem sie die Vernetzung der Nervenzellen anregt und somit die Integration neuer Informationen in bestehende Informationsnetzwerke erleichtert.[10] Das Eiweißmolekül BDNF, das wir bereits in Kapitel 9 kennengelernt haben, spielt dabei eine wichtige Rolle. Die Produktion von BDNF wird durch regelmäßige Bewegung angekurbelt. Zudem baut Bewegung das Stresshormon Cortisol ab, das die Produktion von BDNF hemmt. Warum es genau zu den besseren Gedächtnisleistungen kommt – ob das „nur" auf eine erhöhte Vernetzung der Nervenzellen oder sogar auf eine echte Neubildung von Nervenzellen zurückzuführen ist –, das kann die Wissenschaft noch nicht eindeutig sagen. Aber vielleicht ist das ja auch gar nicht so wichtig. Für uns zählt doch vor allem, dass es so ist, dass wir durch Bewegung unsere geistige Leistungs- und Erinnerungsfähigkeit steigern und erhalten können.

Körper und Geist bilden leider auch in negativer Hinsicht einen Zusammenhang – bei der Demenz. Es ist seit Langem bekannt, dass demenzielle Entwicklungen mit Bewegungsmangel einhergehen. Die Frage ist nur, was hier Ursache und was Wirkung ist? Ist der Bewegungsmangel eine Ursache, die zum Nachlassen der geistigen Fähigkeiten im Alter beiträgt, oder eine Folgewirkung der Demenz? Diese Frage blieb lange unbeantwortet, weil man zu ihrer Klärung die Wirkung von Bewegung auf Menschen untersuchen muss, die am Anfang einer demenziellen Entwicklung stehen, was nicht ganz so leicht ist.

Genau das haben Forscher der Sporthochschule Köln nun aber getan. Sie untersuchten in einer Studie, welchen Effekt regelmäßiges Ausdauer-, Kraft- und Koordinationstraining auf Menschen hat, die am Anfang einer demenziellen Entwicklung stehen und in ihrem Leben kaum Sport gemacht haben. Das Ergebnis nach sechs bis zwölf Monaten war: Es kam zu signifikanten Verbesserungen bei denen, die mindestens zweimal die Woche an dem Sportprogramm teilgenommen hatten, und zu Verschlechterungen bei denen, die inaktiv geblieben waren.[11] **Die Gründe dafür sind vielfältig. Bewegung führt zu einer verbesserten Hirndurch-**

blutung, **fördert die Ausschüttung von Neurotransmittern, die mit der kognitiven Leistungsfähigkeit in Verbindung gebracht werden, und steigert nicht zuletzt das allgemeine Wohlbefinden.**

Die Wissenschaft bestätigt also den philosophischen Lehrsatz von der Einheit von Körper und Geist. Durch die Verbesserung unserer koordinativen Fähigkeiten verbessern wir auch unsere kognitiven Fähigkeiten. Bewegung ist das natürliche Doping fürs Gehirn, das keine unerwünschten Nebenwirkungen hat. Leider nehmen immer mehr Menschen Tabletten oder sogar verschreibungspflichtige Medikamente, um bis zur Erschöpfung und darüber hinaus zu arbeiten. Das ist der falsche Weg. Leistungssteigernde Mittel schieben den Erschöpfungszustand nur kurzfristig hinaus. Langfristig führt dieser Aufschub aber geradewegs in den „Burn-out". Das Beste, was wir tun können, wenn wir an unsere kognitiven Leistungsgrenzen stoßen, ist eine aktive Pause zu machen; z. B. eine halbe Stunde locker im aeroben Bereich zu joggen oder zügig spazieren zu gehen.

Zwei Gründe für eine aktive Pause:
1.) Die Belastung des motorischen Kortex, der die Bewegung koordiniert, führt zu einer Entlastung des präfrontalen Kortex, in dem das Denken stattfindet.
2.) Die Bewegung setzt Laktat im Körper frei, das vom Gehirn als Energieträger genutzt wird. Deshalb können wir nach dem Laufen wieder mit frischer Energie an die Arbeit gehen.[12]

PLATON

[428 - 348 v. Chr.]

Mit Platon wird das sokratische Philosophieren zur Philosophie. Platon hat das Denken und Wirken seines Lehrers Sokrates aufgeschrieben, systematisiert und schließlich in der Akademie institutionalisiert. Mit einer Ausnahme spielt Sokrates in allen platonischen Dialogen die Hauptrolle, so dass man sich als Leser oft fragt: wer spricht? Der skeptische Kritiker Sokrates? Oder der dialektische Systematiker Platon? Zu den wichtigsten platonischen Dialogen gehören: die „Apologie" (die Verteidigungsrede des Sokrates vor Gericht), der „Parmenides" (ein Lehrstück über Allgemeinbegriffe), die „Politeia" (der „Urtext" der politischen Philosophie) und der „Timaios" (eine naturphilosophische Spekulation, die sogar moderne Physiker wie Werner Heisenberg und C. F. v. Weizsäcker fasziniert hat). Die platonischen Dialoge sind eine Schatzkammer des Denkens, die jedem offensteht.

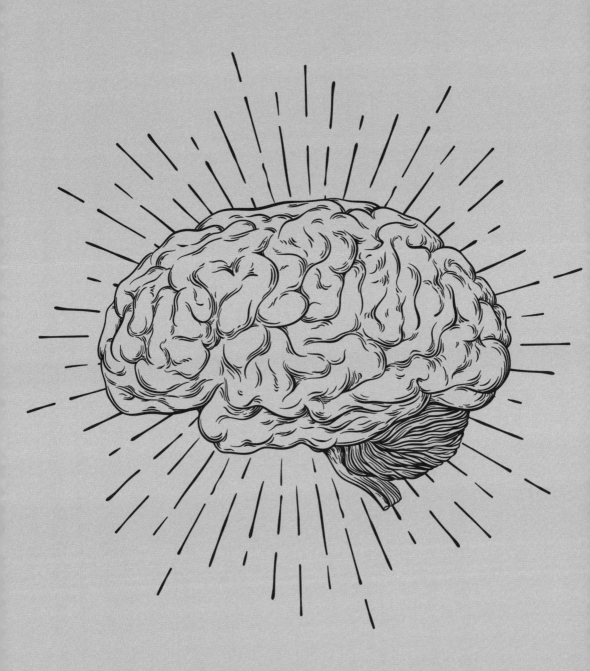

24

DENK

SPORT

Das Lesen dieser Zeilen hinterlässt eine Erinnerungsspur in Ihrem Gehirn, die sich theoretisch mit einem Mikroskop sichtbar machen ließe. Denken ist ein körperlicher Vorgang. Schließlich findet das Denken ja im Gehirn statt, das ein Teil des Körpers ist. Umgekehrt ist körperliche Bewegung ein geistiger Prozess. Die Koordination des Körpers stellt nicht nur eine physikalische Bewegung, sondern auch eine Informationsverarbeitung dar: Das Gehirn verarbeitet den sensorischen Input, der von der Außenwelt auf uns einströmt, zu einem koordinierten motorischen Output, durch den wir auf die Außenwelt zurückwirken.

Das Gehirn ist der Dreh- und Angelpunkt im Zusammenspiel von Körper und Geist. Der Neurobiologe Gerald Hüther hat den Aufbau des Gehirns in einem anschaulichen Bild mit einer Zwiebel verglichen.[13] Den innersten Kern bilden der **Hirnstamm** und das Kleinhirn. Der Hirnstamm ist der entwicklungsgeschichtlich älteste Teil des Gehirns. Er schließt direkt an das Rückenmark an und reguliert Vitalfunktionen wie die Atmung und die Körpertemperatur. Direkt neben dem Hirnstamm liegt das Kleinhirn, das unsere Bewegungsabläufe koordiniert. Das Kleinhirn sorgt dafür, dass eine Bewegung flüssig und zielführend abläuft. Sie

Die Koordination von Denk- und Bewegungsakten lässt sich ein Leben lang trainieren. Zum Beispiel durch einfache Liniensprünge. Ziehen Sie auf dem Boden, daheim oder auf dem Sportplatz, eine Linie. Mit den Füßen stehen Sie links neben der Linie. Springen Sie nun mit beiden Beinen über die Linie nach rechts und landen Sie auf dem rechten Bein. Dann wieder nach links und landen auf dem linken Bein. Beim nächsten Sprung nach rechts landen Sie gleichzeitig auf beiden Beinen. Jetzt stehen Sie wieder in der Ausgangsposition, allerdings auf der anderen Seite der Linie. Die Sequenz beginnt von vorne. Wiederholen Sie diesen Bewegungsablauf so lange, bis Sie nach dem beidbeinigen Aufkommen keine Denkpause mehr machen müssen. Dann haben Sie Ihren Rhythmus gefunden. Im nächsten Schritt können Sie die Aufgabe durch Variationen nach und nach komplexer gestalten. Zählen Sie jeden Bodenkontakt laut mit: eins, zwei, drei ... Variieren Sie das Zählen, indem Sie Zweier- oder Dreier-Reihen bilden: zwei, vier, sechs ... oder drei, neun, zwölf ... Verwenden Sie Buchstaben anstelle von Zahlen: a, b, c ... und nun abwechselnd Zahlen und Buchstaben: 1, a, 2, b ... Sobald Sie auch die komplexeren Muster beherrschen, können Sie die Arme in die Übung integrieren, indem Sie bei jedem Bodenkontakt mit der Hand auf den Oberschenkel des Beines klopfen, das den Boden berührt. Der Schwierigkeitsgrad lässt sich beliebig steigern. Betrachten Sie diese Übung als ein Modell, an dem Sie sich orientieren können, um ihre koordinativen Fähigkeiten zu trainieren.

können sich das an einem einfachen Beispiel verdeutlichen. Legen Sie die Hand auf den Schoß und führen Sie die Hand anschließend zur Nase. Nun schließen Sie die Augen und wiederholen die Bewegung. Das funktioniert so problemlos, weil die Bewegungssequenz im Kleinhirn abgespeichert worden ist und deshalb bei geschlossenen Augen flüssig wiederholt werden kann. Die zweite Schicht im Gehirn bildet das **Zwischenhirn**, zu dem unter anderem der Hypothalamus, die Hypophyse und die Amygdala gehören. Diese Strukturen sind Teile des limbischen Systems, das unsere Gefühlswelt moduliert. Von hier aus werden die Neurotransmitter in den Blutkreislauf abgegeben, die dann körperliche Emotionen auslösen, zum Beispiel Freude, aber auch Angst und Stress. Das limbische System wird drittens umschlossen von der **Großhirnrinde**, in der all die Erfahrungen, die wir im Leben bereits gemacht haben, abgespeichert sind. Die Großhirnrinde ist die Schatzkammer in unserem Gehirn. Sie enthält kein Gold und kein Silber, sondern etwas viel Wichtigeres: spezifische neuronale Karten, auf denen unser erlerntes Wissen verzeichnet ist. Dank dieser neuronalen Karten können wir Dinge tun wie grammatisch korrekte Sätze

bilden, auf dem Klavier eine Melodie spielen oder eine Schachpartie eröffnen. Die vierte Schicht bildet der **präfrontale Kortex**, der direkt unter der Stirn liegt. Im präfrontale Kortex werden Pläne geschmiedet, Verhaltensweisen erwogen, Selbst- und Weltbilder gebildet. Er stellt die neuronale Grundlage dessen dar, was uns Menschen von anderen Tieren absetzt: das bewusste In-der-Welt-sein.

Die Strukturen des Gehirns sind also funktional differenziert. Aber die einzelnen Strukturen sind keine getrennten Abteilungen, die unabhängig voneinander ihre Arbeit verrichten, sondern letztlich Teil ein und desselben Ganzen. Der Sport ist das beste Beispiel dafür, dass bei der Bewegung unterschiedliche Prozesse im Gehirn – sensorische, kognitive, motorische und emotionale – ganzheitlich miteinander interagieren. Beispielsweise hängt die Informationsverarbeitungsgeschwindigkeit im Sport direkt mit der emotionalen Stimmung des Sportlers zusammen. Die Gefühle treiben den Spieler an. Es macht einen Unterschied für die Qualität der Bewegung, ob der Spieler hochmotiviert, offensiv-aggressiv zu Werke geht oder nach einem frustrierenden Spielverlauf die Zuversicht verloren hat, dass seine Bemühungen von Erfolg gekrönt sein werden.

Die ganzheitliche Natur des Gehirns fördern wir am besten durch ganzheitliche Aktivitäten, die das Denken und die Bewegung miteinander verbinden. Das ist keine Raketenwissenschaft, sondern eher ein Kinderspiel. Beim Seilhüpfen kombinieren Kinder die körperliche Bewegung mit der rhythmischen Abfolge von Wörtern und Zahlen. Beim Tanzen verschmelzen Melodie, Rhythmus, Schrittfolge und Gefühl zu einer dynamischen Aktivität, bei der Körper, Geist und Seele auf einzigartige Weise in Resonanz treten. Wir vergessen dann die Welt um uns herum, weil wir ganz im Augenblick aufgehen.

TIPP

Heute gibt es hilfreiche technische Tools, mit denen wir unsere koordinativen und kognitiven Fähigkeiten gleichzeitig weiterentwickeln können. Ein solches Tool ist die von Karen Plättner und ihrem Team entwickelte BEWANGO-APP, die nicht nur wissenswerte Informationen zu den Themen dieses Buches, sondern auch interaktive Trainingsprogramme enthält, die sich spielerisch im Alltag umsetzen lassen. Mit Hilfe der App lässt sich die Verbindung von koordinativen und kognitiven Fähigkeiten gezielt trainieren. Für diese App gilt, was für alle guten technischen Hilfsmittel gilt: sie unterstützt den Anwender dabei, aktiv zu werden und zu bleiben, aber sie kann die eigene Bereitschaft zur Aktivität natürlich nicht ersetzt. Jeder Mensch, der sich auf einen Veränderungsprozess einlässt, egal auf welchen, muss dazu bereit, willens und fähig sein. Bei Letzterem setzen Ratschläge, Trainingsmethoden und technische Tools an. Sie befähigen uns das zu tun, was wir bereits tun wollen.

25

WAS IST DISZIPLIN?

Der lateinische Satz „per aspere ad astra" heißt frei übersetzt: auf rauen Wegen zu den Sternen. Wer (s)einem Stern folgt, muss Freude an dem haben, was er tut, aber er muss auch bereit sein, den einmal eingeschlagenen Weg weiterzugehen, wenn dieser mal steinig und beschwerlich wird. Das nennt man Disziplin: die Fähigkeit, eine gewisse Härte gegen sich selbst aufzubringen, statt beim ersten Widerstand gleich halt zu machen, umzudrehen oder wegzulaufen. Ein disziplinierter Mensch bringt den nötigen Willen, Arbeitseifer und Optimismus auf, um dahin zu kommen, wo er sein will. In diesem Sinne ist „Disziplin" also eine charakterliche Eigenschaft. Aber das ist nur ein Teil der Wortbedeutung.

Mit dem Wort „Disziplin" beschreiben wir nicht nur die charakterlichen Eigenschaften eines Menschen, der eine bestimmte Sache betreibt, sondern auch die Eigenschaften dieser Sache selbst. In diesem Sinne ist beispielsweise in der Leichtathletik von einzelnen „Disziplinen" wie Kugelstoßen oder Weitsprung die Rede. Wir sagen: der 100-Meter-Lauf ist die „Königsdisziplin" in der Leichtathletik. Oder: der Essay ist die „Königsdisziplin" des Journalismus. Auf vergleichbare Weise ist im akademischen Kontext von verschiedenen einzelwissenschaftlichen Disziplinen die Rede. Die jeweilige Disziplin legt die Methode (methodis = Vorgehen) des jeweiligen Fachs fest: Die mathematische Disziplin besteht darin, einen Beweis zu führen, die historische darin, die Quellen zu studieren, die philosophische darin, zu argumentieren. Die jeweiligen Disziplinen richten sich dabei nicht nach dem Charakter des einzelnen Wissenschaftlers, sondern nach dem Wesen der Wissenschaft.

Wie hängen nun diese beiden Bedeutungen von Disziplin, als Eigenschaft des Charakters und Eigenschaft der Sache, zusammen? Die Antwort ist einfach: **Disziplin, wohlverstanden, ist Hingabe**. Wer sich einer Sache hingibt – einer Wissenschaft, einer beruflichen Aufgabe, einer sportlichen Herausforderung –, will sie möglichst gut machen. Dafür reicht es aber nicht aus, nur das zu tun, was man schon kann. Ohne hartes Training reichen die Fähigkeiten des talentiertesten Fußballers nicht einmal aus, um erfolgreich in der Oberliga zu spielen. Das ist in allen Bereichen des Lebens so. Es genügt nicht, im Prinzip **fähig** zu sein, eine bestimmte Sache gut zu machen. Das sind viele. Man muss auch **bereit** und **willens** sein, das zu tun, was die Sache selbst von einem verlangt.

Je mehr wir uns auf ein Ziel fokussieren, desto disziplinierter sind wir bei der Sache, und umgekehrt, je weniger wir bei der Sache sind, desto mehr verlieren wir das Ziel aus den Augen. „Er steht nicht auf dem Platz", heißt es dann im Falle eines Sportlers, der sein Spiel von Dingen beeinflussen lässt, die mit dem Spiel selbst nichts zu tun haben, und dafür im Handumdrehen die Quittung bekommt: in Form einer Niederlage.

Vieles lernen wir intuitiv über das eigene Erleben. An einem gewissen Punkt brauchen wir aber die Hilfe von anderen Menschen, die schon Erfahrungen auf dem Weg gemacht haben, den wir gerade beschreiten. Es gibt keine Entwicklung, ohne die Bereitschaft, von anderen Menschen zu lernen! Auch das reflektiert der Begriff der Disziplin. Das lateinische Substantiv „disciplina" ist abgeleitet von den Verben „discere" = „lernen" und „discipere" = „erfassen", „ergreifen", „aufnehmen". Lernprozesse können sehr anstrengend sein, weil dabei eben auch umgelernt werden muss. Im Zuge der Professionalisierung müssen Sportler beispielsweise in der Lage sein, die eigenen Vorstellungen vom Spiel zu korrigieren bzw. neu zu interpretieren. Ein Fußballer, der in der Jugend Stürmer war, bevor ihn der Trainer zum linken Außenverteidiger macht, darf sich nicht inner-

DISZIPLIN

Das lateinische Substantiv „disciplina"
ist abgeleitet von den Verben
„discere" = „lernen" und
„discipere" = „erfassen", „ergreifen", „aufnehmen".

lich gegen die neue Position sträuben, sondern muss sie annehmen, ausfüllen und im besten Fall mit einem eigenen Akzent versehen. In allen Sportarten spielen solche kleineren und größeren Adaptionsprozesse eine wichtige Rolle. Disziplin betrifft also nicht nur die physischen, sondern mindestens so sehr auch die psychischen Aspekte der Entwicklung. Tatsächlich gehört es zu den größten Herausforderungen im Hochleistungssport, die Konzentration – den Fokus – über einen längeren Zeitraum aufrechtzuerhalten. Das verlangt dem Sportler das meiste ab, gibt ihm aber auch am meisten. Denn mit der konzentrierten Trainingsarbeit kommen die ersten Erfolge und mit den ersten Erfolgen kommt das Selbstvertrauen, dass man die Ziele, die man sich gesteckt hat, tatsächlich auch erreichen kann. Was

steckt hinter einer Mannschaft, der im „Spielrausch" alles „wie von selbst" gelingt? Immer: ein diszipliniertes Training!

Vielleicht denken Sie an dieser Stelle: Was für den Hochleistungssport gilt, gilt noch lange nicht fürs „normale" Leben. In gewisser Hinsicht haben Sie recht. Es gibt eben, wie gesagt, nicht die eine Disziplin im Leben, sondern so viele Disziplinen, wie es Lebensaufgaben gibt. Für den Profifußballer sind die meisten Abendveranstaltungen vermeidbare Ablenkungen, auf die er im Interesse einer erfolgreichen Saison verzichten kann und soll. Für den Manager sind ähnliche Abendveranstaltungen unter Umständen eine gute Gelegenheit, um Kontakte zu knüpfen und mit Geschäftspartnern ins Gespräch zu kommen. Ein anderes Beispiel: Der Nachwuchsspieler, der das Training schwänzt, um mit seinen Freunden im Park zu kicken, verabschiedet sich von seiner Profi-Karriere, während der IT-Student, der die Vorlesungen an der Uni sausen lässt, um mit seinen Freunden in der Garage zu programmieren, vielleicht gerade dabei ist, die Computerwelt zu revolutionieren.

So richtig es ist, dass es je nach Aktivität verschiedene Arten von Disziplin gibt, über die man nicht pauschalisierend urteilen kann, so richtig ist es aber auch wieder, dass es nur eine Disziplin gibt, die sich auf unterschiedliche Weise ausprägt: die Disziplin, sich aufs Wesentliche zu konzentrieren! Fragen Sie sich deshalb bei allem, was sie tun: Worauf kommt es an? Was ist das Wesentliche, das ich tun muss, um mein Ziel zu erreichen? **Disziplin heißt, mit Hingabe bei der Sache sein.** Alle Ablenkungen und äußeren Einflüsse auf ein Minimum zu reduzieren; schlicht und einfach gut zu arbeiten. Disziplin ist der Schlüssel zum Erfolg. Das gilt nicht nur für den Sport, sondern für alle Lebensbereiche. Wer diszipliniert arbeitet, wird Tag für Tag mit kleinen Erfolgserlebnissen belohnt, an denen er mental wächst und die in der Summe den Unterschied ausmachen.

„DU KANNST DAS NICHT",
„DU SCHAFFST DAS NICHT",
„LASS ES LIEBER BLEIBEN" –
ES IST NATÜRLICH, DASS
SOLCHE GEDANKEN
EINEN IN DRUCK-
SITUATIONEN ANFECHTEN.

26

ERFOLG

BEGINNT IM KOPF

Eines haben erfolgreichen Sportler, Unternehmer, Künstler und Wissenschaftler gemeinsam: Sie haben an Ihre Fähigkeiten schon geglaubt, bevor sie mit Anerkennung, Verträgen und Geld überhäuft worden sind. Auf das Selbstvertrauen kommt es an – und zwar gerade dann, wenn es allen Anlass zum Zweifeln gibt. Nur wer darauf vertraut, dass er aus eigener Kraft sein Ziel erreichen kann, wird die Widerstände überwinden, die ihm auf dem Weg dorthin begegnen. Das Selbstvertrauen ist ein Gut, das unter keinen Umständen verloren gehen oder preisgegeben werden darf. „Du kannst das nicht", „Du schaffst das nicht", „Lass es lieber bleiben" – es ist natürlich, dass solche Gedanken einen in Drucksituationen anfechten. Am besten begegnet man ihnen direkt mit offenem Visier. Es ist nämlich viel schlimmer, wenn sie unterschwellig an einem zehren. Dann werden sie zu selbsterfüllenden Prophezeiungen.

Dass wir uns oft unbewusst verunsichern lassen, haben Psychologen in einer Reihe von Experimenten zu sogenannten Priming-Effekten eindrucksvoll gezeigt. Der Begriff „Priming" beschreibt den Umstand, dass jeder von uns durch Gedanken, Worte und Bilder auf eine bestimmte Weise voraktiviert werden kann. Das ist, wenn man es genau bedenkt, ja auch keine so erstaunliche Tatsache. Dafür gibt es ja Gedanken, Worte und Bilder – damit sie etwas mit uns machen. Nur sollte man sich darüber bewusst sein, damit sie nicht das Falsche mit einem machen. Wie schnell das geht, zeigen z. B. die Experimente des Sozialpsychologen John Bargh, der jungen Testpersonen eine Reihe von Wörtern vorlegte, die für gewöhnlich mit älteren Menschen assoziiert werden, wie z. B. „schwerhörig", „Bridge" usw. Anschließend sollten die Probanden in ein Nachbargebäude des Instituts gehen, um dort einige kognitive Tests zu absolvieren. Es zeigte sich, dass sie nicht nur bei diesen Tests schlechter abschnitten, sondern sogar beim Gang zum Nachbargebäude signifikant langsamer gingen als Gleichaltrige aus einer Vergleichsgruppe. Barghs Experimente haben die Mechanismen freigelegt, mit denen Vorurteile und Stereotypen arbeiten. Sobald bestimmte Vorurteile weit genug verbreitet sind, führen sie ein Eigenleben, gerade auch in den Menschen, die unter ihnen zu leiden haben. Aber die gute Nachricht ist: Die Experimente von Bargh haben auch gezeigt, dass solche Priming-Effekte sofort nachlassen, nachdem den Probanden der zugrunde liegende Mechanismus bewusst geworden ist. Aufklärung funktioniert.[14]

Die psychologische Aufgabe von Lehrern, Trainern und Pädagogen besteht darin, das genaue Gegenteil einer negativen Zuschreibung zu erzeugen: nämlich das Selbstvertrauen zu kultivieren. Gerade im Sport ist eine optimistische Vorstellungskraft enorm wichtig. Ein Sportler realisiert mindestens unbewusst, dass er seine Fähigkeiten durch mentales Training beeinflussen kann, indem er das Spielgeschehen vor seinem geistigen Auge ablaufen lässt. Fast alle Spitzensportler stellen sich mit einem positiven Vorstellungsvermögen auf die Wettkampfsituationen ein: spielen das Spiel in Gedanken schon mal durch, visualisieren den Erfolg.

Für die Effekte des positiven Vorstellungsvermögens im Sport gibt es eine plausible neurobiologische Erklärung. Bevor der Körper eine Bewegung ausführt, wird diese im Gehirn „programmiert", das dann die entsprechenden Signale an die neuromuskulären Endplatten sendet. Das Gehirn verarbeitet bei der Bewegungssteuerung viele unterschiedliche Informationen: den sensorischen Input der Sinne, das kognitive

Handlungsziel, die abgespeicherten Erfahrungen usw. Das Ergebnis dieses Verarbeitungsprozesses im Gehirn ist der koordinierte motorische Output, also die tatsächliche Bewegung. Die Informationsverarbeitung im Gehirn ist nun erstens limitiert und zweitens seriell, das heißt, wir können nicht mehrere Dinge gleichzeitig tun. Daher sind Gedanken, Ängste und Zweifel in einem Wettkampf so kontraproduktiv. Sie lenken von der eigentlichen Aufgabe ab. Mehr noch: sie nehmen, weil das Gehirn ein ganzheitliches System ist, auf die tatsächliche „Programmierung" der Bewegung Einfluss. Ein Fußballer, der sich beim Elfmeter den Ball schon über die Latte schießen sieht, fokussiert tatsächlich diesen Punkt und schießt den Ball dann auch dahin – übers Tor.

Im und rund um den Hochleistungssport wird viel über mentale Motivation geredet. Dabei ist es im Grunde ganz einfach: Erfolgserlebnisse motivieren. Damit man also hochmotiviert, voller Selbstvertrauen in einen Wettkampf gehen kann, braucht man vorher schon Erfolgserlebnisse – in der Vorbereitung, im Training. Die akribische, harte Arbeit verschafft einem die kleinen Erfolgserlebnisse, die in der Summe den großen Erfolg im Wettkampf ausmachen.

Aber, wird mancher vielleicht fragen, ist die Wettkampfsituation nicht eine Sache für sich? Braucht es denn keine speziellen Mentaltechniken, um die Leistung im Training dann auch auf dem Platz, wenn es drauf ankommt, abzurufen? Die Antwort lautet: Wer wirklich gut trainiert hat, kann seine Leistung automatisch im Wettkampf abrufen. Es kommt dann nur darauf an, diesen Automatismus nicht zu stören, also einen freien Kopf zu haben. Der Sportler darf sich durch einen unglücklichen Spielverlauf nicht aus dem Konzept bringen lassen. Sobald er nämlich mit dem Spiel zu hadern beginnt, stören die Gedanken seine Intuition, sodass er nicht mehr schnell genug auf den Erfahrungsschatz zurückgreifen kann, den er in der Vorbereitung angesammelt hat. Antizipations- und Reaktionsvermögen laufen nur intuitiv auf Hochtouren. Wer im Wettkampf ins Nachdenken, gar Grübeln kommt, ist immer einen Schritt zu langsam. Das Gegenteil ist der Fall, wenn jemand Freude am Spiel hat. Dann kann er seine Fähigkeiten und Erfahrungen blitzschnell abrufen. Darum: **Trainieren Sie hart und freuen Sie sich auf den Wettkampf!**

27

WETTKAMPF-
SITUATIONEN

Sport ist nicht nur Bewegung, sondern auch Begegnung. Im sportlichen Wettkampf lernen wir uns selbst und andere kennen. Wettkampf meint hier keine gewalttätige Auseinandersetzung zwischen Feinden, sondern ein regelbasiertes Kräftemessen zwischen Konkurrenten, die bei dem Versuch, einander zu überflügeln, das Maximum aus sich herausholen. Das macht den Sport zu einer Schule des Lebens, über die schon die antiken Philosophen intensiv nachgedacht haben.

Nach Platon liegt der Ursprung der sportlichen Aktivität im natürlichen Bewegungsdrang des Menschen, der von seinen körperlichen Fähigkeiten schlicht und einfach Gebrauch machen will. Bewegung ist Leben. Alle sportliche Aktivität beginnt mit wilden Kindern, die sich rennend, tobend, schreiend nach allen Seiten hin ausprobieren. Erst das Spiel verleiht der wilden Bewegung eine Form, indem es Regeln setzt. Diese Regeln sind rein fiktiv, aber ihre Wirkung ist real. Es ist reine Fiktion, dass ein lederner Ball, der eine Linie zwischen zwei Pfosten überquert, ein bedeutsames Ereignis darstellen soll. Aber durch diese Fiktion entsteht ein Spielraum, in dem sich Menschen auf neuartige Weise bewegen und begegnen und (ganz real) ausleben und entwickeln können. So funktioniert Kultur. Der Mensch ist das Wesen, das Spielregeln erfindet, um sich weiterzuentwickeln.

Schränken die Spielregeln im Sport den natürlichen Bewegungsdrang zunächst einmal ein, so machen sie die

Bewegung gerade dadurch zielstrebiger, dynamischer und koordinierter. Vor allem aber sozialer: Im Sport werden aus individuellen Aktionen gesellschaftliche Interaktionen. Mit allem, was dazu gehört: Freude, Jubel, Wut und Aggressivität.

Der sportliche Wettkampf stellt eine Aufhebung der menschlichen Aggression im dreifachen Sinne dar: 1.) Er hebt die Aggression auf, indem er sie negiert. Die Spielregeln setzen der Aggression im Sport Grenzen; hegen sie ein. Wer im Fußball ein überhartes Foul begeht, um sein Ziel zu erreichen, wird vom Schiedsrichter mit einer gelben Karte verwarnt. Beim nächsten Mal wird er aus dem Spiel genommen. 2.) Der Sport hebt die Aggression auf, indem er sie aufbewahrt. Im Fußballspiel gibt es nicht nur symbolische Aggressionen – ein „Tor schießen" als symbolische Eroberung des gegnerischen Terrains –, sondern auch ganz reale körperliche Zweikämpfe. Fußball ist ein körperliches Spiel, bei dem man im Zweikampf aggressiv zur Sache gehen muss, wenn man erfolgreich sein will.

3.) Der Sport hebt die Aggression auf eine höhere Stufe, indem er der rohen Körperlichkeit ein geistiges Moment verleiht: Strategie, Taktik, Finessen kommen ins Spiel.

Die Griechen waren überzeugt davon, **dass Wettkampfsituationen die Entwicklung der Persönlichkeit fördern und die Gemeinschaft stärken.** Deshalb haben sie nicht nur die Bewegung, sondern fast alle kulturelle Aktivität immer auch als Wettkampf organisiert. So wurden beispielsweise die antiken Dramen in öffentlichen Wettbewerben aufgeführt, bei denen die Dichter wie Sportler miteinander um Preise und Titel konkurriert haben. Sogar das Philosophieren hatte bei den Griechen einen Wettkampfcharakter. Die platonischen Dialoge konzipieren Philosophie als öffentlichen Wettstreit um die Wahrheit, als lebendige Rede und Wiederrede (als Dialektik im ursprünglichen Sinne des Wortes). Es wundert einen also nicht, dass die Olympischen Spiele, bis heute der Inbegriff des Sportsgeistes, im antiken Griechenland erfunden worden sind.

Wenn Sie schon mal daran gedacht haben, eine Sportart im Verein zu betreiben, dann tun Sie es. Fitnessstudios sind dafür da, dass wir uns fit halten. Aber die Erfahrungen, die wir in diesen Maschinenparks sammeln, lassen sich nicht einmal ansatzweise mit denen vergleichen, die wir in einem sportlichen Wettkampf unter freiem Himmel machen. Auf welchem Leistungsniveau dieser Wettkampf stattfindet, spielt dabei keine Rolle. Genauso wenig wie das individuelle Leistungsniveau. Gerade beim Mannschaftssport ist der Eintritt in einen Verein manchmal mit Hemmungen verbunden: „Kann ich da mithalten?" „Bin ich überhaupt gut genug?" Vergessen Sie solche Ängste! Probieren Sie es einfach aus. Wenn Sie unbefangen an die Sache rangehen, klärt sich alles von ganz allein. Sie werden schon merken, ob Ihnen die Sportart wirklich Spaß macht, auf welchem Niveau Sie mitspielen können und auf welcher Position Sie am besten aufgehoben sind. Darüber müssen Sie sich nicht vorab den Kopf zerbrechen. Das ergibt sich einfach – aus dem Spiel heraus.

28

SPORT
ALS SPEKTAKEL

Sport ist im 21. Jahrhundert all-gegenwärtig. Im Fernsehen wird 24 Stunden am Tag, sieben Tage die Woche mindestens ein Sportevent über-tragen. In den sozialen Medien gehö-ren die Beiträge mit Sportbezug zu denen, die am häufigsten angeklickt werden. Großveranstaltungen wie die Fußball-WM oder der Superbowl mobilisieren riesige Menschenmas-sen. Ausnahmesportler wie Lionel Messi, LeBron James und Rafael Na-dal sind Idole, denen die Jugend von Los Angeles bis Kapstadt nacheifert. Das macht sie zu Zugpferden eines globalen Business, das Jahr für Jahr Milliarden von Euro umsetzt. Noch nie in der Menschheitsgeschichte hat der Sport einen solchen zivilisatori-schen Stellenwert gehabt wie heu-te. Warum ist das so? Es gibt viele Antworten auf diese Frage, aber die fundamentalste ist vielleicht die fol-gende: Die Aufwertung des Sports ist ein kultureller Adaptionsprozess, mit dem die Menschen auf den Um-stand reagieren, dass sie sich noch nie so wenig bewegen mussten wie in der heutigen Arbeits- und Lebenswelt.

Seit der Industriellen Revolution im 18. Jahrhundert ist der Anteil der körperlichen Aktivität an der ökono-mischen Reproduktion der Mensch-heit immer geringer geworden. Be-trug der Anteil der menschlichen Muskelkraft am Bruttosozialprodukt 1871 noch über 90 %, so liegt die Marke heute bei unter 1 %. In dem-selben Zeitraum ist die Verfügbarkeit von kalorienreichen Lebensmitteln, zumindest in der westlichen Welt, immer größer geworden. Die Kombination dieser beiden Prozesse hätte gefährliche Folgen für den Stoffwechsel gehabt, wenn die Menschen nicht durch die spielerische Reorganisation der Bewegung gegengesteuert hätten: Im Gleichschritt mit der Industrialisierung und Digitalisierung der Arbeit sind Sportvereine, Stadien und Fitnessstudios entstanden. Und im Zuge dieses Adaptionsprozesses sind Sportereignisse zu Medienereignissen geworden. Daran ist erstmal nichts Verkehrtes. Es ist doch klar, dass man Freude daran hat, den besten Athleten zuzuschauen und bei hochklassigen Wettkämpfen mitzufiebern. Und es ist doch auch klar, dass dadurch immer mehr Strukturen um das eigentliche Sportereignis herum entstehen, die es managen, präsentieren und kommentieren. Das Problem ist nur, dass dieses Drumherum in den letzten 25 Jahren so groß geworden ist, dass es den Sport an sich fast zur Nebensache gemacht hat. Der Sport ist zu einem Konsumartikel geworden, den man von adretten Verkäufern in die heimischen vier Wände geliefert bekommt, ohne selbst vor die Tür gehen zu müssen. Das Zuschauen genügt – nicht!

Die Ironie an der Geschichte ist, dass der bloße Zuschauer blind ist. Nur wer hin und wieder selber mal einen Ball am Fuß hat, kann die Reize eines Fußballspiels überhaupt wahrnehmen. Er sieht ein anderes Spiel als derjenige, der noch nie Fußball gespielt hat oder das Fußballspielen nur von der Playstation kennt. Ohne eigene Aktivität wird das Sportereignis zu etwas Abstraktem, Entfremdeten, dem man irgendwie einen zusätzlichen Reiz verleihen muss, z. B. durch Sportwetten. Das soll nicht heißen, dass heute alles schlecht und früher alles besser war. Wir sollten uns nur wieder mehr auf das Wesentliche konzentrieren. Das Problem der letzten Jahrzehnte war, dass viele Menschen bloß noch die Glitzerwelt des Sports gesehen haben, die ganz großen Events und Spektakel. Aber der Sport lebt von der Basis: vom Kicken auf dem Bolzplatz, von der Jugendarbeit, vom tagtäglichen Training im Verein. Von der wirklichen Bewegung – und nicht vom Reden, Filmen und Zuschauen.

Es wäre schön, wenn die Krise des Sports, die die Corona-Pandemie verursacht hat, wenigstens das Gute hätte, dass mehr Menschen wieder selbst aktiv werden, statt nur gebannt auf sportliche Großveranstaltungen zu schauen. Es ist besser, in der Oberliga um den Abstieg zu kämpfen, als ein Champions-League-Finale im Fernsehen zu schauen. Und noch besser ist es, mit Freunden ein Champions-League-Finale im Fernsehen zu schauen, nachdem man in der Oberliga den Klassenerhalt gesichert hat. Kurz gesagt:

Schauen Sie anderen nicht nur beim Spielen zu. Spielen Sie auch selber mit!

29

BALSAM FÜR DIE SEELE

Die Seele fühlt, begehrt und denkt. Der Körper atmet, verdaut und arbeitet. Die Seele setzt den Körper in Bewegung. Weil wir uns gut fühlen, tanzen wir. Der Körper setzt die Seele in Bewegung. Weil wir tanzen, fühlen wir uns gut. Körper und Seele bilden einen Zusammenhang, der die Trennung übersteigt, ohne in der Identität aufzugehen. Dieser Zusammenhang ist geheimnisvoll und kompliziert, weil wir ihn mit Begriffen nicht erklären können. Er ist aber auch vertraut und einfach, weil er das Leben selbst ist. Ein gutes Leben ist deshalb, wie es bei Platon heißt, ein „gemischtes Leben", das den seelischen und körperlichen Bedürfnissen gleichermaßen gerecht wird: „Das einzig richtige Verhalten für beide besteht darin", schreibt Platon, „weder die Seele ohne den Körper, noch den Körper ohne die Seele in Bewegung zu setzen, damit beide, auf ihre Vereinigung bedacht, zum Gleichgewicht und einem gesunden Zustande gelangen."[47]

Wie eng unser seelisches Wohlbefinden mit unserer körperlichen Verfassung zusammenhängt, zeigt sich nicht zuletzt an den Metaphern, die wir verwenden, um unsere Gefühle und Stimmungen zu beschreiben: „Ich bin vor Freude in die Luft gesprungen", „Ich habe kalte Füße bekommen", „Ich habe Schmetterlinge im Bauch", „Mir dreht sich der Magen um", „Mir wird heiß und kalt". All das sind mehr als nur Metaphern (man könnte auch sagen: Metaphern sind mehr als nur „Metaphern"). Gefühle, Gedanken und Stimmungen schlagen sich auf die Biologie unseres Körpers genauso nieder, wie diese Biologie sich umgekehrt in Gefühlen, Gedanken und Stimmungen ausdrückt. Deshalb ist Bewegung ein Balsam für die Seele – gerade wenn es uns nicht so gut geht.

Sportliche Aktivitäten stärken das Selbstwertgefühl, verbessern die Stressbewältigung, erhöhen das subjektive Wohlbefinden und reduzieren sogar nachweislich depressive Symptome. Tatsächlich zeigen Studien, dass Sport als Intervention bei Depressionen oft sogar besser wirkt als die Einnahme von Medikamenten.[48]

Aber soll das jetzt heißen, dass wir bei dem kleinsten Anflug von Negativität sofort in die Sportschuhe hüpfen sollen, um den schlechten Gedanken und Stimmungen im wahrsten Sinne des Wortes „davonzulaufen"? Joggen, joggen, joggen, um ja nicht ins Grübeln zu kommen? Zur Arbeit gehen, danach ins Fitnessstudio, zu Abend essen, übers Essen reden, schlafen, wieder zur Arbeit gehen. Das kann's ja wohl nicht sein. Und darum geht's auch nicht. Der Sport soll uns stark machen, nicht blind. Sonst wäre er

nämlich eine Form der Verdrängung, bei der wir „den Körper ohne die Seele in Bewegung setzen" und so gerade nicht zu dem Gleichgewicht finden, auf das es beim guten Leben ankommt.

Es ist vielmehr so: Gerade in schwierigen Zeiten, die von negativen Erfahrungen wie Trauer, Angst und Stress geprägt sind, fällt es uns oft nicht leicht, auf andere Gedanken zu kommen. Und vielleicht wollen wir das auch gar nicht. Schließlich sind negative Gefühle, Gedanken und Stimmungen ja nicht nur subjektive Konstruktionen in unserem Kopf, die es nach Möglichkeit (in Hinblick worauf?) zu optimieren gilt. Es sind immer auch Symptome der objektiven Lage, in der wir uns befinden – persönlich, gesellschaftlich, existentiell. Wir sollten sie nicht verdrängen, sondern uns mit ihnen auseinandersetzen. Aber wir müssen vorsichtig sein, dass wir uns in dieser Auseinandersetzung nicht verlieren, dass wir nicht in eine Negativspirale geraten, aus der wir dann nur schwer wieder herauskommen. In kritischen Phasen brauchen wir Leitplanken, damit wir seelisch nicht aus der Bahn geworfen werden. Und solche Leitplanken können wir über den Körper setzen: über eine gesunde Ernährung (gerade, wenn uns nichts unwichtiger erscheint als das Essen und Trinken) und über ausreichend Bewegung (gerade, wenn wir keinen Antrieb dazu verspüren). Das ist ja das Prinzip, das hinter der Idee vom Gleichgewicht zwischen Seele und Körper steckt: Neigt sich die Schale auf der Seite der Seele nach unten, dann müssen wir da entweder etwas wegnehmen oder, wenn das nicht geht, auf der Seite des Körpers etwas dazutun – und umgekehrt.

Sie tun Ihrer Seele einen Gefallen, wenn Sie Ihren Körper bewegen. Sie können mit der Bewegung niedrigschwellig beginnen, um sie dann stufenweise zu steigern. Auf der untersten Stufe stehen die Bewegungen, die sich in den Alltag einbauen lassen. Der Ausdruck „unterste Stufe" ist rein bildlich gemeint und keine Wertung. Im Gegenteil: Die alltäglichen Bewegungen bilden die Basis für Gesundheit und Wohlbefinden. Lassen Sie das Auto öfter mal stehen, nehmen Sie die Treppen statt den Aufzug, stehen Sie hin und wieder vom Schreibtisch auf, um sich zu strecken und zu dehnen. Dieses alltägliche Bewegungsprogramm können Sie dann durch Gymnastikroutinen, koordinative Übungen, regelmäßiges Laufen und Krafttraining ergänzen. Gehen Sie Schritt für Schritt vor. Weniger ist erst mal mehr, aber regelmäßig sollte es sein. Testen Sie Verschiedenes aus: Walking, Joggen, Schwimmen, Krafttraining. Sobald Sie an etwas Gefallen gefunden haben, können Sie schließlich überlegen, ob es nicht eine schöne Sache wäre, Sport im Verein mit anderen zu treiben. Vielleicht haben sie früher mal Fußball oder Tennis gespielt. Warum nicht daran anknüpfen? Einen zweiten sportlichen Frühling erleben? Oder doch etwas ganz anderes ausprobieren? Wofür Sie sich auch entscheiden, letztlich kommt es darauf an, dass sie Spaß an der Sache haben, sich regelmäßig bewegen und die Belastung weder zu gering noch zu groß ist.

30

SICH LEBENDIG FÜHLEN

Kilometer 1: Großen Spaß macht das Joggen nicht. Es gibt kein Spielfeld, kein Spielgerät, keinen Spielball, keine Mannschaftskameraden, keine Gegner, keine gewonnenen und verlorenen Punkte. Aber gut, was tut man nicht alles für seine Gesundheit.

Kilometer 2: Heute wird's wohl eher ein kurzer Lauf werden. Ich spüre meine Beine, die Knie, den Rücken. Sie schmerzen nicht wirklich, aber ich spüre sie eben. Ach, das ist der Unterschied zu früher, als man noch jünger war, dass man seinen Körper irgendwie mehr auf so eine dingliche, sperrige Weise spürt. Aber, na ja, könnte schlimmer sein.

Kilometer 3: So, ich habe mir zwar vorgenommen, dass ich zehn Kilometer laufen will, aber heute mach ich bei der Hälfte Schluss. Das reicht auch. Es muss ja nicht mehr sein. Es geht doch nur darum, ein bisschen in Bewegung zu bleiben. Nicht zu viel, nicht zu wenig, habe ich doch in diesem klugen Buch gelesen. Also zu wenig wäre, gar nicht zu laufen. Und zu viel wären die zehn Kilometer. Also nach fünf Kilometern ist Schluss. Die goldene Mitte … Ach, halt die Klappe, du alter Schweinehund. Was schwätzt du nur wieder. Zehn Kilometer in ruhigem Tempo – das ist genau meine Distanz, das weiß ich doch. Und die werden jetzt auch gelaufen. Basta. Stell dich darauf ein.

Es gibt tausend Gründe,
warum wir uns mehr bewegen sollten.
Aber der wichtigste
davon ist der Grund, der alle
anderen zusammenfasst:
die Freude an der Bewegung.

Kilometer 4: Der Kilometer vergeht ja fast wie im Flug. Ich denke gar nicht mehr ans Laufen, sondern bin in Gedanken bei der Arbeit. Mal sehen, was aus meinem Projekt wird, wenn der Büroalltag wieder startet. Wenn? Wann? Ist schon eine verrückte Situation, die wir alle gerade durchleben. Wichtig ist, einen klaren Kopf zu behalten. Das Laufen tut echt gut.

Kilometer 5: Halbzeit. Okay, also dieselbe Strecke nochmal. Wenig ist das nicht, aber machbar ... weiter ... Mareike ist wirklich so ein kluger, gebildeter und feinfühliger Mensch. Wie ich ihr stolz diesen Videoclip auf WhatsApp geschickt habe und sie vorsichtig fragt, ob das nicht aus Monty Python sei, statt: „Das ist

doch aus Monty Python." Ich muss sie unbedingt mal wieder anrufen ...

Kilometer 6: Wie viel um die Ecke denken ist eigentlich gut? Wo habe ich das gelesen, dass viele Menschen viel naiver sind, als man annimmt, man selbst eingeschlossen?

Kilometer 7: Es läuft. Ich bin im Flow. Mein Körper läuft von alleine. Ich spüre ihn kaum noch, sondern fühle den Rhythmus der Bewegung. Ich muss mich nicht bewegen. Ich bin in Bewegung. Ja fast, ich bin Bewegung. Denke auch nicht mehr viel. Bewegung. Fühlt sich einfach gut an.

Kilometer 8: Die Erde hat mich wieder. Der Schwung ist noch da, das gute Gefühl auch, aber ich muss schon arbeiten, pumpen … noch zwei Kilometer …

Kilometer 9: Die Runde ist anstrengend, aber doch wieder leicht, weil das Ziel jetzt so nah ist … Weiter …

Kilometer 10: Auf der letzten Runde. Ich bin geschafft, aber es ist auch geschafft. Jeder Schritt, den ich jetzt mache, ist der letzte bei diesem Lauf und das genieße ich. Zum Glück habe ich vorhin nicht auf meinen Schweinehund gehört. Dann hätte ich zwar auch was getan, aber nach dem vorschnellen Abbruch wäre ein Beigeschmack geblieben. So aber habe ich wirklich was geschafft. Geschafft! So, langsam auslaufen. Noch ein bisschen dehnen. Es ist schon dunkel geworden. Die Luft ist klar. Ich atme tief durch. Man kann die Sterne sehen. Ich fühle mich gut. Mal sehen, was der Abend noch zu bieten hat.

Es gibt tausend Gründe, warum wir uns mehr bewegen sollten. Aber der wichtigste davon ist der Grund, der alle anderen zusammenfasst: die Freude an der Bewegung. In den vorangegangenen Kapiteln haben wir gesehen, was ausreichend Bewegung alles für unsere Gesundheit und unser Wohlbefinden leisten kann: Sie stärkt das Herz-Kreislauf-System, kräftig die Immunabwehr, fördert die Verknüpfung von Nervenzellen, optimiert das Gedächtnis und die kognitive Leistungsfähigkeit, lässt uns leichter ein- und besser durchschlafen und hat eine wohltuenden Effekt auf unsere psychische Stimmung. Trotz alledem: Wenn wir uns „nur" bewegen würden, um unsere Gesundheit zu fördern, würden wir nicht lange in Bewegung bleiben. Wir können uns nicht kontinuierlich einer Sache widmen, die nur für etwas anderes gut ist, aber an sich keinen Spaß macht. Der Weg ist ja bekanntlich das Ziel. Und deshalb ist es so wichtig, einen Sport zu finden, der einem wirkliche Freude macht. Zum Glück ist das gar nicht so schwer, wenn man einmal die erste Hürde, den inneren Schweinehund, überwunden hat. In jeder Sportart erlebt man Sternstunden, die man dann nicht mehr missen will.

BEWEGUNG IST NICHT NUR GUT
FÜR IHRE GESUNDHEIT.
SIE IST EINE WAHRE QUELLE
DER LEBENSFREUDE, DIE
NICHT SO SCHNELL VERSIEGT.

ABER DAMIT DIESE QUELLE
SPRUDELN KANN, BRAUCHT
ES HIN UND WIEDER AUCH
EIN BISSCHEN ÜBERWINDUNG
UND ANSTRENGUNG.

DENN GANZ SO EINFACH IST
DAS LEBEN NICHT – AUCH
NICHT DAS GUTE.

BEWEGUNG IST LEBEN

KINDER, BEWEGT EUCH!

Gesellschaftlicher Wandel begleitet die Menschheit seit jeher. Wertevorstellungen ändern sich, manchmal schon von Generation zu Generation. Der technische Fortschritt führt zu tiefgreifenden Veränderungen in den Arbeitswelten. Wandelnde ökonomische Verhältnisse beeinflussen unsere Lebensführung nachhaltig. Selten wurden wir aber mit so dynamischen, alle Lebensbereiche umfassenden Veränderungen konfrontiert, wie in den letzten beiden Jahrzehnten. Die digitale Vernetzung stellt jeden von uns vor große Herausforderungen. Sie erweitert unsere Handlungsspielräume, aber sie birgt auch Gefahren, indem sie die Illusion nährt, dass alles auf einen Knopfdruck hin verfügbar wäre. Natürliches, intuitives Verhalten, das unserer Seele und unserem Körper guttut, droht verloren zu gehen. Es gilt, sich dieser Gefahren bewusst zu sein und einfache, bewährte, manchmal auch mühsame Verhaltensweisen aufrechtzuerhalten.

Über mich als Fußballtrainer hat sich in der Öffentlichkeit ein ziemlich klar umrissenes Bild gefestigt, durch die Berichterstattung geprägt und sicherlich nicht immer nur mit positiven Attributen versehen. Nicht zuletzt das Einfordern von Disziplin hat mich als akribischen Arbeiter erscheinen lassen, der nichts dem Zufall überlässt – schon gar nicht den sportlichen Erfolg. Als sportlich Verantwortlicher im Millionengeschäft Profi-Fußball war dies auch so. Wenn ich aber in meiner Karriere zurückblicke, dann muss ich zugeben, dass ich sie nicht von Beginn an generalstabsmäßig geplant habe. Sie ist mir in vielerlei Hinsicht gleichsam zugefallen. So bin ich in Verhältnissen aufzuwachsen, die für die Ausbildung meiner koordinativen Fähigkeiten äußerst förderlich waren. Heute sage ich „zum Glück". Natürlich ist einem dieses Glück nicht immer gleich bewusst, denn die Umstände meiner Kindheit und Jugend waren in mancher Hinsicht auch schwierig. Im Leben liegen Glück und Unglück, Freud und Leid so nahe beieinander, dass man das eine ohne das andere nicht haben kann. Viele Menschen vergessen das heutzutage. Sie wollen alles haben, ohne dafür etwas zu geben. Wollen sich weiterentwickeln, ohne ihre Kräfte an Widerständen zu erproben. Das aber geht so einfach nicht. Ein gutes Leben ist kein durchweg bequemes Leben. Wer was aus sich und seinen Möglichkeiten machen will, muss dafür hart arbeiten.

Mein Glück im Unglück war, dass ich in der Kindheit viel allein war. Ich hatte keine Geschwister. Meine Mutter hat mich allein großgezogen und dabei in Vollzeit gearbeitet. Geld war keines da. Computer und Smartphones, mit denen ich mich zu Hause hätte ablenken können, gab es noch nicht. Was blieb mir also übrig, um etwas zu erleben? Ich musste mich bewegen! Ich bin nach der Schule über Wiesen und Felder gelaufen. Habe in Flüssen und Seen gebadet. Bin am Muttertag über den Zaun unseres Nachbarn geklettert, um Blumen zu pflücken. Ich habe meine koordinativen Fähigkeiten also auf natürliche Weise entwickelt. Was verbirgt sich denn hinter diesem Begriff, „koordinative Fähigkeiten", über den tausende von sportwissenschaftlichen Abhandlungen geschrieben worden sind. Schlussendlich die Fähigkeit, sich flexibel zu bewegen; den eigenen Körper in Einklang mit den Anforderungen der Situation zu bringen. Das lernt man nicht aus Büchern oder YouTube-Videos. Das lernt man nur durch das eigene Erleben.

Die Kindheit prägt uns. Auch meine Einstellung, hart für den Erfolg zu arbeiten, geht auf Kindheitserfahrungen zurück. Schon als kleiner Junge wollte ich immer möglichst schnell ans Ziel kommen. Wenn ich morgens zum Schulbus gelaufen bin, dann bin ich nicht „nur" gelaufen, sondern immer so schnell ich konnte, so schnell es ging. Das war mir irgendwie eigen. Und da man als Schüler nun mal mit einem vollgepackten Ranzen unterwegs ist, war das eine Art von Training mit Übungsgerät. Den Effekt des Trainings konnte ich dann beim Fußballspielen auf dem Schulhof spüren: das Laufen fiel mir nun viel leichter, da ich keinen Ranzen mehr aufhatte. Das war gewissermaßen ein Urerlebnis, das ich später an meine Spieler weitergegeben habe: Je härter man trainiert, umso leichter hat man es im Wettkampf.

Ich will meine Kindheit nicht nachträglich verklären. Aber ich muss sagen, dass sie von einem starken Gefühl der Freiheit geprägt war. Einem Gefühl, alles tun zu können! Das Freiheitsgefühl ist, wie alle Gefühle, vor allem eine körperliche Erfahrung. Je älter man wird, umso bewusster wird einem dieser Umstand. Im Alter verlieren wir nach und nach die Freiheit, uns so zu bewegen, wie wir uns am liebsten bewegen würden. Deshalb schmerzt es mich regelrecht zu sehen, dass heutzutage immer mehr Kinder und Jugendliche ihren natürlichen Bewegungsdrang nicht ausleben. Oder nicht ausleben können, weil sie in einem Umfeld von Einschränkungen und Ablenkungen groß werden.

Frühzeitig die Fähigkeiten des eigenen Körpers kennenzulernen, ist nicht nur eine Quelle der Lebensfreude. Es ist auch das Fundament, auf dem eine sportliche Ausbildung überhaupt erst erfolgen kann. Ich bin mit sechs Jahren in einen Fußballverein eingetreten. Zu jener Zeit gab es im Jugend-Bereich überhaupt noch keine 'richtigen Trainer'. Das Training wurde von Elternteilen mehr begleitet als geleitet. Aber eine Ausbildung hat trotzdem stattgefunden – nicht durch Anleitung, sondern durch das eigene Erleben. Dies ist ein ganz wichtiger Punkt: das eigene Erleben. Denn daraus ergibt sich der Rest fast wie von allein. Ich werde gelegentlich gefragt, wann mir als junger Mensch bewusst geworden sei, dass ich als Fußballer Karriere machen und viel Geld verdienen würde. Die Antwort lautet: Nie. Oder wenigstens: Sehr spät. Ich war naiv. Ich habe gespielt und gespielt und gespielt – und Spaß dabei gehabt. Alles Weitere hat sich daraus ergeben. Aus dem Spiel heraus.

KOORDINATION
UND KOGNITION

Mir ist schon bewusst, dass es Menschen gibt, die sich kaum bewegen und trotzdem ein ereignisreiches, ´bewegtes´ Leben haben. Winston Churchill hat abends lieber ein Glas Whisky getrunken, als an der Themse entlang zu joggen. Stephen W. Hawking war fast sein gesamtes Leben an den Rollstuhl gefesselt, während er mit seinem Geist die Weiten des Weltraums erkundet hat. Aber ich denke, dass das Beispiel von Persönlichkeiten wie Stephen W. Hawking nicht zeigt, dass körperliche Bewegung unwichtig wäre, sondern uns vor Augen führt, dass Menschen in jeder Lebenslage – selbst unter den schwierigsten Bedingungen – Großes zu leisten imstande sind.

Grundsätzlich steht für mich fest: Der Mensch fördert durch Bewegung nicht nur seine koordinativen, sondern auch seine kognitiven Fähigkeiten. Ich bin ein praktischer Mensch, der nicht so viele Studien gelesen, dafür aber sehr viele Erfahrungen gemacht hat. Beim Thema Körper und Geist, Koordination und Kognition, denke ich an die Erfahrungen, die ich als Fußball- und Schachspieler gesammelt habe. Als Mitglied des Hamburger Schachklubs (HSK) habe ich einige professionelle Schachspieler kennenlernen und sogar eine Partie gegen einen der größten aller Zeiten, Garry Kasparov, gespielt. Schach ist der Denksport schlechthin. Der Körper, könnte man meinen, spielt da keine große Rolle. Tatsächlich achten professionelle Schachspieler – wie alle Sportler – aber sehr genau darauf, dass sie sich gut ernähren, genug schlafen und regelmäßig bewegen. Warum? Die Antwort liegt auf der Hand: Letztlich ist das Gehirn ein körperliches Organ. Es braucht Nährstoffe. Es braucht Sauerstoff. Es braucht Arbeitspausen. Wer seinem Gehirn zu wenig davon gönnt, muss sich nicht wundern, wenn er keine kognitiven Höchstleistungen erbringen kann.

Als Trainer habe ich versucht, das Schachspiel auch einigen meiner Spieler näher zu bringen. Denn es gibt zahlreiche, interessante Parallelen zwischen Fußball und Schach. Beides sind Spiele mit den Komponenten Kraft, Raum und Zeit.

Dar „Raum" ist das Spielfeld. Die „Zeit" ist im Fußball die Spieldauer: 90 Minuten. Beim Schach gibt es die Bedenkzeit. Bleibt die Komponente „Kraft". Hier sollten wir zuerst auf die Unterschiede achten, bevor wir von den Gemeinsamkeiten sprechen. Die Kraft einer Schachfigur ist festgelegt durch die Züge, die sie machen darf, und durch die Positionen, die sie im Spielverlauf einnimmt. Dies lässt sich alles berechnen. Nicht nur theoretisch, sondern auch praktisch. Deshalb gewinnt seit 25 Jahren kein Großmeister mehr gegen den Computer.

Im Fußball liegen die Dinge anders. Da ist die Komponente Kraft nicht so klar definiert. Es gibt zwar im Fußball auch Leute, die das Spiel von Anfang bis Ende durchrechnen wollen, aber sie werden scheitern – am Faktor Mensch. Spieler sind keine Schachfiguren, die immer dieselben Fähigkeiten und Möglichkeiten haben. Ein Spieler hat eine Tagesform. Er läuft mal schneller, mal langsamer, ist mal mehr, mal weniger motiviert. Hinzu kommen noch die Zufälle, die dem Spiel jederzeit eine unvorhersehbare Wendung geben können. Eine Unebenheit im Rasen. Eine Schiedsrichterentscheidung. Eine Verletzung. Dies alles beeinflusst und verkompliziert den Spielverlauf. Fußball ist vermeintlich schwieriger als Schach.

Zurück zu den Gemeinsamkeiten zwischen Schach und Fußball. Schach ist ein theoretisches Spiel. In der Theorie lernt man bestimmte Grundsätze, die man zwar nicht auf alle, aber doch auf viele Fälle anwenden kann. Ein Grundsatz im Schach lautet beispielsweise, dass man mit jedem Zug etwas androhen (oder zumindest eine Drohung vorbereiten) sollte, damit der Gegner sein eigenes Spiel nicht aufziehen kann. Auf den Fußball übertragen heißt das: den Ball immer Richtung gegnerisches Tor spielen. Die Initiative ergreifen und behalten, damit der Gegner reagieren muss und nicht agieren kann. Das fängt schon bei der Verteidigung an. Wenn der Gegner den Ball hat, dann macht man Druck gegen den Ball, wie es heute heißt. Die richtige Einstellung ist: sich niemals in die Defensive drängen lassen. Entweder ist man in der Offensive, oder man geht in die Offensive.

FOKUSSIER DICH!

Wie eng Körper und Geist – Koordination und Kognition – zusammengehören, erkennt man auch daran, dass der Schlüssel zum Erfolg in beiden Fällen der Gleiche ist: Die Fähigkeit, sich auf das Wesentliche zu fokussieren. Fokus ist alles! Auch diese Erfahrung habe ich gemacht.

Die Konzentration auf's Essenzielle – wie lässt sie sich bei Spielern bewirken?

Nicht, indem man ihnen sagt, wie super sie sind und was sie eigentlich doch alles können, sondern indem man ihnen das Gefühl gibt, dass ein großes, weit entferntes Ziel immer näher rückt. Man muss ihnen die Ausreden und Ablenkungen wegnehmen und Selbstvertrauen schenken. Das gelingt durch Erfolgserlebnisse im Training. Deshalb sollte man größten Wert auf die Trainingsarbeit legen. Daraus kommt dann die Motivation. Wenn ein Mensch etwas macht und er macht es gut, dann ist er automatisch motiviert. So einfach ist das. Eine fokussierte Trainingsarbeit ist das beste Mentalcoaching. Aber das Training wird oft nachlässig betrieben. Wo ich konnte, habe ich als Trainer die Spieler dazu gebracht, gut zu arbeiten, die Dinge richtig zu machen. Und wenn man Dinge richtig macht, dann wächst man. Vor allem wenn man etwas so gut macht, wie man es von sich selbst nie erwartet hätte.

Fokussier Dich! Das ist der Imperativ, um Erfolg zu haben. Das ist das Einfachste, aber auch das Schwierigste. Im Fußballgeschäft sind die Spieler permanent äußeren Einflüssen ausgesetzt. Medien, Berater, Öffentlichkeit. Es ist kein leichtes Unterfangen, die Spieler in diesem Umfeld dazu zu bringen, sich auf das Wesentliche zu konzentrieren.

Medien übertreiben manchmal maßlos. Aber es stimmt auch, dass mich nicht alle Spieler in ihr Herz geschlossen hatten. „Das ist zu anstrengend", ist mir tatsächlich mehr als einmal zu Ohren gekommen. Die wirklich interessante

Frage dahinter: Was war so hart für die Spieler? Nun, das Härteste war sicherlich nicht das Medizinballschleppen oder das Treppensteigen. Fußball-Profis sind junge Männer, die das problemlos schaffen und deren Körper sich schnell regenerieren. Das Härteste war tatsächlich, dass ich sie angehalten habe, sich zu 100 % auf ihre Aufgabe, auf ihren Job zu konzentrieren. Viele haben diese Fähigkeit schon verloren.

Wir müssen uns als Mensch die nötige Resilienz aneignen, den Wandel um uns herum nicht zur Gefahr für unsere ureigensten Begabungen werden zu lassen. Wir sollten uns bewegen, obwohl wir es nicht müssen. Wir sollten uns fokussieren, obwohl Ablenkung und Fremdsteuerung allgegenwärtig sind. Wir sollten uns Ruhe gönnen, obwohl Hektik in unserem Alltag ein ständiger Begleiter geworden ist.

MEIN LIEBLINGS-SPRUCH

Sprüche ohne Kontexte sind leere Worte. Man hört sie und vergisst sie wieder. Sie verhallen wie ein Ruf aus dem Fenster eines fahrenden Zuges. Aber ein einprägsamer Spruch in einem Kontext – zu einem schönen Bild, nach einem anregenden Beitrag – der bleibt haften, kann die Einstellung verändern. In diesem Sinne hoffe ich, liebe Leserinnen und Leser, Sie können meinem Leitspruch etwas abgewinnen. Er lautet:

TRÄUME GROSS UND ARBEITE HART!

TEIL 3

ER
HO
LU
NG

31

DIE MIMOSE IM SCHRANK

Die erstaunliche Vielfalt des Lebens basiert oft auf ganz einfachen Prinzipien. Denken wir nur an die Jahreszeiten, die das Leben in allen Farben erblühen lassen. Es gäbe gar keine Jahreszeiten, wenn die Erde nicht in einem „schiefen" Winkel von 66,56 Grad auf ihrer Umlaufbahn um die Sonne stehen würde. Vielleicht haben Sie dieses Phänomen, das man Ekliptik nennt, nicht mehr vor Augen. Dann nehmen Sie jetzt einen Stift zur Hand. Halten Sie ihn senkrecht zwischen den Fingern und kippen Sie ihn ein wenig zur Seite. Nun beschreiben Sie mit dem Stift eine horizontale Kreisbahn. Erst ist der obere Teil des Stiftes näher am Mittelpunkt, dann der untere. Jetzt haben Sie die Ursache vor Augen, warum es Frühling, Sommer, Herbst und Winter gibt.

Ein weiteres einfaches wie folgenreiches Prinzip ist die Erdrotation. Die Erde umkreist bekanntlich nicht nur in 365 Tagen die Sonne, sondern dreht sich dabei auch in 24 Stunden um ihre eigene Achse. Der periodische Wechsel von Tag und Nacht ist ein Grundrhythmus, zu dem alles Leben auf Erden in Resonanz steht. Er wird **circadianer Rhythmus** genannt. Nach ihm richten sich die Körperfunktionen. Hormonproduktion, Körpertemperatur, Blutdruck variieren je nach Tageszeit. Lange Zeit nahm man an, dass sich der circadiane Rhythmus der Lebewesen reflexhaft an der An- und Abwesenheit von Sonnenlicht orientiert. Bis der französische Physiker Jean Jacques de Mairan im Jahr 1729 diese Hypothese mit einem ausgesprochen simplen Experiment auf die Probe stellte.

Die Mimose ist eine Pflanze, die ihrem circadianen Rhythmus auf geradezu dramatische Weise folgt. Fröhlich richtet sie am Morgen ihre Blätter auf, um sie am Abend traurig zu senken. Die plausibelste Erklärung für dieses Verhalten war, dass die Blätter der Mimose direkt auf das Sonnenlicht reagieren. De Mairan überprüfte das, indem er die Mimose in einen dunklen Schrank stellte. Zu seiner Überraschung verhielt sie sich im Schrank genauso wie in der freien Natur. Damit war der erste Schritt zu der Erkenntnis getan, dass circadiane Rhythmen nicht nur über äußere Reize, sondern auch über innere biologische Uhren gesteuert werden. Die biologische Uhr des Menschen ist heute exakt lokalisiert. Sie liegt in Gestalt eines winzigen Paars von Nervenzellengruppen, die man **suprachiasmatische Kerne (SCN)** nennt, im Hypothalamus, jener Gehirnregion, die die Hormonproduktion steuert und so einen großen Einfluss auf Atmung, Stoffwechsel, Bewegung und Stimmung hat.

Die suprachiasmatischen Kerne beeinflussen unsere Aktivität über die gesamten 24 Stunden des Tages. Schlafen wir beispielsweise kurz vor Mitternacht ein, dann erreichen wir gegen zwei die für die Regeneration so wichtige Tiefschlafphase, in der Körper und Geist wirklich zur Ruhe kommen. Während des Tiefschlafs wird die Körpertemperatur heruntergefahren und erreicht gegen vier Uhr ein Minimum. Ab halb sieben beginnt der Körper, sich auf den Tag vorzubereiten: Der Schlaf wird unruhiger, der Blutdruck steigt, die Hormonproduktion wird umgestellt. Die Ausschüttung des Hormons Melatonin lässt nach, während die Produktion von Serotonin zunimmt. Serotonin ist gewissermaßen der Gegenspieler des Melatonins. Während Melatonin müde macht, indem es die körperlichen Aktivitäten herunterfährt, macht Serotonin wach und aktiv; es hebt die Stimmung und steigert die Konzentration. Aufgrund der vermehrten Produktion von Serotonin, die durch das einfallende Sonnenlicht noch verstärkt wird, wachen wir gegen halb acht nach etwas mehr als sieben Stunden Schlaf auf. Gegen zehn Uhr erreichen unsere Konzentrationsfähigkeit und Aufmerksamkeitsspanne einen Höhepunkt. Ein guter Zeitpunkt also,

um anspruchsvolle Arbeit zu erledigen (oder zum Arzt zu gehen, denn während des Zeitfensters von zehn bis zwölf Uhr ereignen sich statistisch gesehen die wenigsten medizinischen „Kunstfehler"). Zwischen 13 und 15 Uhr führt der circadiane Rhythmus dann wieder zu einem erhöhten Schlafdruck, der in Kombination mit einem schweren Mittagessen ein Leistungsloch zur Folge hat. Der späte Nachmittag und frühe Abend bieten eine gute Gelegenheit, um sportlich aktiv zu werden, denn in dieser Zeit, um 17 Uhr herum, arbeitet das kardiovaskuläre System am effektivsten. Danach erreichen Blutdruck und Körpertemperatur ihren Höchststand zwischen 18 und 19 Uhr. Schließlich setzt um 21 Uhr die Melatoninausschüttung ein, um Körper und Geist auf die neuerliche Nachtruhe vorzubereiten.[1]

Dieses chronobiologische Schema (von Chronos = Zeit und Bios = Leben) variiert von Mensch zu Mensch. Je nachdem, welcher Chronotyp man ist – Frühaufsteher oder Nachteule –, kann der circadiane Rhythmus um ein bis zwei Stunden nach hinten oder vorne verschoben sein. Selbst für eine Nachteule ist es allerdings nicht empfehlenswert, später als um zwei Uhr ins Bett zu gehen, denn dadurch wird die Tiefschlafphase kürzer und der Schlaf insgesamt fahriger. Machen Sie sich bewusst, welcher Chronotyp Sie sind und was Ihr optimaler Tag-Nacht-Rhythmus ist. Versuchen Sie nach Möglichkeit, **in diesem Rhythmus zu bleiben, indem Sie immer zur selben Zeit, auch am Wochenende, aufstehen.** Natürlich spricht nichts dagegen, am Sonntag mal so richtig auszuschlafen. Aber wenn sich Ihr Organismus ständig an wechselnde Schlaf- und Arbeitszeiten anpassen muss, dann schadet das langfristig Ihrer Gesundheit und Leistungsfähigkeit. Es gibt eine Vielzahl von Studien, die unregelmäßige Schlafgewohnheiten mit einem erhöhten Krankheitsrisiko assoziieren.[2] Klar, manchmal geht es nicht anders. Ärzte und Krankenpfleger müssen auch nachts für ihre Patienten da sein. Eltern können nicht einfach weiterschlafen, wenn die Kinder schreien. Der menschliche Organismus ist sehr anpassungsfähig und kann vieles kompensieren. Aber wir sollten diese Anpassungsfähigkeit nicht ohne Not überstrapazieren.

32

DAS WACHBAROMETER

Der circadiane Rhythmus kann nicht der einzige biologische Faktor sein, der unser Schlafbedürfnis reguliert. Ansonsten wären wir nach einer schlaflosen Nacht bei Tagesanbruch sofort wieder hellwach. Schön wär's, möchte man meinen. Allerding hätten wir dann gar nicht erst die Freiheit gehabt, die Nacht durchzumachen, sondern wären am Abend mit derselben Zwangsläufigkeit ins Bett gefallen, mit der die Blätter der Mimose schließen. Das dem nicht so ist, liegt an dem zweiten Faktor, der unseren Schlaf reguliert, dem Adenosin.

Adenosin ist eine chemische Substanz, die diejenigen Neurotransmitter in unserem Gehirn blockiert, die uns aktiv werden lassen: Dopamin, Noradrenalin und Serotonin. Ein hoher Adenosin-Pegel führt außerdem dazu, dass der Blutdruck sinkt und die Gehirnregionen für den Wachzustand heruntergefahren werden. Mit einem Wort: Je höher der Adenosin-Pegel ansteigt, desto größer wird der Schlafdruck. Mit jeder Stunde, die wir wach sind, steigt der Adenosin-Pegel an und wird erst im Schlaf wieder abgebaut. Aus diesem Grund werden wir nach einer gewissen Zeit ohne Schlaf, egal ob es draußen hell oder dunkel ist, müde; das Gehirn wird heruntergefahren. Ein Espresso hilft, die Müdigkeit zu bekämpfen, weil Koffein ein sogenannter Adenosin-Antagonist ist. Es blockiert (in begrenztem Maße) die Rezeptoren im Gehirn, an denen das Adenosin andockt.[3]

Der menschliche Organismus verfügt also über zwei Systeme, die den Wechsel von Wach- und Schlafzustand regulieren: den circadianen Rhythmus und das Adenosin-„Barometer". Beide Systeme wirken zwar gemeinsam auf uns ein, sind aber doch unabhängig voneinander, sodass wir einen gewissen Spielraum haben, um unseren Schlaf- und Wachrhythmus den wechselnden Gegebenheiten des Lebens anzupassen. Wir müssen nicht um Mitternacht tief und fest schlafen; wir können die Nacht auch zum Tage machen.

Die beiden getrennten, aber in der Wirkung verkoppelten biologischen Systeme geben uns eine Freiheit in der Lebensgestaltung, von der wir nicht zu unserem eigenen Schaden falschen Gebrauch machen dürfen. Für Körper und Geist ist es nämlich auf Dauer strapaziös, wenn wir zu den unterschiedlichsten Zeiten ins Bett gehen, mal länger, mal kürzer schlafen und überhaupt keinen geregelten Schlafrhythmus finden. Das System des circadianen Rhythmus und das Adenosin-System sollten in der Regel im Einklang sein. Das heißt, wir sollten nicht nur darauf achten, dass wir zu den richtigen Zeiten schlafen, sondern auch, dass wir genug schlafen.

In manchen Kreisen gilt es fast schon als eine Auszeichnung, mit wenig Schlaf auszukommen: so belastbar und beschäftigt ist man; so sehr unterscheidet man sich von den „Schlafmützen", die nicht aus dem Bett kommen …, meint man. Aber zu wenig Schlaf ist genauso unproduktiv wie zu viel Schlaf. Eine breit angelegte Studie mit über 10.000 Teilnehmern hat gezeigt, dass ein Schlafpensum, das unterhalb oder oberhalb der empfohlenen sieben bis acht Stunden liegt, das logische Denken und die sprachliche Ausdrucksfähigkeit signifikant beeinträchtigt. Vor allem bei den Probanden, die nur vier Stunden Schlaf pro Nacht bekamen, waren die Leistungseinbrüche drastisch. Ihre allgemeine kognitive Leistungsfähigkeit sank um einen Wert, der einem Alterungsprozess von acht Jahren entspricht.[4]

Schlafmangel ist unproduktiv. Wenn Sie wenig schlafen, haben sie zwar mehr Stunden am Tag zur Verfügung, aber Sie können auch weniger aus der verfügbaren Zeit machen. Betrachten Sie den Schlaf daher nicht als ein Übel, das Ihnen Lebenszeit raubt – nach dem Motto „Schlafen kann ich, wenn ich tod bin".

GENUG SCHLAF IST
DIE VORAUSSETZUNG
DAFÜR, ETWAS AUS
SEINER LEBENSZEIT
MACHEN ZU KÖNNEN.

WAS GIBT ES BESSERES,
HAT DER SCHRIFTSTEL-
LER WALTER BENJAMIN
EINMAL GESAGT, ALS
EINEN VERNÜNFTIGEN,
GUT AUSGESCHLAFE-
NEN MENSCHEN, DER
LOCKER SEINEN TAG
ANTRITT.[5]

ARISTOTELES

[384 - 322 v. Chr.]

Aristoteles war der Philosoph auf dem Zenit der antiken griechischen Kultur. Er war der Schüler Platons und der Lehrer von Alexander dem Großen. Viele wissenschaftliche Disziplinen sind von ihm begründet oder maßgeblich beeinflusst worden: von der Logik über die Biologie bis hin zur Poetik. Das berühmte Fresko „Die Schule von Athen" zeigt Platon und Aristoteles in einem Kreis von Gelehrten miteinander diskutierend. Während Platon mit dem Finger nach oben, gen Himmel zeigt, weist die ausgestreckte Hand von Aristoteles nach unten, auf den Boden. Das Fresko symbolisiert die Spannung und die Balance in der griechischen Philosophie: zwischen idealistischer Betrachtung und empirischer Beobachtung.

33

DIE ZYKLEN
DES

SCHLAFS

Die Natur des Schlafs ist zyklisch wie der Wechsel der Jahreszeiten oder die Brandung des Meeres. **Jeder Schlafzyklus dauert etwa 90 Minuten und besteht aus fünf Phasen.**

Nachdem wir abends die Nachttischlampe ausgeschaltet haben, beginnt die **erste Schlafphase**: Wir dösen langsam ein. In dieser Phase verweilen wir an der Schwelle von Wachen und Schlafen. Wir haben dem Tag schon den Rücken zugekehrt, aber das kleinste Geräusch, ein hupendes Auto, eine knarrende Tür, holt uns wieder zurück in den Wachzustand. Nachdem wir die Einschlafphase ohne Störung überstanden haben, beginnt die **zweite Phase** des leichten Schlafs. Sie geht mit messbaren Veränderungen im Organismus einher: Die Körpertemperatur sinkt, der Pulsschlag wird ruhiger … und die Gehirnwellen langsamer.

Die elektrischen Wellen, die unser Gehirn generiert, haben eine rhythmische Frequenz, die sich mit einem EEG messen lässt. Im Gehirn treten verschiedene Rhythmen im Frequenzbereich zwischen 0,05 und 500 Hertz auf. Im Wachzustand werden meistens Alpha- und Betawellen gemessen, die eine Frequenz zwischen acht und 30 Hertz haben. Sobald wir uns auf eine anspruchsvolle Aufgabe konzentrieren, arbeitet unser Gehirn in einem schnelleren Rhythmus, das heißt in einem höheren Frequenzbereich. Dann dominieren die Gammawellen von 30 bis 90 Hertz.

In der **dritten Schlafphase**, in die wir nach dem leichten Schlaf eintreten, beginnt unser Gehirn Deltawellen zu produzieren, die die langsamste Frequenz haben. In der **vierten Phase**, dem Tiefschlaf, liegt die Frequenz bei gerade einmal zwei Hertz. Gleichzeitig lässt die Muskelspannung des Körpers fast vollständig nach. Körper, Gehirn und Geist kommen in einen Zustand tiefer Ruhe. Der Tiefschlaf ist für die Erholung besonders wichtig, weil in dieser Phase die Wachstumshormone ausgeschüttet werden, die die Produktion neuer Zellen ankurbeln. Danach wird der Schlaf wieder leichter, um schließlich in die **fünfte Schlafphase**, die REM-Phase, einzutreten. In dieser Phase wird unser Gehirn plötzlich wieder erstaunlich aktiv. Es produziert Betawellen, die auch im Wachzustand auftreten. Wir beginnen zu träumen und die Augen im Schlaf schnell hin und her zu bewegen – daher die Bezeichnung REM-Schlaf vom englischen Rapid Eye Movement (schnelle Augenbewegung). Am Ende dieses Schlafzyklus wachen wir kurz auf, woran wir uns aber am nächsten Tag meistens nicht erinnern.

In einer Nacht wiederholt sich dieser 90-minütige Zyklus, je nachdem wie lange wir schlafen, drei- bis fünfmal. Dabei wird die Tiefschlafphase gegen den Morgen immer kürzer, während die traumreiche REM-Phase länger wird. Am erholsamsten sind also die ersten drei bis vier Stunden der Nacht, die optimalerweise zwischen zehn Uhr abends und vier Uhr morgens liegen sollten, um mit dem circadianen Rhythmus zu harmonieren.

Da wir nach jedem Zyklus kurz aufwachen, sollten wir unseren Schlaf von inneren und äußeren Störreizen, die uns aus dem Bett scheuchen könnten, weitestgehend abschirmen. In einem idealen Schlafzimmer ist es stockdunkel, leise und nicht zu warm. Selbst bei geschlossenen Augen genügen nämlich schon schwache Lichtreize, um die suprachiasmatischen Kerne (SCN) im Gehirn zu stimulieren und die Produktion des Schlafhormons Melatonin zu drosseln. Deshalb gehen Hochleistungssportler vor wichtigen Wettkämpfen sogar so weit, die Hotelfenster mit schwarzer Folie abzukleben.[6] Das müssen Sie nicht. Aber bei den Jalousien bzw. Vorhängen sollten Sie nicht sparen. Falls Sie sehr licht- und geräuschempfindlich sind, können Sie auch zu Schlafbrillen und Ohrenstöpseln greifen. Was die Temperatur angeht, sollte das Schlafzimmer eher kühl, nicht zu warm und nicht zu kalt sein, um die 18 Grad. Achten Sie aber nicht nur auf die Minimierung von äußeren, sondern auch von inneren Störfaktoren. Je später der Abend, umso weniger sollten Sie essen und trinken, damit der Körper nachts keine Verdauungsarbeit leisten muss. Alkohol macht den Schlaf unruhig, weil sein Abbau den Körper auf Trab hält. Mit Alkohol schläft man vielleicht besser ein, aber man schläft definitiv schlechter durch.

Den eigentlichen Schlafzyklen lässt sich gedanklich noch ein weiterer Zyklus hinzufügen: **die 90 Minuten vor dem Zu-Bett-Gehen. Betrachten Sie diese Zeit als eine Vorbereitungsphase auf den Schlaf, in der sie jede Art von Input auf ein Minimum zurückfahren:** keine schwere Arbeit mehr verrichten, keine schwere Mahlzeit mehr essen, keine schweren Gedanken mehr wälzen. Es kann sehr hilfreich sein, wenn Sie sich an ein bestimmtes Einschlafritual gewöhnen. Solche Rituale fungieren als Taktgeber, die den körpereigenen circadianen Rhythmus unterstützen. Führen Sie Ihre Sinne sanft an den Schlaf heran. **Die Ohren durch ruhige Musik, Hörbücher oder den Klang der Stille. Die Augen durch abgedunkelte Räume, Kaminfeuer oder Kerzenlicht. Den Gaumen durch einen beruhigenden Tee, Honigmilch, Baldrian und Melisse. Den ganzen Körper durch ein Bad, eine warme Dusche, eine sanfte Massage. Den Geist durch Entspannungsübungen, angenehme Lektüre, die Erinnerung an die schönste Begebenheit des Tages.**

Was Sie dagegen spät am Abend vermeiden sollten, sind heftige sensomotorische Reize. Actionfilme mit schnellen Schnitten, die das visuelle System in Unruhe versetzen. Übermäßiger Sport, der das neuromuskuläre System zu sehr beansprucht. Anspruchsvolle Lektüren, die den präfrontalen Kortex auf Hochtouren bringen. All das trägt in der Regel nicht dazu bei, Körper und Geist auf den Schlaf vorzubereiten. Falls jemand aber doch die Angewohnheit haben sollte, bei den rasantesten Hollywoodkrachern einzuschlummern oder im Bett Physik-Lehrbücher zu lesen, bis ihm die Augen zufallen, dann braucht er diese Gewohnheit natürlich nicht abzulegen. Regeln sind kein Selbstzweck. Sie sind dafür da, etwas zur regeln, in diesem Fall, dass sich der Schlaf einstellt. Wenn er das auch ohne oder sogar entgegen dieser Regeln tut, dann ist das auch gut. Wie heißt es doch so schön bei den Beatles: Whatever gets you through the night – it's alright, it's alright.

34

NACHTAKTIV

Der Schlaf ist ein Mysterium geblieben. Bis heute haben wir nicht wirklich verstanden, was in dieser Blackbox eigentlich vor sich geht. Kein Wunder: Wir können den Schlafenden ja nicht fragen, was er gerade erlebt. Ohne solche subjektiven Erlebnisberichte ist es aber schwer, die objektiven Messdaten zu interpretieren. Der einzige Erlebnisbericht, den es über den Schlaf gibt, ist der Traum. Seit Jahrtausenden versuchen die Menschen ihn zu entschlüsseln. Keine Zeitalter ohne eine eigene Traumtheorie: Der Traum übermittelt göttliche Botschaften, kündigt Ereignisse in der Zukunft an, verarbeitet die Tagesreste, erfüllt unbewusste Wünsche, ist das zufällige Produkt neuronaler Verschaltungen im Gehirn.

Unter den Theorien, die im antiken Griechenland über den Schlaf kursierten, nimmt die hippokratische eine besondere Stellung ein. Während die meisten Menschen in der Antike noch auf die weissagende Funktion des Traumschlafs fixiert waren, hat Hippokrates in bildhafter Sprache bereits darüber nachgedacht, welche gesundheitsfördernden Wirkungen der Schlaf wohl haben mag. „Die Psyche kommt nämlich", lesen wir bei Hippokrates, „wenn sie dem wachen Körper dient, wobei sie sich auf viele Funktionen verteilt, nicht zu sich selbst, sondern sie gibt einen bestimmten Teil an jede Funktion des Körpers ab, an Gehör, Gesicht, Gefühl, Gang und an die Tätigkeiten des ganzen Körpers; zu sich selbst kommt sie nicht. **Wenn dagegen der Körper ruht, verwaltet die Psyche, die in Be-**

SCHLAF

... stärkt das Immunsystem
... stabilisiert das Herz-Kreislauf-System
... beugt Stress vor
... fördert einen gesunden Stoffwechsel
... fördert die Impulskontrolle

wegung ist und die Teile des Körpers durchzieht, ihr eigenes Haus und verrichtet die Tätigkeiten des Körpers alle selbst. Der Körper macht nämlich im Schlaf keine Wahrnehmungen, die wache Psyche aber erkennt alles, sie schaut das Sichtbare und vernimmt das Hörbare, sie wandelt, befühlt, empfindet Unlust, überlegt mit einem Wort. Was es an Verrichtungen des Körpers oder der Psyche gibt, all das verrichtet die Psyche im Schlaf. Wer nur dies richtig zu beurteilen versteht, versteht ein gutes Stück Wissenschaft."[7]

Das sind kryptische Worte, denen man mit den Mitteln der modernen Wissenschaft einen präziseren Sinn verleihen kann. Es fällt zunächst auf, dass Hippokrates die Nachtruhe in einer Begrifflichkeit der Aktivität be-

schreibt: Die Psyche „durchzieht" den Körper, „wandelt", „befühlt", ist in „Bewegung". Hippokrates gibt damit zu verstehen, dass der Schlaf nicht gleichbedeutend mit Stillstand ist, sondern für den Organismus wichtige Regenerations- und Reparationsprozesse in Gang setzt. Heute wissen wir mehr darüber, welche das genau sind.

Schlaf stärkt das Immunsystem. Im Schlaf (vor allem in der Tiefschlafphase) produziert unser Körper die Abwehrzellen, die er für die Bekämpfung von Bakterien und Viren braucht. Guter Schlaf stärkt das Immunsystem, während Schlafmangel es schwächt. Aus diesem Grund reagieren Menschen, die zu wenig schlafen, z. B. schlechter auf Impfungen. Der Schlafmangel verhindert eine adäquate Antikörper-Antwort auf den Impfstoff. Aber Schlafmangel reduziert nicht nur die Immunaktivität, sondern fährt gleichzeitig noch die Aktivität des sympathischen Nervensystems übermäßig hoch, was zu Entzündungsprozessen im Körper führen kann. Schlafmangel macht uns also gleich doppelt anfällig für Infekte.[8]

Schlaf stabilisiert das Herz-Kreislauf-System. Das haben Wissenschaftler aus China und Großbritannien in einer umfangreichen Langzeitstudie jüngst noch einmal klar bestätigen können. Die Forscher konnten für ihre Studie auf einen großen Datenpool von 487.200 Menschen zwischen 30 und 79 Jahren ohne kardiovaskuläre Vorgeschichte zugreifen. Die Teilnehmer wurden anhand der Daten drei Gruppen zugeordnet: Menschen mit Einschlafproblem, mit Durchschlafproblemen und mit Konzentrationsproblemen. Während der Dauer der Langzeitstudie kam es unter allen Teilnehmern zu rund 130.000 kardiovaskulären Vorfällen. Es stellte sich heraus, dass die Teilnehmer mit allen drei Symptomen ein 18 % höheres Risiko für eine Herz-Kreislauf-Erkrankung, ein 22 % höheres Risiko für eine koronare Herzerkrankung und ein 10 % höheres Risiko für einen Schlaganfall hatten.[9]

Schlaf beugt Stress vor. Stress ist das Gefühl, das bei einer Überaktivierung des sympathischen Nervensystems entsteht. Dieses System springt in Gefahrensituationen an, um den Organismus auf die Bewältigung bedrohlicher Herausforderung einzustellen. Bleibt das Stresssystem aber über einen längeren Zeitraum eingeschaltet, dann hat das negative Folgen für den Organismus. Zu den Begleiterscheinungen von Schlafmangel gehört diese Überaktivierung des sympathischen Nervensystems.

Schlaf fördert einen gesunden Stoffwechsel. Studien haben gezeigt, dass die Zellen von Menschen, die über einen längeren Zeitraum zu wenig schlafen, nicht mehr effizient auf Insulin reagieren, sodass der Blutzuckerabbau gestört ist. Zwei aufeinanderfolgende Nächte mit schlechtem Schlaf reichen aus, um den Glukosestoffwechsel von jungen gesunden Menschen temporär zu schädigen. Wer über einen längeren Zeitraum (> zehn Jahre) nicht genug schläft, verdoppelt sein Risiko, an Diabetes Typ 2 zu erkranken. Erschwerend kommt hinzu, dass wenig Schlaf in der Regel mit einer schlechten Ernährung einhergeht. Je weniger wir schlafen, desto eher greifen wir zu fettigen, zuckerhaltigen und salzigen Lebensmitteln.

Schlaf fördert die Impulskontrolle. Eine zu kurze Nacht führt dazu, dass die rationalen Entscheidungszentren im Gehirn, wie der präfrontale Kortex, weniger Einfluss auf die emotionalen Systeme, wie die Amygdala, haben. Der Schlafforscher Matthew Walker bringt das Problem folgendermaßen auf den Punkt: „Wir können unsere atavistischen Impulse nicht mehr im Zaum halten – zu viel emotionales Gaspedal (Amygdala)

und nicht genug steuernde Bremse (präfrontaler Kortex). Ohne die rationale Kontrolle, die uns der Schlaf Nacht für Nacht ermöglicht, geraten wir in eine neurologische – und damit auch emotionale – Schieflage."[10]

Hippokrates hatte also recht: Die „Psyche", die tagsüber die Außenwelt erkundet, blickt sich im Schlaf in ihrem eigenen Haus um. Sie überprüft, bessert aus, repariert. Geben Sie Ihrer „Psyche" die Zeit, die sie dafür braucht.

TIPP

Achten Sie auf die zehn Grundsätze für einen guten Schlaf: 1.) Versuchen Sie nicht weniger als sieben Stunden zu schlafen. 2.) Halten Sie sich an feste Schlafzeiten. 3.) Entwickeln Sie ein Einschlafritual. 4.) Bearbeiten Sie die Probleme, die Sie beschäftigen, bevor Sie zu Bett gehen. 5.) Verzichten Sie auf Koffein am Abend. 6) Rauchen Sie nicht kurz vor dem Einschlafen; am besten natürlich gar nicht. 6.) Minimieren Sie Ihren Alkoholkonsum. 7) Sorgen Sie für eine hygienische, ruhige, dunkle, eher kühle Schlafumgebung. 8.) Machen Sie sich nicht verrückt, wenn Sie mal nicht schlafen können; das passiert. 9.) Treiben Sie regelmäßig Sport 10.) Achten Sie auf eine gesunde Ernährung.

35

DAS BUCH UNTER DEM KOPF-KISSEN

Eine Legende aus der Schulzeit besagt, dass man den Stoff besser in Erinnerung behält, wenn man in der Nacht vor der Prüfung das Schulbuch unters Kopfkissen legt. Wie in so vielen Legenden steckt auch in dieser ein Körnchen Wahrheit, nämlich ein symbolisches. **Schlaf** verbessert das Gedächtnis. Er **fördert sowohl das deklarative Gedächtnis, mit dem wir Zahlen, Daten, Fakten memorieren, als auch das prozedurale Gedächtnis, mit dem wir Bewegungen, Fertigkeiten und Kompetenzen** verinnerlichen. Den Nachweis, dass das so ist, haben psychologische Experimente schon lange erbracht. Die Neurobiologie liefert uns nun auch die Erklärung, warum das so ist.

Während wir als Menschheit gerade erst damit begonnen haben, Informationen dezentral in Computernetzwerken abzulegen, arbeitet unser Gehirn (von dem wir uns das ja abgeschaut haben) schon seit jeher mit dieser Archivierungstechnik. Das Gehirn speichert Erinnerungen, indem es **hochgradig verknüpfte Netzwerke von Neuronen (Nervenzellen)** bildet. Die Aktivierung eines solchen neuronalen Netzwerks erleben wir als bewusste Erinnerung. Der Vorteil dieses Netzwerkprinzips besteht unter anderem darin, dass eine einzelne Erinnerung gleich eine Vielzahl von benachbarten Erinnerungen nach sich zieht. Das ist ein hochkomplexer, aber ganz alltäglicher Vorgang. Wenn wir beispiels-

Schlaf verbessert das Gedächtnis.

weise versuchen, uns daran zu erinnern, was wir letzte Woche um diese Zeit gemacht haben, müssen wir erst ein wenig „im Gedächtnis kramen". Sobald uns aber die erste Begebenheit in den Sinn gekommen ist, fallen uns schnell weitere ein – die erste Erinnerung aktiviert ein größeres Netzwerk von Erinnerungen.

Aufgrund dieses Netzwerkprinzips kann eine einzelne Sinneswahrnehmung einen ganzen Sturm von Erinnerungen auslösen. In einem der berühmtesten Romane der Weltliteratur, Marcel Prousts mehrbändigem Werk „Auf der Suche nach der verlorenen Zeit", ist das auf unvergleichliche Weise in Szene gesetzt: Als der Protagonist in ein französisches Gebäck beißt, das er zuletzt in seiner Kindheit gegessen hat, kommen ihm längst vergessene Erlebnisse in

den Sinn, die ihn zur Erforschung der „verlorenen Zeit" animieren. In wissenschaftlicher Prosa ausgedrückt: Der Sinnesreiz regt ein neuronales Netzwerk an, durch dessen Aktivität dann weitere Netzwerke aktiviert werden. Jede Art von Reiz kann so eine Assoziationskette auslösen.

Manchmal kommt es auch zufällig zu solchen Aktivierungen; durch eine Sinneswahrnehmung oder eine Bemerkung, die plötzlich Erinnerungen „hochkommen" lässt. Wir gehen durch ein Kaufhaus, denken an die Arbeit, und plötzlich versetzt uns der Geruch eines bestimmten Parfüms in die Welt einer verflossenen Liebe.

Aber was hat das jetzt mit dem Schlaf zu tun? Nun: das materielle Korrelat der Assoziationen im Bewusstsein sind die synaptischen Verschaltungen im Gehirn. Und diese werden verstärkt, wenn wir schlafen, wenn die Wellen mit langsamer Frequenz durch unser Gehirn ziehen oder (hippokratisch gesprochen) die Psyche ihr eigenes Haus, den Körper, erkundet. Der Schlaf fördert die Neuroplastizität. Das heißt: es werden im Schlaf, vor allem in der Tiefschlafphase, neue Vernetzungen im Gehirn gebildet und bestehende Netzwerke verstärkt. Wer also tagsüber viel gelernt oder trainiert hat, sollte unbedingt darauf achten, nachts genug zu schlafen. Sonst bringt er sich um den vollen Lohn für seine Mühen. Nach einer erholsamen Nacht erinnern wir uns nämlich nicht nur genauer an die Begebenheiten des vergangenen Tages, sondern können auch viel besser auf die abgespeicherten Lerninhalte zurückgreifen.

Gerade in stressigen Zeiten, in denen wir dazu neigen, dem Schlaf keine so große Aufmerksamkeit zu schenken, sollten wir umso mehr auf ihn achtgeben. Nur wenn Anstrengung und Erholung im Gleichgewicht (in Balance) sind, können wir unser Leistungsvermögen voll ausschöpfen. Achten Sie deshalb darauf, dass Sie ausreichend schlafen. In besonders anstrengenden Lern- und Arbeitspha-

sen kann es außerdem hilfreich sein, am Nachmittag einen kurzen Power-Nap einzulegen. Dadurch werden die bereits aufgenommenen Informationen tiefer im Gedächtnis verankert, während gleichzeitig neue Kapazitäten zur Informationsverarbeitung frei werden. Die Legende vom Buch unter dem Kopfkissen sollte uns deshalb wie ein Knoten im Taschentuch daran erinnern: Je besser wir schlafen, umso besser können wir neue Informationen im Gedächtnis behalten und auf sie zugreifen.

36

KEINE LEISTUNG OHNE PAUSE

In den Werken des Hippokrates findet sich ein poetischer Vergleich, der die antike Idee von der **Einheit der Gegensätz**e illustriert: „Wenn die Zimmerleute sägen, stößt der eine und der andere zieht, wobei beide dasselbe bewirken. Wenn sie stoßen, geht es nach oben, dann wieder nach unten. Durch Kleinermachen vergrößern sie und durch Größermachen verkleinern sie. Hierbei ahmen sie die Natur des Menschen nach. Die Atmung zieht Luft das eine Mal ein, das andere Mal stößt sie sie aus, durch beides vollbringt sie dieselbe Wirkung.“[11] Diese Zeilen haben keinen geringeren als Goethe zu einigen seiner schönsten Verse inspiriert: „Im Atemholen sind zweierlei Gnaden, die Luft einatmen, sich ihrer entladen. Du danke Gott, wenn er dich presst, und danke ihm wenn er dich wieder entlässt.“[12]

Aber die Idee der Einheit der Gegensätze hat nicht nur einen mystischen, sondern auch einen eminent pragmatischen Sinn, der in vielen Lebensbereichen zur Geltung kommt. Einer davon ist der Sport. Ein Sportler entwickelt sich weiter in den Gegensätzen von Belastung und Entlastung, Muskelanspannung und -entspannung, Bewegung und Erholung. Dabei erholt sich der Körper des Sportlers in den Ruhepausen nicht nur von den Anstrengungen, denen er ausgesetzt war, sondern verarbeitet auch die Impulse, die er durch die Belastung erhalten hat. Muskeln werden aufgebaut. Trainierte Bewegungsabläufe verinnerlicht. Konditionelle Kapazitäten erweitert. Erholung ist deshalb mehr als Kompensation. Sie ist **Superkompensation** – Steigerung der Leistungsfähigkeit. Ein Sportler verbessert sich, wenn er **das richtige Maß (den richtigen Rhythmus) aus Anspannung im Training und Entspannung vom Training gefunden hat.** Je härter er trainiert, umso mehr muss er sich erholen – sonst sind seine Bemühungen umsonst. Das gilt auch unter Wettkampfbedingungen. Sportler verstehen es, im Wettkampf mit ihren Kräften zuhaushalten, um dann im entscheidenden Augenblick auf ihre volle Leistungsfähigkeit zugreifen zu können.

Während es im Hochleistungssport eine Selbstverständlichkeit ist, dass es Leistung ohne Pause nicht gibt, wird das im normalen Arbeitsalltag leider oft vergessen. Das hat zwei Gründe. Zum einen sind sich viele Menschen nicht bewusst, dass die mentale Leistungsfähigkeit eine genauso limitierte Ressource ist wie die körperliche Leistungsfähigkeit. Kein Mensch würde auf die Idee kommen, ohne Training, aus dem Stand, einen Marathon laufen zu können. Aber viele Menschen meinen, dass es doch prinzipiell kein Problem ist, 40 Stunden die Woche kognitiv auf Hochtouren zu arbeiten, wenn man sich nur richtig konzentriert. Ja, wenn … Aber wie die Kondition ist die Konzentration eine Ressource, die man sorgsam

aufbauen muss und die sich schnell erschöpft. Da wir aber von zu viel mentaler Arbeit keine Seitenstiche bekommen, die uns zwingen anzuhalten, gehen wir, ohne es zu merken, über die Grenze unserer Leistungsfähigkeit hinaus. Darunter leidet dann nicht nur das eigene Wohlbefinden, sondern letztlich auch die Qualität der Arbeit.

Viele Menschen bürden sich – angetrieben von einer falschen Arbeitsmoral – zu viel auf und gönnen sich zu wenig Pausen. Genährt wird diese falsche Arbeitsmoral von Legenden über Topmanager, die 70 Stunden die Woche arbeiten und am Wochenende sieben Bücher lesen. Die Moral von der Geschichte: Die Angestellten sollen doch bitte nicht so viel jammern, sondern sich an den Leistungsträgern orientieren. Dass zu den gepriesenen Managementleistungen aber auch Arbeiten gehören wie z. B., im Restaurant einen Vertrag zu unterschreiben, den der Hausjurist schon bis ins Detail ausgearbeitet hat, wird bei solchen Reden genauso unterschlagen wie die Vielzahl von Erleichterungen, die mit einem überdurchschnittlichen Einkommen verbunden sind. Das Geld nimmt den Besserverdienenden vieles ab, was einfache Arbeiter, Angestellte und Selbstständige zusätzlich noch leisten müssen.

Damit sind wir beim zweiten Grund, warum sich die Menschen weniger Pausen gönnen, als es im Sinne ihrer Gesundheit, ihres Wohlbefindens und ihrer Arbeitsleistung wünschenswert wäre. Die Rede ist vom kapitalistischen Urprinzip: möglichst viel unbezahlte Arbeitszeit einzufordern und möglichst wenig bezahlte Arbeitspausen zu gewähren. Erst wird auf die Beschäftigten permanent Druck ausgeübt, dass sie nach dem Modell der 24/7-Gesellschaft möglichst viel, möglichst schnell und möglichst lange schaffen sollen, dann beklagt man sich darüber, dass die Arbeitnehmer nicht mit „Leib und Seele" bei der Sache sind, sondern „Dienst nach Vorschrift" machen oder sogar „innerlich gekündigt" haben.

Laut Tarifverträgen soll in Deutschland im Durchschnitt 40 Stunden die Woche gearbeitet werden. Tatsächlich arbeiten aber fast die Hälfte der Beschäftigten deutlich mehr; etwa 15 % sogar mehr als 48 Stunden. Dazu kommt die Abend- und Wochenendarbeit, die „freiwillig" geleistet wird und die in keiner Statistik auftaucht.[13] Setzt man nun

die tatsächliche Arbeitszeit, die z. B. eine Pflegekraft leistet, in Relation zu ihrer Arbeitsbelastung und ihrem Arbeitslohn, dann sollte es einen nicht wundern, dass immer mehr Arbeitnehmer krankheitsbedingt ausfallen. Zur reinen Arbeitszeit kommen noch die An- und Abfahrtwege hinzu, die ja auch keine Sternstunden der freien Lebensgestaltung sind. Außerdem ist für viele Menschen nach der Arbeit vor der Arbeit: einkaufen, kochen, putzen, die Kinder erziehen – wie viel Zeit bleibt da noch für ausreichend Erholung, geschweige denn für die persönliche Entwicklung?

Nicht viel. Und deshalb greift die Diagnose Burn-out um sich. Beim Thema Burn-out lohnt es sich, erneut einen Blick auf den Hochleistungssport zu werfen. Ein Sportler, der seine Leistung steigern will, muss im Training seine Komfortzone verlassen. Ansonsten tritt er auf der Stelle. Er darf also nicht zu wenig trainieren. Aber er darf auch nicht zu viel trainieren. Sonst gerät das Verhältnis von Belastung und Entlastung aus der Balance. Liegt ein Missverhältnis von Belastung und Entlastung über einen längeren Zeitraum vor, so bleibt nicht nur die Leistungssteigerung aus. Es kommt sogar zu einem Leistungsabfall. Die Fehler nehmen zu. Kraft und Schnelligkeit lassen nach. Die Verletzungsanfälligkeit steigt. Und die Freude an der Sache geht verloren. Man spricht dann von einem **Übertraining**, das letztendlich dazu führt, dass der Sportler für längere Zeit komplett pausieren muss.[14] Den gleichen Verlauf kann man beim Burnout beobachten, der einen ja auch komplett aus dem Arbeitsleben herauskatapultiert. Dem Burn-out geht immer eine Phase der **Überarbeitung** voraus, die von viel Stress und Umtriebigkeit, aber wenig Leistung und Erfolg und daher von Frustration und Erschöpfung geprägt ist.

Pausen sind aber nicht nur wichtig, um gut zu arbeiten, sondern auch, um gut zu leben. Das Leben treibt uns vor sich her. Die Ereignisse rollen vor unseren Augen ab. Viel zu oft können wir nur reagieren, statt zu agieren, das eine ergibt das andere, beides zieht in rasender Geschwindigkeit an uns vorbei ... Stopp! Wir brauchen eine Zäsur. Wir brauchen eine Denkpause, um zur Besinnung zu kommen; um über unser Leben nachzudenken. Das heißt nicht automatisch, dass wir unser Leben ändern müssen. „Besinnung" kann verschiedenes bedeuten und bewirken. Vielleicht besinnen wir uns auf etwas, das uns mal wichtig war, und stellen dabei fest, dass wir es aus den Augen verloren haben. Dann kann die Besinnung in der Tat eine radikale Veränderung unserer Lebensweise zur Folge haben. Vielleicht heißt Besinnung aber auch, dass wir uns besinnen, warum wir das Leben führen, das wir führen. Dann bestätigt und bekräftigt sie uns in dem, was wir tun. So oder so: Zu einem guten Leben gehört das besinnliche Pausieren. Die Zeit dazu gibt uns niemand – die müssen wir uns schon selbst nehmen.

Nehmen Sie sich diese Zeit!

37

FLIMMERNDE

BUCHSTABEN

Im 21. Jahrhundert verbringen immer mehr Menschen immer mehr Lebenszeit vor einem Bildschirm. Wir wollen jetzt nicht danach fragen, ob das gut oder schlecht ist. Wir wollen nur anmerken, dass man vor dem Bildschirm sitzend leicht vergisst, dass man einen Körper hat, dem das permanente Sitzen – ohne Ausgleich – nicht guttut. Längeres Sitzen stellt eine nicht zu unterschätzende Belastung des gesamten Körpers dar, von der Wirbelsäule bis zu den inneren Organen. Zu dem körperlichen Stress durch die Sitzhaltung vor dem Bildschirm kommt der mentale Stress, den die Arbeit am Bildschirm verursacht. Wer kennt das nicht: Der Kopf ist leer, die Buchstaben flimmern und der Nacken ist verspannt. Spätestens jetzt gilt es, mal fünf Minuten Pause zu machen, die kognitive Informationsverarbeitung zu unterbrechen und dem Körper mit ruhigen Bewegungen eine Auszeit vom angespannten Sitzen zu gönnen.

ENTSCHLEUNIGEN SIE

Entschleunigen Sie. Setzen Sie sich gerade hin und legen Sie eine Hand auf den Oberbauch und die andere auf die Brust. Nun atmen Sie tief ein. Lenken Sie die Atmung zunächst ganz bewusst zu der Hand auf Ihrem Oberbauch. Dann zu der Hand auf der Brust. Wiederholen Sie das ein paar Mal, während Sie hin und wieder kurz die Augen schließen. Alles ganz langsam, ganz entspannt, ganz bewusst. Zum Schluss atmen Sie noch einmal tief ein, sodass sich die Rippen dehnen und beide Hände gleichmäßig heben.

Gönnen Sie Ihren Augen Ruhe: Haben Sie sich mal Gedanken darüber gemacht, wie es sich für Ihre Augen anfühlt, so lange am Tag auf einen Bildschirm starren zu müssen? Wenn Ihre Augen sprechen könnten, hätten Sie sie bestimmt schon sagen gehört: „Gnade! Wir haben genug von Bildschirmen. Bitte, bitte nicht nach acht Stunden Arbeit am PC auch noch vor dem Fernseher nach Entspannung suchen. Wir wollen auch mal was anderes sehen als Bits und Bytes." Vergessen Sie bei der Arbeit am PC die Augenruhe nicht. Lehnen Sie sich

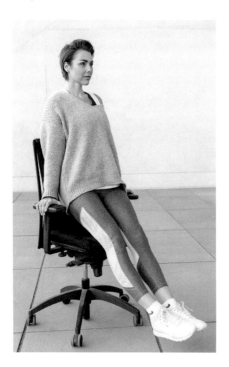

immer mal wieder zurück. Lassen Sie den Blick in die Ferne schweifen. Spannen Sie ein imaginäres Seil in Ihrem Blickfeld auf. Richten Sie den Blick auf den fernsten Punkt des Seils, dann auf einen in der Mitte der Strecke, schließlich auf den nächstliegenden Punkt. Visieren Sie diese Punkte einige Male abwechselnd an, von der Nah- zur Fernsicht, von der Fern- zur Nahsicht. Zum Schluss dieser kleinen Augenruhe atmen Sie einmal tief ein und aus.

Machen Sie sich gerade: Setzen Sie sich aufrecht hin und legen Sie die Hände auf die Armlehnen Ihres Stuhls. Nun stützen Sie sich auf, bis die Arme ganz durchgestreckt sind. Halten Sie sich gerade und lassen Sie dabei Ihre Wirbelsäule baumeln. Verharren Sie in dieser Haltung, gleichmäßig atmend, etwa fünf Sekunden, bevor Sie die Spannung auflösen und sich wieder hinsetzen. Wiederholen Sie die Übung dreimal.

Fingerübungen: Betrachten Sie bewusst Ihre Hände: Ausschütteln, zur Faust ballen und wieder öffnen. Nun drücke Sie mit dem Daumen kurz gegen jeden Finger – vom Zeigefinger bis zum kleinen Finger und wieder zurück. Erst mit der linken,

dann mit der rechten Hand. Dann gleichzeitig mit beiden Händen. Lassen Sie die Berührungen erst parallel bei beiden Händen verlaufen, dann – gar nicht so einfach – in gegenläufige Richtungen; auch einmal mit geschlossenen Augen.

Wippen Sie hin und her: Strecken Sie Ihre Arme seitlich aus, während Sie mit geradem Rücken auf der Stuhlkante sitzen. Drehen Sie die Handflächen nach außen, die Fingerspitzen zeigen in Richtung Boden. Lehnen Sie den Oberkörper mit gestrecktem Rücken nach vorn und wieder zurück in den aufrechten Sitz. Die Bewegung wird in der unteren Wirbelsäule und den Muskeln spürbar.

Spüren Sie Ihre Nackenmuskeln: Aufrecht sitzen, Kopf auf die linke Seite legen. Dehnung mit der linken Hand leicht verstärken. Position für einige Sekunden halten. Ruhig atmen, die Spannung halten. Zurück zur Ausgangsposition. Übung zur anderen Seite wiederholen. Sie spüren eine Anspannung der Nackenmuskulatur. Mehrfach wiederholen. Entspannung ist das Gegenteil von Anspannung. Der Nacken gehört zu den Körperteilen, die durch die heutige Arbeitswelt ganz besonders belastet werden. „Ich habe Nacken" ist einer der sichersten Indikatoren, dass wir bei der Arbeit zu angespannt sind.

38

LEICHT FERTIG WERDEN NUR DIE LEICHTFERTIGEN

Der Perfektionist ist nicht zufrieden, bevor er eine Sache wirklich gut gemacht hat. Er nimmt die Sachen sehr ernst; manchmal zu ernst. Bevor wir ihn dafür kritisieren, wollen wir ihn aber erstmal loben. Denn was ist das Gegenteil eines Perfektionisten? Ein Karrierist, der alles auf die leichte Schulter nimmt, weil er nur eines wirklich ernst nimmt: sich selbst. Ein politischer Karrierist will z. B. seine Doktorarbeit by the way einsacken, um dann schnell mit dem Titel in der Tasche die Karriereleiter weiter hochzusteigen. Ihn muss man in seinem Titelanspruch bremsen: „So schnell kriegen Sie den Titel nicht. Ein bisschen was müssen Sie der Wissenschaft dafür schon geben!" Ganz anders der Perfektionist. Er macht aus der Doktorarbeit ein Lebenswerk. Ihn muss man in seinem wissenschaftlichen Anspruch bremsen: „Es ist ja nur eine Qualifikationsarbeit."

Perfektionismus meint, dass man eine Sache perfekt machen will. Unter „perfekt" verstehen wir so viel wie: dem höchsten sachlichen Anspruch gerecht werdend. Nun weiß aber jeder, der seine Sache gut macht, dass man sie immer noch besser machen kann. Deswegen droht der Perfektionist, nie ans Ziel zu kommen, weil er einem unendlichen Anspruch hinterherläuft, den man nicht einholen kann. Der Perfektionist muss sich dann bewusst machen, dass er im Widerspruch zu sich selbst steht. Denn die buchstäbliche Bedeutung des lateinischen Wortes „perfekt" bedeutet: fertig geworden sein. Perfektionismus ist also die Kunst, die Sachen fertig zu machen – nicht sich selbst.

Der Perfektionist muss trainieren: einen Punkt zu setzen, einen Absatz zu machen, eine Pause einzulegen, zum Ende zu kommen, Mut zur Lücke zu haben. **Er muss lernen, die Sache gut sein zu lassen, statt sie immer besser machen zu wollen.** Schließlich kann man nicht alles von einem Menschen erwarten (schon gar nicht von sich selbst). Es sind doch noch andere da – Mitarbeiter, Kollegen, Mitspieler. Für sie muss auch noch Arbeit übrigbleiben; es wäre egoistisch, alle Probleme zu lösen.

Der italienische Soziologe Pareto hat festgestellt, **dass wir in der Regel mit 20 % Einsatz bis zu 80 % eines Ergebnisses erzielen.** Vor diesem Hintergrund ist es in vielen Fällen arbeitsökonomisch unsinnig, sich in einzelne Details zu verbeißen, nur um 100 % zu erreichen. Denn die Pareto-Regel besagt, dass mit weiteren 80 % Aufwand noch lediglich 20 %

LAUT SOZIOLOGE PARETO:

MIT

20 %

Einsatz

↓

BIS ZU

80 %

Ergebnis

Leistungsverbesserung zu erzielen sind. Es ist oft effizienter, diese Energie nicht in die Perfektionierung einer einzigen Aufgabe zu stecken, sondern in neue Aufgaben zu investieren.

39

ABLENKUNGEN

MINI
MIER
EN

Es ist viel mühsamer,
erschöpfender und
frustrierender, nicht bei
der Sache zu sein,
als konzentriert an ihr
dran zu bleiben.

Ein Philosoph wurde von seinen Schülern gefragt, warum er bei allem, was er tue, immer so konzentriert sei. Nach kurzem Nachdenken antwortete er: „Wenn ich sitze, dann sitze ich, wenn ich gehe, dann gehe ich, wenn ich laufe, dann laufe ich und wenn ich am Ziel angekommen bin, bin ich angekommen." „Aber", entgegneten seine Schüler ein wenig enttäuscht über die Antwort, „das machen wir doch auch, das macht doch jeder." „Nein", antwortete der Philosoph, „wenn ihr sitzt, dann geht ihr schon, wenn ihr geht, dann lauft ihr schon und wenn ihr lauft, seid ihr schon am Ziel."

Konzentration ist die Fähigkeit, die Aufmerksamkeit für eine gewisse Zeit auf eine Sache zu fokussieren. Menschen, die konzentriert arbeiten – sei es ein Sportler auf dem Trainingsplatz, ein Angestellter im Büro oder ein Wissenschaftler im Labor –, haben alle etwas mit dem Philosophen aus der Anekdote gemeinsam: Sie sind hier und jetzt ganz bei der Sache. Sie gehen in ihrer Tätigkeit auf; erbringen Höchstleistungen, ohne sich dazu quälen zu müssen.

Es ist viel mühsamer, erschöpfender und frustrierender, nicht bei der Sache zu sein, als konzentriert an ihr dran zu bleiben. Am Ende eines fahrigen Arbeitstages fühlt man sich geschafft, ohne etwas geschafft zu haben. Zur Unzufriedenheit mit der eigenen Leistung gesellen sich die Sorgen mit Blick auf den morgigen Tag: Schließlich sind die Herausforderungen heute ja nicht kleiner, das Selbstvertrauen, sie meistern zu können, nicht größer geworden. So schleppt man das Arbeitsgepäck nach Feierabend noch mit sich rum. Erholung? Fehlanzeige! Eher Verdrängung mit ein paar Bier, wodurch die Aussicht, dass der nächste Tag besser wird, weiter schwindet. Völlig anders liegen die Dinge nach einem produktiven Tag. Da ist man seinem Ziel aus eigener Kraft ein Stück nähergekommen. Die Herausforderung ist kleiner, das Selbstbewusstsein größer geworden. So kann man entspannen; Kraft tanken; das Leben genießen.

> Der Weg zum Erfolg verläuft über die täglichen kleinen Erfolgserlebnisse, die einem das konzentrierte, produktive Arbeiten bescheren.

Der Weg zum Erfolg verläuft über die täglichen kleinen Erfolgserlebnisse, die einem das konzentrierte, produktive Arbeiten beschert. In diesem Sinne ist der Weg das Ziel. Wenn das aber so ist, warum fällt es uns dann so oft so schwer, uns auf eine Sache zu konzentrieren? Aus demselben Grund, aus dem wir Schwierigkeiten damit haben, uns wirklich zu erholen. Konzentration und Erholung – beides schöpfen wir aus der Präsenz im Hier und Jetzt. Wer sich in Gedanken schon mit der Resonanz auf seinen Vortrag beschäftigt, während er ihn noch schreibt, kann sich genauso wenig auf seine Aufgabe konzentrieren, wie sich jemand entspannen kann, der, kaum angekommen in der Ferienwohnung, schon den ganzen Urlaub durchplant. Der unkonzentrierte, rastlose Geist gerät ins Hintertreffen, indem er der eigenen Gegenwart permanent vorauseilt. Das ist die Kernbotschaft der Anekdote vom Philosophen und seinen Schülern.

Andererseits gehört es zu den Vorzügen des menschlichen Geistes, dass er umherschweifen kann wie ein rastloses Schlossgespenst, dass er in Gedanken nicht immer nur da ist, wo sein Körper sich gerade aufhält. Es ist kein Wunder, dass der Philosoph aus unserer Anekdote so wortkarg ist. Kommunikation heißt nämlich immer auch: durch die Vermittlung von Zeichen über die Unmittelbarkeit des Hier und Jetzt hinausgehen. Wir erzählen einander von Ereignissen, Begebenheiten und Geschichten, die sich anderswo abspielen oder abgespielt haben. Wir kommunizieren, um unseren Horizont über die unmittelbare Gegenwart hinaus zu erweitern. Das wird erst zu einem Problem, wenn wir dadurch von unseren gegenwärtigen Aufgaben abgelenkt werden. Heute ist dieses Problem noch viel akuter als vor 25 Jahren. Der Fortschritt der Technik hat nicht nur die Kommunikationsmöglichkeiten enorm erweitert, sondern im selben Maße auch die Ablenkungen, denen wir ausgesetzt sind, vervielfältigt.

Laut Statistik schauen wir heute täglich mehr als 50 mal aufs Smartphone. Das heißt, dass wir im Laufe der 16 Stunden, die wir am Tag wach sind, alle 18 Minuten bei dem unterbrochen werden, was wir gerade tun.[15] Wie soll sich da ein produktiver **Arbeitsflow** einstellen? Der amerikanische Psychologe Csíkszentmihályi, der in den 70er-Jahren den Begriff des „Flows" geprägt hat, hat damals schon gezeigt, dass wir etwa 15 Minuten brauchen, bis wir im Flow sind. Erst nach dieser Anlaufzeit sind wir wirklich produktiv – und das nur, solange wir bei der Arbeit nicht unterbrochen werden. Schon ein kurzes Telefongespräch bringt uns wieder raus und wir müssen von vorne anfangen.

Vor diesem Hintergrund ist die Überkommunikation, der wir durch die moderne Technik ausgesetzt sind, eine permanent sprudelnde Quelle von unnötigen Ablenkungen. Aber diese Technik ist eben auch das Medium, in dem wir arbeiten. Ob im Büro oder im Homeoffice: Ein Arbeitstag besteht aus E-Mails, Meetings, Telefonkonferenzen, Terminvereinbarungen, Briefings, Teambuilding-Maßnahmen usw. Wo hört die Arbeit auf, wo fängt die Ablenkung an? Ein Mensch ohne Smartphone, der sich am liebsten mit Collegeblock und Bleistift stundenlang zum Nachdenken in ein leeres Büro zurückzieht, gehört jedenfalls nicht zu der Sorte von Arbeitnehmern, nach denen Unternehmen händeringend suchen. Will sagen: Wer sich vor allen Ablenkungen abschirmen will, läuft Gefahr, abgehängt zu werden.

Das ist ein Dilemma, das das Arbeits- und Privatleben gleichermaßen betrifft. Bekanntschaften machen, Verabredungen treffen, Meinungen mitteilen – all das findet heute zu einem Großteil auf digitalen Kommunikationsplattformen statt. Die sozialen Medien vermitteln das soziale Leben. Wer sich ihnen verweigert, verliert den Anschluss. Wer sich auf sie einlässt, gerät permanent in kommunikativen Zugzwang: Warum hast du dich nicht gemeldet? Ich hab dir doch geschrieben? Du warst doch online! Das setzt nicht nur ältere Menschen unter Druck, die noch wissen, wie es war, unerreichbar durch die Welt zu spazieren. Nach einer Erhebung der Krankenkassen aus dem Jahr 2018 liegt der Anteil junger Menschen zwischen 14 und 34, die sich von digitalen Geräten explizit gestresst fühlen, mittlerweile bei 41 %. Es kommt also auch hier darauf an, **die richtige Balance zu finden: zwischen online und offline.**

Wer in den Genuss der Vorteile der modernen Kommunikationsmittel kommen will, ohne dabei alle Nachteile in Kauf zu nehmen, die sie mit sich bringen, muss „nur" bewusster mit ihnen umgehen. Der bewusste Umgang mit den modernen Kommunikationsmitteln beginnt damit, dass wir uns von der Illusion des Multitaskings verabschieden. Wir können nicht beliebig viele Dinge gleichzeitig tun. Die Kapazitäten des menschlichen Gehirns für die Verarbeitung von Informationen sind limitiert. Sobald wir uns „gleichzeitig" zwei verschiedenen Aufgaben widmen, lässt unsere Leistungsfähigkeit nach. **Die Priorisierung von Aufgaben ist daher die Grundvoraussetzung für ihre erfolgreiche Bewältigung.** Genauso wie der Autofahrer das Gespräch unterbindet, wenn er merkt, dass das Verkehrsgeschehen seine volle Aufmerksamkeit verlangt, genauso müssen wir die permanente Kommunikation mit unserer Umwelt unterbinden, wenn wir eine anspruchsvolle Aufgabe zu erledigen haben (oder uns entspannen wollen). Das Problem ist nur: Der Autofahrer realisiert sofort, dass er sich jetzt konzentrieren muss,

DAS SMARTPHONE

ist ein Gerät, das man benutzt, kein Organ, das man zum Leben braucht.

um dem Verkehrsgeschehen zu folgen. Im Berufsleben ist das ein schleichender Prozess. Manchmal merken wir erst, wenn es zu spät ist, dass wir uns zu lange mit Nebensächlichkeiten beschäftigt haben.

Erweitern Sie Ihre Konzentrationsspanne. Wie lange können Sie ohne Ablenkung an einer Aufgabe arbeiten, das heißt, ohne dabei ein Gespräch zu führen, eine Website aufzurufen oder aufs Smartphone zu schauen? Versuchen Sie Ihre Konzentrationsspanne nach und nach zu erhöhen, bis Sie bei 90 Minuten angekommen sind. Gestalten Sie Ihr Arbeitsumfeld so, dass Sie bei der Bearbeitung von anspruchsvollen Aufgaben möglichst wenig Ablenkungen ausgesetzt sind. Schalten Sie Ihr Smartphone nicht nur auf stumm. Schalten Sie es richtig aus! Lassen Sie sich nicht unter kommunikativen Zugzwang setzen. Gönnen Sie sich immer mal wieder eine Pause von der Kommunikationstechnik – auch jenseits der Arbeitszeit. **Das Smartphone ist ein Gerät, das man benutzt, kein Organ, das man zum Leben braucht.** Wenn Sie nach Hause kommen, legen Sie es ruhig an der Garderobe ab. Wenn Sie spazieren gehen, lassen Sie es ruhig mal zu Hause liegen.

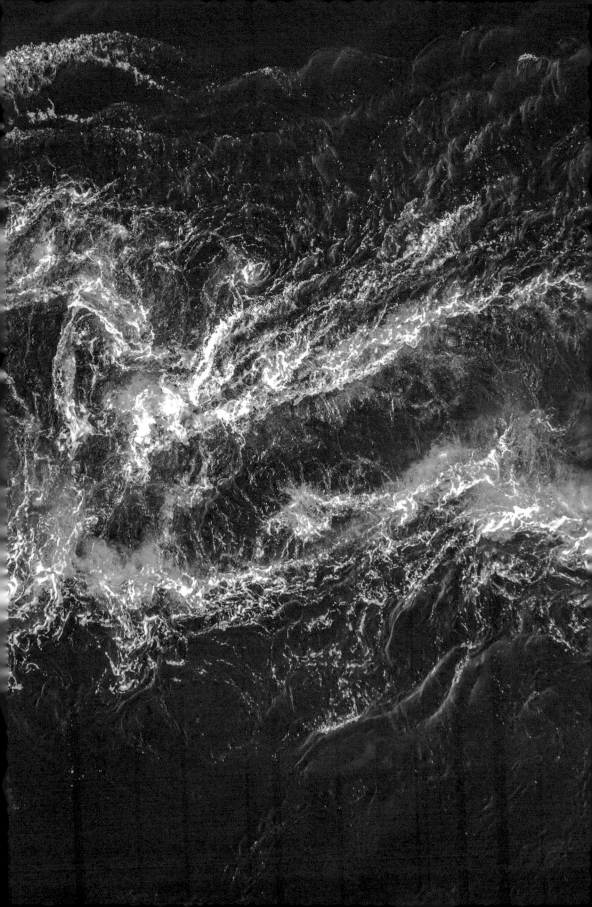

40

DAS SYSTEM IST (K)EIN WOLF

Stress ist ein Gefühl, das der Angst verwandt ist. Die evolutionäre Funktion der Angst besteht darin, den Organismus auf eine Kampf- oder Fluchtsituation einzustellen.

In dem Augenblick, in dem wir eine Bedrohung wahrnehmen, real oder fiktiv, legt unser Gehirn einen Genschalter um, der die Cortisolproduktion hochfährt. Innerhalb kürzester Zeit steigt der Cortisolpegel in unserem Blut an. Cortisol ist ein Steroidhormon, das die Blut-Hirn-Schranke überwinden kann. Es gelangt über den Blutkreislauf ins Gehirn, wo es an den Neuronen „andockt" und deren Aufnahmefähigkeit für elektrisch geladene Calciumionen erweitert. Wir stehen also, wenn wir Angst haben oder gestresst sind, buchstäblich „unter Strom".

Das Gefühl der Bedrohung aktiviert noch einen weiteren neuronalen Schaltkreis im Gehirn. Vom Großhirn werden Signale an den Hirnstamm ausgesandt, der daraufhin die Neurotransmitter Adrenalin und Noradrenalin ausschüttet. Diese Transmitter fahren Herzfrequenz, Puls und Atmung hoch, während sie Verdauung, sexuelles Verlangen und Immunaktivität runterfahren. Auf diese Weise stellt der Organismus sicher, dass die körperlichen Ressourcen allein für die Überwindung der Gefahr mobilisiert werden.

Angst ist also ein Alarmsignal, das den Organismus auf eine konkrete Gefahrensituation einstellt. Sie ist unsere Freundin. Sie macht uns nicht nur auf eine Gefahr aufmerksam, sondern verleiht uns auch die Kraft, sie zu überwinden. Problematisch wird es erst, wenn die Angst kein konkretes Objekt hat. Wenn sie diffus wird. Wenn aus ihr ein Lebensgefühl wird. Chronische Angst- und Stressgefühle führen zu einem überhohen Cortisolspiegel, der die Genaktivität von Botenstoffen reduziert, die für unser Immunsystem wichtig sind. Stress macht anfälliger für Infekte und hat einen negativen Einfluss auf den Verlauf schwerer Krankheiten.

Angesichts der Tatsache, dass wir heute nicht mehr denselben physischen Bedrohungen wie unsere Vorfahren ausgesetzt sind, kann man sich durchaus fragen, welchen Sinn die evolutionär bedingte Biologie der Angst in der modernen Lebenswirklichkeit noch macht. Für den Jäger und Sammler, der auf freier Wildbahn einem Raubtier begegnet, war es eine Frage des Überlebens, dass sein Körper sich auf eine physische Kampf-Flucht-Situation eingestellt hat. Aber welchen Sinn macht das Hochfahren von Pulsschlag und Atmung für einen Angestellten, der einen wichtigen Vortrag in der Chefetage halten muss? Kommt es in solchen Situationen nicht im Gegenteil darauf an, ruhig zu bleiben, einen kühlen Kopf zu bewahren? Sind die meisten Ängste in einer Wohlstandsgesellschaft nicht per se kontraproduktiv, vielleicht sogar hysterisch? Grundlos? Ja und nein!

A: „Ich bin völlig fertig mit den Nerven. In zwei Tagen muss ich das Projekt, für das ich verantwortlich bin, meinem Chef vorstellen. Da gibt's noch so viele Schwierigkeiten! Oh Mensch, was passiert, wenn das alles nicht so klappt, wie der Chef sich das vorgestellt hat? Da bekomme ich endlich Verantwortung übertragen und kriege es dann nicht auf die Reihe."

B: „Warum stresst du dich so? Was soll schon passieren? Du stellst das Projekt vor und fertig! Es wird schon gut sein. Und selbst wenn nicht, dein Chef ist doch kein Wolf. Er wird nicht über den Konferenztisch springen, um dir an die Gurgel zu gehen. Weißt du, ich habe gerade neulich gelesen, dass ‚Angst' ein sehr anachronistisches Gefühl ist. Angst hat damals für die Jäger und Sammler Sinn gemacht, die unter wilden Tieren nach Nahrung gesucht haben, aber in der modernen Arbeitswelt ist dieses Gefühl völlig dysfunktional – es gibt keinen Grund mehr dafür. "

A: „Ach nein? Homo homini lupus est! Schon mal was davon gehört? Der Mensch ist dem Menschen ein Wolf! Mein Chef ist ein Wolf. Nicht als Person, aber als Repräsentant des Systems. Er hat die institutionellen Hebel in der Hand, mit denen er mir schaden kann."

B: „Meine Güte, du stehst ja echt unter Strom. Entspann dich mal ein bisschen. Du hast die letzten Wochen hart gearbeitet. Das wird schon nicht umsonst gewesen sein. Außerdem, ich bleib dabei, es ist nur eine Präsentation. Du kämpfst nicht auf der freien Wildbahn ums Überleben, sondern klickst mit dem Zeigefinger drei, vier Tasten auf deinem Laptop an und sagst dazu ein paar Worte. Es ist nicht so, dass du mit einem gusseisernen Speer ein bewegliches Ziel in 20 Meter Entfernung treffen musst. Das Adrenalin kannst du dir also sparen. Übrigens tut mir dein Chef mittlerweile schon fast leid. Der arme Mann ist bestimmt nicht die wilde Bestie, zu der du ihn in deinem Kopf machst. Geh doch mal ins Büro und sprich mit ihm über die Schwierigkeiten."

A: „Hm, du hast ja nicht unrecht. Trotzdem, ich kenne das Klima auf der Arbeit schon ein bisschen besser als du. Außerdem habe ich ausdrücklich nicht gesagt, dass mein Chef höchstpersönlich ein Wolf ist. Ich spreche von dem System, das er repräsentiert: vom Personalschlüssel, der Kostenstelle der Abteilung, den Zielvorgaben des Unternehmens, den Dividenden-erwartungen der Aktionäre, der allgemeinen Wirtschaftslage – verstehst du? Das ist der Wolf, dem ich in zwei Tagen in diesem Büro gegenüberstehen werde. Ich habe nämlich neulich gerade über den Flurfunk erfahren, dass in unserer Abteilung noch dieses Jahr zwei Stellen eingespart werden sollen. Und ich bin einer von dreien, die noch keinen Festvertrag haben ...“

B: „Selbst wenn, dann findest du was anderes.“

A: „Ja? Wer sagt das? Es war mit meinem Studium schon schwierig genug, einen halbwegs guten Job zu finden. Und damals hatten wir noch keine Pandemie und keine Wirtschaftskrise. Vielleicht muss ich jetzt zum Amt gehen oder für 8,50 Euro brutto die Stunde Call-Center aus dem Homeoffice machen.“

B: „Ach das liebe Geld. Weißt du, es gibt Wichtigeres im Leben. Geld ist doch nur ein Zeichen.“

A: „Jetzt fängst du aber an zu spinnen. Geld ist nicht ,nur‘ ein Zeichen! Geld ist ein durch institutionalisierte Zeichen vermitteltes Verhältnis zwischen Menschen.“

B: „Was meinst du damit?“

A: „Schau mal: Ein Arzt ist ein Mensch, der Krankheiten behandelt. Ein Patient ist ein Mensch, der seine Krankheit von einem anderen Menschen behandeln lässt. Beide stehen in einem Arzt-Patienten-Verhältnis zueinander. Wenn z. B. in den USA ein Mensch ohne Krankenversicherung, der an einer Krankheit leidet, einem anderen, der sie behandeln könnte, kein Geld zeigen kann, dann kommt kein Arzt-Patienten-Verhältnis zustande. Deshalb ist Geld zwar ein Zeichen, aber nicht ,nur‘ ein Zeichen. So! Und deshalb ist mein Chef ein Wolf und ich bin in Gefahr!“

B: „Wie du meinst. Komm lass uns ein Bier trinken gehen.“

A: „Gibst du einen aus?“

B: „Klar, mach ich.“

RENÉ
DECARTES

[1596 - 1650]

Mit dem Universalgelehrten René Descartes beginnt nicht nur eine neue Epoche in der Philosophiegeschichte. Descartes kann als einer der Begründer des neuzeitlichen wissenschaftlichen Weltbildes gelten. Die Prinzipien des Denkens, die er in seinen beiden Hauptwerken („Discours de la méthode" und „Meditationes de prima philosophia") darlegt, klingen uns heute vertraut: von evidenten Tatsachen ausgehen, schwierige Probleme in Teilschritte zerlegen, vom Einfachen zum Komplexen voranschreiten. Es gibt allerdings auch Aspekte von Descartes' Philosophie, an die wir heute so nicht mehr anknüpfen können. Die scharfe dualistische Trennung zwischen Körper und Geist gehört dazu. Bei der Überwindung des cartesischen Dualismus sollte man allerdings nicht in das entgegengesetzte Extrem eines monistischen Materialismus verfallen, sondern an dieser Stelle besser mit Sokrates und Kant sagen: Wir wissen es nicht!

41

DER GUTE UND DER SCHLECHTE

STRESS

Stress bedeutet wörtlich Anspannung.

Stress bedeutet wörtlich Anspannung. Eine gewisse Art von Stress gehört zum guten Leben dazu, weil wir nur im Wechsel von Anspannung und Entspannung, Belastung und Entlastung unsere Leistungsfähigkeit voll ausschöpfen können. Dieser produktive Stress wird Eustress genannt. Die Vorsilbe „Eu-" kommt aus dem Altgriechischen und bedeutet „wohl", „gut", „richtig", „leicht". Ein anderes altgriechisches Wort mit derselben Vorsilbe lautet „Eudaimonia": das Glück, die gelungene Lebensführung oder wörtlich übersetzt „der gute Dämon". Bei der Arbeit sind wir immer dann von einem „guten Dämon" beseelt, wenn wir den produktiven Eustress spüren, der fordert, ohne zu überfordern. Jeder kennt das Gefühl: Es gibt Tage, an denen ein Termin auf den anderen, eine Aufgabe auf die nächste folgt, aber man rauscht da im

Vollbesitz seiner Kräfte und mit guter Laune durch. Man fühlt sich wohl bei der Arbeit, macht sie richtig und gut und selbst schwere Aufgaben fallen einem leicht.

Diesen Zustand kann man mit dem Spielrausch eines Sportlers vergleichen, dem auf dem Platz alles gelingt. Ein solcher Sportler ist auf der Höhe seiner Leistungsfähigkeit. Seine Muskulatur ist locker, seine Bewegungen sind koordiniert und schwungvoll. Er muss sich keine großen Gedanken darüber machen, was er als nächstes tut, sondern überlässt das Entscheiden erfolgreich seiner Intuition. So kommt Spielfreude auf. Die führt zu Erfolgserlebnissen und die Erfolgserlebnisse vergrößern wieder die Spielfreude. Das ist die Aufwärtsspirale, die einen Menschen über sich hinauswachsen lässt.

Das Gegenteil davon ist die Abwärtsspirale, die einen Menschen hinter seiner Leistungsfähigkeit zurückbleiben lässt. Ein Sportler, der einen schlechten Tag erwischt hat, ärgert sich über seine Fehler und will sie krampfhaft wiedergutmachen. Dadurch verliert er das Geschehen aus dem Blick. Er ist nicht mehr fokussiert. Agiert nicht mehr intuitiv und ist deshalb immer den berühmten Schritt zu langsam. Das Spiel läuft an ihm vorbei. Kraftaufwand und Ergebnis stehen in keinem Verhältnis mehr und das frustriert. Durch den Frust dreht sich die Abwärtsspirale noch schneller. Das Spiel endet mit einem groben Foul, einer Auswechslung oder sogar einer Verletzung.

Ganz ähnlich verhält es sich mit dem schlechten Disstress auf der Arbeit. Wir machen und tun, aber es springt nichts dabei heraus. Die Aufgaben müssen jetzt und sofort erledigt werden, aber sie werden alle zum Angang, der große innerliche Überwindung kostet. Genau wie der Sportler den Kontakt zum Spiel verliert, verlieren wir den Kontakt zur Arbeit: werden unaufmerksam, fahrig, unkonzentriert und gereizt. Ein Gefühl der Überforderung macht sich breit. Setzt sich dieser Zustand über einen längeren Zeitraum fort, dann kann er geradewegs zum Burn-out führen, in dem „nichts mehr geht".

Eustress und Disstress setzen im Gehirn ganz unterschiedliche biochemische Prozesse in Gang, die Auswirkungen auf den gesamten Körper haben. Eustress führt zur Ausschüttung des Botenstoffs Dopamin, der nicht nur eine motivierende Grundstimmung erzeugt, sondern auch die Leistungsfähigkeit nachweisbar steigert. Dopamin regt die Verknüpfung von Nervenzellen an, beschleunigt das Reaktionsvermögen und fördert die Gedächtnisleistung. Wer Freude an dem hat, was er gerade tut, agiert intelligenter, reagiert schneller und kann sich später besser daran erinnern. Disstress führt dagegen zu einer verstärkten Ausschüttung des Steroidhormons Cortisol, das dem Gehirn nicht nur die Energie raubt, die es zur Bewältigung mentaler Anforderungen braucht, sondern auf Dauer sogar Entzündungsprozesse im Körper entfacht. Lang anhaltender schlechter Stress führt dazu, dass wir uns generell erschöpft fühlen, öfter unkonzentriert sind und Gedächtnisprobleme bekommen.

Die Frage ist nun: Wie können wir Disstress vermeiden, um stattdessen öfter in Situationen zu kommen, in denen wir den förderlichen, wohltuenden Eustress empfinden?

Die Basis, auf der die Stressvermeidung ruht, ist die **Lebensführung im Allgemeinen**. Negativer Stress ist ja letztlich nichts anderes als die Überforderung von Körper und Geist durch die Summe der Belastungen, denen man ausgesetzt ist. Wer sich ungesund ernährt, zu wenig schläft und kaum bewegt, setzt seinen Körper permanent unnötigen Belastungen aus, die auch seine kognitive Leistungsfähigkeit und seine psychische Resilienz beeinträchtigen. Wir können so ausgeglichen und leistungsfähig sein, wie es nur geht, nach ein paar schlaflosen Nächten und Arbeitstagen im Homeoffice, in denen wir kaum vor die Tür gegangen sind und uns nur von Fast-Food ernährt haben, laufen unsere Stresssysteme unweigerlich auf Hochtouren.

> Die Frage ist: Wie können wir Disstress vermeiden, um stattdessen öfter in Situationen zu kommen, in denen wir den förderlichen, wohltuenden Eustress empfinden?

Im Sport heißt das: Trainieren!

Eine gesunde Lebensführung ist also die Basis. Auf ihr ruht die nächste Schicht der Stressvermeidung: die Vorbereitung der Leistung. Im Sport ist das das Training. Wie gesagt: Stress stellt sich hauptsächlich bei Überforderung ein. Und wer unvorbereitet in einen Wettkampf geht, ist automatisch überfordert. Waren Sie schon mal joggen mit jemandem, der viel schneller läuft als Sie? Oder haben Sie schon mal Fußball in einer Mannschaft gespielt, in der alle zwei Klassen besser spielen? Das macht keine Freude. Das ist Stress pur. In solchen Situationen gibt es zwei Möglichkeiten: Entweder, man gibt den Anspruch auf, da mithalten zu wollen, oder man trainiert, um da mithalten zu können. Was man jedoch auf gar keinen Fall tun sollte: sich derselben Situation unvorbereitet immer wieder auszusetzen.

Aber was heißt Training in Bezug auf eine Arbeitswelt, in der es vor allem um die kognitive Leistungsfähigkeit geht? Nun, das heißt: **die kognitive Leistungsfähigkeit trainieren**.

Die Informationsverarbeitung in unserem Gehirn findet hauptsächlich im sogenannten „Arbeitsspeicher" statt. Der „Arbeitsspeicher" ist gewissermaßen die Managementzentrale, in der die aktuellen Denkvorgänge ablaufen. In diesem komplexen System von flexibel miteinander interagierenden Hirnarealen laufen alle Informationen zusammen, die wir zur Lösung einer bestimmten Aufgabe brauchen (mehr dazu in Kapitel 51). Je aufnahmefähiger der „Arbeitsspeicher" ist, umso schneller und besser können wir an einer Sache arbeiten, ohne uns überfordert zu fühlen. Wir trainieren unseren Arbeitsspeicher immer dann, wenn wir uns auf eine anregende Aufgabe konzentrieren, die uns weder unterfordert (wie Fernsehen) noch überfordert (wie Quantenphysik). Das kann die Arbeit selbst sein, aber auch die Lektüre eines guten Buchs oder eine Partie Schach in der Freizeit. Es ist außerdem möglich, den Arbeitsspeicher durch bestimmte kognitive Übungen, wie z. B. in der BEWANGO-APP, gezielt zu trainieren.

Aber selbst trotz einer gesunden Lebensführung, die richtige Vorbereitung und kognitives Training vorausgesetzt, kann sich negativer Stress einstellen, wenn wir zu viele Aufgaben gleichzeitig meistern wollen. Unser Gehirn ist dafür nämlich nicht geschaffen. Es arbeitet seriell, nacheinander, nicht simultan. Multitasking ist eine Illusion. Wir machen nicht mehrere Dinge gleichzeitig, sondern springen zwischen mehreren Dingen hin und her. Das kostet Kraft, schmälert die Arbeitsleistung – überfordert. Deshalb ist die Fähigkeit zum **Priorisieren und Fokussieren** so wichtig. Indem wir Prioritäten setzen, trennen wir das Wichtige vom Unwichtigen und entlasten so den Arbeitsspeicher in unserem Gehirn. Wir setzen mit einem Wort unsere kognitiven Ressourcen effektiv ein.

An der Spitze der Stressvermeidungspyramide steht schließlich **die subjektive Bewertung** einer Situation. Negativer Stress lässt sich nicht selten dadurch vermeiden, dass wir darauf achtgeben, ob es gewisse Stressoren (auslösende Reize) gibt, die immer wiederkehren, aber vielleicht objektiv gar nicht so belastend sind, wie sie sich subjektiv anfühlen. Ein typisches Beispiel für die Rolle, die subjektive Bewertungen bei der Stressauslösung spielen, ist die Anfrage von Kollegen, ob man diese oder jene Sache übernehmen könne. Es gibt Menschen, die so eine Frage immer als Anforderung bewerten, der sie gerecht werden müssen, um den Kollegen (oder auch Vorgesetzten) nicht zu enttäuschen. Dabei ist es oft wirklich nur eine Frage, die man mit guten Gründen wie „Tut mir leid, ich muss mich erstmal voll auf diese Aufgabe konzentrieren" zurückweisen kann, ohne deshalb das Gegenüber bzw. die Teamarbeit zurückgewiesen zu haben.

Stress ist ein komplexes, ganzheitliches Phänomen. Er äußert sich in den Wechselwirkungen von Körper, Geist und Seele. Das Gute daran ist, dass wir uns diese Wechselwirkungen auch bei der Stressreduktion zunutze machen können. Wir können beim Körper ansetzen und Stress durch genug Schlaf und Bewegung reduzieren. Wir können beim Geist ansetzen und uns mehr aufs Wesentliche fokussieren, damit wir nicht kognitiv überfordert werden. Schließlich können wir bei der Psyche (Seele) ansetzen und uns die Verarbeitungs- und Bewertungsprozesse bewusst machen, die zwischen **Reiz, Erleben und Reaktion** ablaufen (Warum erlebe ich einen bestimmten Reiz immer so und nicht anders? Warum reagiere ich auf ein bestimmtes Erlebnis immer so und nicht anders?). Auf diese Weise können wir nach und nach den **Disstress des fremdbestimmten Chaos in den Eustress einer selbstbestimmten Aktivität verwandeln.**

42

TECHNIK SOLL
ENTLASTEN

Nach der griechischen Mythologie verdanken die Menschen ihre Sonderstellung in der Natur dem Gott Prometheus, der ihnen die Gaben der Kultur, der Wissenschaft und der Technik überreicht hat. Vor Prometheus' Intervention seien die Menschen, so berichtet die Sage, bewusstlos wie „Traumgestalten" durch die Welt gelaufen: „Sehend sahen sie umsonst, hörten hörend nicht." Dann nahm sich Prometheus ihrer an: „Er lehrte sie den Auf- und Niedergang der Gestirne beobachten, erfand ihnen die Kunst zu zählen, die Buchstabenschrift; lehrte sie Tiere ans Joch spannen und zu Genossen ihrer Arbeit brauchen, gewöhnte die Rosse an Zügel und Wagen; erfand Nachen und Segel für die Schifffahrt ... ferner führte er ihren

Blick unter die Erde und ließ sie hier das Erz, das Eisen, das Silber und das Gold entdecken; kurz in allen Bequemlichkeiten und Künsten des Lebens leitete er sie ein." Das Problem war nur, dass die übrigen Götter mit diesem Technologietransfer gar nicht einverstanden waren. Als Prometheus auch noch so weit ging, die Menschen in den Gebrauch des Feuers einzuweihen, ergriffen die Götter, angeführt von Zeus, Gegenmaßnahmen. Sie verbannten den rebellischen Geheimnisverräter aus ihren Reihen und bestraften die Menschen mit der Büchse der Pandora: „Und alsbald entflog dem Gefäß eine Schar von Übeln und verbreitete sich über die Erde. Ein einziges Gut war zuunterst in dem Fasse verborgen, die Hoffnung; aber auf den Rat des Göttervaters warf Pandora den Deckel wieder zu, ehe sie herausflattern konnte."[16]

Der Mythos personifiziert die kollektive Intelligenz der Menschen in der Figur des Prometheus. Seine rationale Kernaussage liegt auf der Hand: Der wissenschaftlich-technische Fortschritt ist Segen und Fluch zugleich. Die Geschichte der Menschheit scheint dem recht zu geben. Tatsächlich ist die Liste von Fortschritten, die Segen und Fluch waren, – vom Steinkeil bis zur Kernspaltung – sehr lang. Aber muss das so sein? Müssen wir es beim Zwiespalt bewenden lassen oder können wir durch vernünftiges Handeln dafür Sorge zu tragen, dass die Technik weniger Fluch als Segen ist, dass sie uns mehr entlastet als belastet? Die Frage stellt sich in unserer Zeit, in der überall Maschinen und Algorithmen zum Einsatz kommen, mit einer gewissen Dringlichkeit.

Für Aristoteles existierten Maschinen, die den Menschen die Arbeit abnehmen, nur in der Fantasie der Dichter und Denker. Er verknüpfte deshalb die für ihn fantastische Vorstellung „selbsttätiger Werkzeuge" mit der Utopie einer herrschaftsfreien Gesellschaft, von der das auf Sklaverei basierende antike Griechenland

denkbar weit entfernt war: „Denn freilich, wenn jedes Werkzeug auf erhaltene Weisung, oder gar die Befehle im Voraus erratend, seine Verrichtung wahrnehmen könnte, wie die Dreifüße des Hephaistos es getan haben sollen, von denen der Dichter sagt, dass sie von selbst zur Versammlung der Götter erschienen, wenn so auch das Weberschiff von selber webte und der Zitherschlägel von selber spielte, dann brauchten allerdings die Meister keine Gesellen und die Herren keine Knechte mehr."[17]

Was Aristoteles hier vor Augen stand, wurde 2.000 Jahre später mit der Industriellen Revolution Wirklichkeit. Die „Dreifüße des Hephaistos" setzten sich in Bewegung: Die Weberschiffe in den englischen Textilfabriken sausten fast von alleine hin und her. Damals wurde die körperliche Arbeit zwar nicht abgeschafft – im Gegenteil, das Zeitalter der Arbeit brach erst an –, aber die menschliche Zivilisation begann damit, die Institutionen der Sklaverei und der Leibeigenschaft infrage zu stellen und schließlich abzuschaffen.

Heute sind wir technisch noch einen Schritt weiter. Wir sind an dem kühnsten Punkt der aristotelischen

Zukunftsvision angelangt: Die Werkzeuge erraten unsere Wünsche und Befehle mittlerweile im Voraus. KI-Algorithmen machen es möglich, dass nicht mehr nur körperliche, sondern auch immer mehr kognitive Arbeiten von Maschinen übernommen werden. Von A bis Z vollständig automatisierte Wertschöpfungsketten sind keine Science-Fiction mehr, sondern nehmen konkret Gestalt an. Aber die Frage ist: Was nützt das? Und: Wem nützt es? Vorerst erscheint dieser Prozess vielen Menschen verständlicherweise als eine Bedrohung. Was wird mit den Arbeitern geschehen, die in den Werkhallen der Welt die Konsumgüter zusammensetzen, wenn die Produktion KI-gestützt noch weiter automatisiert wird? Werden sie überflüssig? Oder frei? Die Frage betrifft „Handarbeiter" und „Kopfarbeiter" gleichermaßen. Was wird aus den Produktdesignern bei Apple, wenn das erste KI-Programm so gekonnt Smartphones entwirft, wie Alpha Zero heute schon Schach spielt – nämlich nicht wie eine dröge Rechenmaschine, sondern wie ein kreativer Kopf? Was wird aus den Versicherungsmathematikern? Den Steuerberatern?

So berechtigt solche Sorgen sind, vergessen wir dabei nicht, dass es prinzipiell eine gute Sache ist, wenn die Technik immer mehr Menschen von schwerer körperlicher und monotoner geistiger Arbeit entlastet. Wir dürfen den technologiegetriebenen Transformationsprozess nicht nur aus dem Blickwinkel der Angst betrachten. Wir sollten uns auch fragen, ob und inwiefern er ein besseres Leben für alle möglich macht. Schon vor 70 Jahren hat der britische Mathematiker, Nobelpreisträger und Philosoph Bertrand Russell die Idee vertreten, dass der technische Fortschritt die Arbeit so effektiv macht, dass die objektiven Freiheitsspielräume für alle Menschen größer werden: „Wenn der normale Lohnempfänger vier Stunden täglich arbeitet, hätte jedermann genug zum Leben und es gäbe keine Arbeitslosigkeit – unter der Voraussetzung einer gewissen, sehr maßvollen und vernünftigen Organisation. Dieser Gedanke stößt bei den Wohlhabenden auf entrüstete Ablehnung, weil sie davon überzeugt sind, die Armen wüssten nichts Rechtes mit so viel Freizeit anzufangen." „Aber, wenn die Menschen nicht mehr müde in ihre Freizeit gehen, dann wird es sie auch bald nicht mehr nach passiver und geistloser Unterhaltung verlangen."[18]

Ein berühmter Zeitgenosse von Bertrand Russell, der Ökonom John Maynard Keynes, meinte sogar, ein genaues Datum nennen zu können, an dem der von der Industriellen Revolution eingeleitete Transformationsprozess der Arbeit abgeschlossen sein würde. 2030, so Keynes in einem Vortrag aus dem Jahre 1929, würde der Kapitalismus enden, und die Menschen würden den Großteil ihrer Zeit für „höhere Aktivitäten" verwenden können.[19]

Nun kann man sich angesichts solcher Zukunftsprognosen fragen, ob die Gesellschaft, die Russell und Keynes vor Augen stand, den Menschen nicht zu wenig abverlangen würde. Müssten wir in einer solchen Gesellschaft nicht alle zu unambitionierten und undisziplinierten Müßiggängern werden, denen mit der Härte des Lebens auch jeder Sinn für große Leistungen abhandenkommt? Vielleicht. Vielleicht liegt solchen Befürchtungen aber auch ein falsches gegensätzliches Verhältnis von Freiheit und Disziplin zugrunde. Der große Kritiker des Kapitalismus, Karl Marx, merkt dazu in einem Brief an: „Damit die Arbeit ,travail attractif', Selbstverwirklichung des Individuum sei, ist keineswegs gemeint, dass sie

bloßer Spaß sei, bloßes ,amusement', wie Fourier es sehr grissettenmäßig naiv auffasst. Wirklich freie Arbeit, z. B. Komponieren, ist gerade zugleich verdammtester Ernst, intensivste Anstrengung."[20]

Lassen Sie sich von diesem Kapitel dazu anstiften, über die Arbeits- und Lebensverhältnisse nachzudenken, die auf dem Stand der gegenwärtigen Technik möglich sind. Wie müssen die Arbeitsverhältnisse im 21. Jahrhundert beschaffen sein, damit sie möglichst vielen Menschen ein gutes Leben ermöglichen? Welche Rolle kann die Technik dabei spielen? Wie muss die Technik eingesetzt werden, damit sie die Menschen nicht überflüssig, sondern frei macht? Die Antworten auf diese Fragen hat kein Mensch. Sie können nur von Menschen gefunden werden, die miteinander ins Gespräch kommen.

43

GREAT RESET?

Im März des Jahres 2020 kam es durch die Corona-Pandemie plötzlich zu einer weltweiten Disruption des gesellschaftlichen Lebens. Nichts ging mehr. Fast als hätte die Zivilisation einen kollektiven Burn-out erlitten. Das war ein einschneidendes Ereignis, das allerdings nicht nur mit schrecklichen Erlebnissen verbunden war. Tatsächlich haben viele von uns in der Anfangsphase der Pandemie Erfahrungen gemacht, die durchaus das Potenzial haben, das gesellschaftliche Leben auf einer besseren Grundlage „neu zu starten". Wir haben die Erfahrung gemacht, was wesentlich ist: Die gesunden, erschwinglichen Lebensmittel in den Supermärkten und nicht der Krimskrams in den Kaufhäusern; die Freunde und Bekannten im wirklichen Leben und nicht die Friends und Followers im Cyberspace; das Zusammenkommen unter freiem Himmel und nicht das Aufeinanderhocken in geschlossenen Räumen. Wir haben die Erfahrung gemacht, wie es ist, zu entschleunigen; uns auf uns selbst und die Menschen in unserer Umgebung zu besinnen, statt von Termin zu Termin, Spektakel zu Spektakel zu hecheln. Wir haben die Erfahrung gemacht, wieder mehr im Nah- statt im Fernbereich des eigenen Lebensmittelpunktes aktiv zu werden; eine Fahrradtour zu planen statt eine Kreuzfahrt zu buchen; auf dem Bolzplatz um die Ecke Fußball zu spielen, statt in einem übervollen Stadion Bier zu trinken. Und nicht zuletzt haben wir die Erfahrung gemacht, dass eine ganze Gesellschaft, ja eine gesamte Zivilisation sich auf neue Situationen prinzipiell sehr schnell einstellen kann.

Ist es möglich auf Basis solcher Erfahrung aus der Krise eine Chance zu machen? Sie im Sinne des Schlagworts vom „Great Reset", das seit dem Sommer 2020 die Runde macht, für einen „großen" zivilisatorischen „Neustart" zu nutzen? Unser Zusammenleben – im Bewusstsein einer kollektiven Verwundbarkeit und eines wechselseitigen Aufeinander-Angewiesen-Seins – besser zu gestalten? Und dabei in ein achtsameres Verhältnis zur Natur zu treten? Oder wird die Hinterlassenschaft der Pandemie nur darin bestehen, dass neue technisch hochgerüstete Verwaltungs- und Kontrollstrukturen etabliert werden, die an den Ursachen der Probleme nichts ändern, sondern nur ihre Folgen „effizient" managen? Nach dem Motto: Millionen von Menschen bleiben auf der Flucht vor Armut und Krieg, können aber im Zuge der Pandemiebekämpfung besser in Schach gehalten werden. Oder: Immer mehr Menschen aus der Mittelschicht verarmen, aber müssen sich darauf beschränken, ihren Frust in den sozialen Medien abzureagieren, weil das öffentliche Leben auf ein Minimum reduziert wurde.

Ein Veränderungsprozess zum Besseren scheitert sowohl beim einzelnen Individuum als auch in der ganzen Gesellschaft meist an zwei Faktoren: der Trägheit und der Ausübung von Zwang. Trägheit und Zwang laufen beide letztlich auf die Abschaffung der Freiheit (das ist: die Aktivität aus eigener Einsicht) hinaus.

Gleich zu Beginn ist die Corona-Krise mit dem Zweiten Weltkrieg verglichen worden, um die Tragweite dessen aufzeigen, was sich hier als Einbruch – Umbruch – Aufbruch angekündigt hat. Werfen wir deshalb an dieser Stelle einen Blick darauf, was der Theologe Paul Tillich nach einer viel einschneidenderen Zäsur, dem Ende des Zweiten Weltkriegs, über die Einsichtsfähigkeit der Menschen gedacht hat: „Es ist nach dem, was wir heute wahrnehmen, mit größter Gewissheit anzunehmen, dass auch nach dem Weltgericht – wäre es dann noch möglich – jede Tanzbar, jeder Fastnachtsklub, jeder inseraten- und abonnentenhungrige Zeitungsverlag, jeder Winkel voll politischer Fanatiker, jeder heidnische Schwatzklub, aber auch jedes christliche Teekränzchen und jede kirchliche Synode ihren Betrieb nach bestem Können neu aufbauen und erst recht fortsetzen würde: völlig unberührt, gänzlich unbelehrt, in keinem ernsthaften Sinn anders heute als ehedem."[21] Die Trägheit ist das eine, was einen wirklichen Veränderungsprozess verunmöglicht. Das andere ist der Zwang, der von oben ausgeübt wird, die Logik des Notstands. Kein Notstand – sei es ein natürlicher oder gesellschaftlicher – kann die Einsicht erzwingen. Im Gegenteil: Die Logik des Notstands ebnet immer nur denjenigen den Weg, die die Gesellschaft im eigenen Interesse und mit den Mitteln der Sozialdisziplinierung transformieren wollen. Für den „vorbereiteten Geist" ist jede Krise eine gute Gelegenheit. Das gilt auch für die Coronapandemie. Sie ist doch die Gelegenheit, um gesellschaftspolitisch die Zügel anzuziehen. Um das technische Überwachungspotenzial voll auszuschöpfen. Um Schule, Ausbildung und Universität zu digitalisieren. Um neuen Biotechnologien zum Durchbruch zu verhelfen usw. Nicht alles, was auf der Agenda des „vorbereiteten Geistes" steht, ist per se schlecht. Was aber sehr wohl schlecht ist, wenn diese Dinge nicht wirklich transparent, kritisch und öffentlich diskutiert, sondern stattdessen im Zeichen des gesundheitlichen Notstands durchgewunken, herbeigeführt und erzwungen werden.

Zum Leben, erst recht zum geschichtlichen Leben, gehören Kontinuitäten und Diskontinuitäten. Den „großen Neustart" wird es nicht geben. Das ist eine imaginäre Losung. Was es aber geben könnte, sind viele Verbesserungen in der Arbeits- und Lebenswelt, die in der Summe durchaus das Potenzial haben, das 21. Jahrhundert zu einem Jahrhundert zu machen, das mehr Menschen ein gutes Leben ermöglicht als irgendein Jahrhundert zuvor. Die Bedingung der Möglichkeit dafür ist eine breite, offene Debatte über die Frage: wie wollen wir leben? Wie wollen wir im 21. Jahrhundert zusammenleben?

<u>44</u>

LIFE

BALANCE

Das klassische Konzept der Work-Life-Balance basiert auf einer scharfen Grenzziehung zwischen Arbeit und Leben, die sich in Wirklichkeit so nur schwer ziehen lässt. Wenn ein Angestellter einen heftigen Streit mit einem Kollegen hat, fällt das dann in den Bereich „Work" oder „Life"? Hängt das davon ab, ob er mit dem Kollegen schon mal nach Feierabend ein Bier getrunken hat? Oder wenn ein Deutschlehrer abends mit seiner Frau auf der Terrasse über ein Gedicht von Schiller spricht, hat er dann Arbeit mit nach Hause genommen? Ja, wenn er das Gedicht am gleichen Tag mit seinen Schülern besprochen, nein, wenn er es privat auf dem Nachhauseweg in der Bahn gelesen hat? Was ist mit dem Selbstständigen, von dem die Redewendung sagt, dass er selbst und ständig arbeitet. Wann beginnt für ihn der Arbeitstag und wann hört er auf? Arbeitet er schon, wenn er morgens beim Kaffee seine E-Mails checkt, die teils beruflich, teils privat sind; arbeitet er noch, wenn er abends auf einer Party einen potenziellen Auftraggeber kennenlernt? Dieselben Fragen stellen sich bei Menschen, die wissenschaftlichen, künstlerischen und journalistischen Tätigkeiten nachgehen. Einem jungen Dozenten fällt im Urlaub ein Buch in die Hand, das ihm entscheidende Anregungen für seine Habilitationsschrift gibt. Ein Künstler erhascht während der Bahnfahrt den Gesichtsausdruck seines Gegenübers, der ihn zu einer Portraitzeichnung inspiriert. Der Journalist erfährt im privaten Gespräch mit einem befreundeten Arzt von einem Missstand im Gesundheitssystem, dem er beruflich nachgeht.

Die Aufhebung der Trennung von Arbeit und Leben ist ambivalent. **Auf der einen Seite fließen Arbeit und Leben zusammen, wenn wir etwas tun, das uns wirklich Freude macht**; wenn wir also bei der Arbeit in unserem Element sind. Ein Wissenschaftler, der mit Hochdruck forscht, kann nach Feierabend mit seinen Kollegen fachsimpeln, ohne dabei das Gefühl zu haben, von der Arbeit verfolgt zu werden. Er muss sich nicht so weit wie möglich von der Arbeit entfernen, um zu entspannen, weil diese Arbeit nicht so weit von dem entfernt ist, was ihn als Menschen ausmacht. **Auf der anderen Seite kann die Aufhebung der Trennung von Arbeit und Leben Stress pur sein.** Alles fühlt sich dann nach einem Termin an. Alles wird erledigt, gemacht, getan, verbessert, optimiert, abgehakt – und trotzdem fühlt man sich gestresst, abgespannt und unglücklich. Warum? Weil Arbeit und Leben zu einem großen Hamsterrad verschmelzen, in dem es nur noch zwei Gemütszustände und eine große Sorge gibt: die Gemütszustände „unerledigte Aufgabe" und „erledigte Aufgabe" und die große Sorge: „Schaffe ich das?"

Strukturieren Sie Ihren Arbeitstag so, dass Ihre Aktivitäten nicht unterschiedslos ineinanderfließen, sondern sich klar voneinander absetzen. Falls Sie im Homeoffice arbeiten, sind Leben und Arbeit räumlich nicht getrennt. Das hat viele Vorteile. So fällt z. B. der Arbeitsweg weg. Aber auch manche Nachteile: Mit dem Arbeitsweg fällt auch die „Vorbereitungsphase" weg, in der Sie sich mental auf die Arbeit einstellen können. Nachteile wie diese lassen sich zum Glück durch einfache Rituale leicht kompensieren. Bevor Sie im Homeoffice loslegen, sollten Sie eine Art mentales Warm-up machen, um sich kognitiv auf die Arbeit einzustimmen. Sie können dafür das Mental-warm-up der BEWANGO-APP nutzen und/oder sich eigene Aufgaben kreieren. Wichtig dabei ist, dass Ihr Geist spielerisch in Fahrt kommt, das heißt, dass die kognitiven Aufgabenstellungen anregend, aber nicht anstrengend sind. Es

geht beim mentalen Warm-up – genau wie bei der Gymnastik – nicht darum, Höchstleistungen zu erbringen, sondern in den Bereich zu kommen, in dem diese möglich werden. So wie der Arbeit im Homeoffice eine kurze Warm-up-Phase vorausgehen sollte, sollte sie auch mit einer Cool-down-Phase abgeschlossen werden. Auf diese Weise gewinnen Sie die innerliche Distanz zur Arbeit, die sich sonst auf dem Nachhauseweg einstellen würde. Eine simple Maßnahme ist das Aufräumen des Arbeitsplatzes, wodurch ihnen auch der Einstieg am nächsten Tag erleichtert wird (ein aufgeräumter Schreibtisch ist ja fast schon ein aufgeräumter Kopf).

45

GEMÜTLICHKEIT

Der Mensch ist keine Maschine. Er lebt nicht davon, dass er permanent „unter Strom" steht. Wir sollten es uns im Leben auch gemütlich machen. Aber was heißt das überhaupt: es sich „gemütlich" machen? Das Wort „gemütlich" kommt aus dem Mittelhochdeutschen, wo es zur Beschreibung von verschiedenen Stimmungslagen verwendet worden ist. „Er griff den Hut", heißt es im Grimmschen Wörterbuch, „und ging grübelnd und nicht gerade fröhlich gemuthet in den Stadtpark." Ein Mensch kann also fröhlich, traurig, nachdenklich usw. „gemuthet", das heißt gestimmt sein. Aus dieser Wortbedeutung entwickelte sich dann das Substantiv „Gemüt" im Sinne von „Stimmung" und „Charakter". So sprach man im Mittelhochdeutschen von einem Menschen mit einem „ho-hen" oder einem „truric Gemout". Diese Wortbedeutung erhielt sich bis ins 18. Jahrhundert hinein, beispielsweise bei Goethe: „von abertausend blüthen/ ist es ein bunter strausz/ von englischen gemüthen/ ein vollbewohntes haus."

Das Wort Gemüt bezeichnet also einen bunten Strauß von menschlichen Gefühlen, Stimmungen und Charaktereigenschaften. Nun stellt sich die Frage, wie das mit einer anderen Bedeutung von „Gemüt" zusammenpasst, die ebenfalls schon im Mittehochdeutschen bezeugt ist: nämlich dem Mut. Manche Menschen, heißt es im Grimmschen Wörterbuch, haben einen „löwe Gemout", einen **Löwenmut**. Das Wort Gemüt verbindet also die Gefühle mit dem Mut. Warum? Vielleicht weil es Mut braucht,

„MUßE", HEISST ES,
„IST DIE SCHWESTER
DER FREIHEIT."

um zu seinen Gefühlen zu stehen, um sie nicht zu unterdrücken, sondern sie im Gegenteil zu kultivieren.

Zu einer guten Life-Balance gehört es dazu, den Gefühlen Raum zu lassen. Es sich gemütlich zu machen. Ein Mensch, der es sich an einem Ort gemütlich gemacht hat, sitzt nicht notwendig auf der Couch. Er ist an einem Ort, zu dem seine Seele in Resonanz treten kann. Einem Ort, wo eine Bewegung nicht einfach nur ein Ablauf ist, sondern eine Bedeutung hat. Das kann überall sein: im Kreis der Familie, unter Freunden, in der Natur, im Atelier, am Schreibtisch, am Meer. Erholen tun wir uns nur dort, wo es nicht allein darum geht, „gute Laune zu haben", sondern wo Raum für das gesamte Gefühlsleben ist: für Freude genauso wie für Trauer, für Nachdenklichkeit genauso wie für Unbeschwertheit, für Tatendrang genauso wie für Müdigkeit. Für Musik. Einen solchen Ort braucht jeder Mensch. Denn dort findet er das Glück, das etwas anderes ist als die Freizeit der Work-Life-Balance: die Muße.

„Das Glück", schreibt Aristoteles, „scheint weiterhin in der Muße zu liegen. Denn wir sind geschäftig, um dann Muße zu haben, so wie wir Krieg führen, um dann in Frieden zu leben."[22]

Mit anderen Worten: Wir leben nicht um zu arbeiten, sondern wir arbeiten, um zu leben.

46

WAS IST (MIT DER) MUße?

Was ist Muße? Kurze Antwort: Muße ist das, was wir nicht haben, aber wonach wir uns alle sehnen. Zeit ohne Zwang. Mehr als nur Freizeit von der Arbeit. Freie Zeit im vollen Umfang dieses Wortes: frei vom Anpassungsdruck, vom Konsumzwang, von Erwartungshaltungen, von Angstgefühlen und von unmittelbarer Verantwortung. Das ist viel Freiheit. So viel, dass man fragen kann, was sind wir dann noch, wenn wir nicht arbeiten, uns nicht anpassen, nicht konsumieren, keinen Erwartungen entsprechen, keine Angst mehr haben und gerade für nichts unmittelbar Verantwortung übernehmen müssen?

Gelangweilt? Vielleicht. Die Langeweile ist die Zeit, die lange weilt.

Wie ein Tag am Meer. Man breitet sich mit vollen Picknickkörben vormittags am Strand aus, springt ins Wasser, lässt sich treiben, liegt in der Sonne. Die schattenspendende Zeitung über dem Kopf aufgeschlagen träumt man lesend vor sich hin. Die Zeit vergeht nicht wie im Flug. Sie verweilt. Es wird langweilig. Man geht an der Promenade spazieren, trinkt einen Cappuccino, kommt wieder zurück. Nimmt die Freundin in den Arm und streicht ihr den Sand von den Schultern, wendet sich Freunden zu und beginnt ein Gespräch: „Sagt mal, habt ihr das neulich auch mitbekommen? Was haltet ihr denn davon?" Es wird Abend. Man zieht einen Pullover über. Öffnet eine Flasche Wein. Die vielen Sonnenstunden, das Salz auf

Muße ist das, was wir nicht haben, aber wonach wir uns alle sehnen. Zeit ohne Zwang.

der Haut, die Brandung am abend-dämmernden Meer. Ein Hauch von Melancholie macht sich breit … verweilend geht die Gegenwart in Erinnerung über.

Muße ist Gelegenheit; freundlicher Zufall. Die Gelegenheit, die sich ergibt am Rande des Geschehens. Versunken in einem Moment ohne Funktion. Offen für ein Gespräch. „Na, nicht dass Sie mir einschlafen." „Ach nein, ich brauchte nur kurz eine Auszeit von dem ganzen Trubel." „Es ist jedes Jahr dasselbe mit dieser Messe: alle rotieren, nichts passiert, aber man will immer wieder kommen. Sie betreuen doch den Stand der Hamburger Firma?" „Ja." „Ich kenne Ihren Vorstand ganz gut. Ist ein alter Freund von mir. Sind die in Hamburg eigentlich beim diesjährigen Spendenlauf dabei?" „Das weiß ich ehrlich gesagt nicht. Ich arbeite seit letztem Jahr nicht mehr in dem Unternehmen; bin

nur auf Bitte meines ehemaligen Chefs eingesprungen." „Na, dann sind Sie aber offensichtlich im Guten auseinandergegangen. Was machen Sie denn jetzt?" „Etwas ganz anderes, ich habe mich selbstständig gemacht als freier Autor." „Ach, das ist ja spannend. Ich darf mich vorstellen: Mein Name ist Kurt Banse …"

Muße ist Aktivität. Wir sagen: Endlich habe ich die Muße, mich dieser Sache richtig zu widmen. Alleine diese Redewendung weist schon darauf hin, dass Muße alles andere ist, als faul und träge einfach nur in den Tag hineinzuleben. Sie ist im Gegenteil mit solchen Handlungen verbunden, die sich umso produktiver, akribischer und kreativer gestalten, je weniger sie von Zwängen bestimmt werden. Der Arzt, der Muße hat, eignet sich den neuesten Forschungsstand auf seinem Gebiet an. Der Fußballtrainer, der Muße hat, schaut sich in anderen

Sportarten nach Trainingsmethoden um, die sich auf sein Metier übertragen lassen. Der Unternehmer, der Muße hat, blickt über den Tellerrand des eigenen Geschäftsmodells hinaus, um mal zu sehen, was sich in der Wirtschaft sonst noch so tut. Immer wenn wir für eine gewisse Zeit nicht gezwungen sind, etwas Bestimmtes zu machen, zu suchen und zu sagen, eröffnen sich neue Horizonte, die vielleicht zu etwas Neuem führen. Muße ist ein Zustand maximaler Ergebnisoffenheit. Sie ist „die Schwester der Freiheit".

Eben diese Offenheit macht die Muße zur **Quelle der Inspiration**. Inspiration ist das, was wir nicht mit Vorsatz aus eigenen Kräften erreichen können. Wir können uns nicht selbst inspirieren. Wir können nur andere inspirieren und von anderen inspiriert werden. Für beides müssen wir offen sein. Und beides funktioniert nicht unter Zwang. „Lässt man körperliche Übungen zwangsweise vornehmen", schreibt Platon, „so hat der Körper denselben Gewinn, als wenn sie freiwillig sind. **Aber in der Seele haftet keine erzwungene Lehre.** Also lehre deine Kinder die Wissenschaften nicht mit Gewalt, sondern wie im Spiel."

Schließlich ist die Muße so etwas wie … ein Aufwind der Seele. In besonderen Augenblicken des Einklangs mit der Natur, der inneren Einkehr, des offenherzigen Gesprächs – für jeden kann es etwas anderes sein – machen wir Erfahrungen, die über die Logik des bloßen Lebens, die Biologie (gr. bios = Leben und logos = Wort, Wissenschaft), hinausgehen. Was hat es mit solchen Erfahrungen auf sich? Sind es Epiphänomene? Illusionen? Aristoteles war da anderer Ansicht: „Wir brauchen aber nicht denjenigen zu folgen, die uns mahnen, als Menschen uns mit menschlichen und als Sterbliche mit sterblichen Gedanken zu bescheiden, sondern, soweit wir können, uns zur Unsterblichkeit erheben und alles tun, um unser Leben nach dem einzurichten, was in uns das Stärkste ist. Denn obgleich von bescheidener Ausdehnung, ragt es doch an Wirkungsmacht und Wahrhaftigkeit bei weitem über alles hinaus. Man kann sagen, dass dieses unser wahres Selbst ist, da es den entscheidenden und besseren Teil unseres Wesens darstellt. Und so wäre es also unverständlich, wenn wir uns nicht für unser ureigenstes Leben entscheiden wollten."[23]

MUßE IST GELEGENHEIT;

FREUNDLICHER ZUFALL.
DIE GELEGENHEIT, DIE
SICH ERGIBT AM RANDE
DES GESCHEHENS.

VERSUNKEN IN EINEM
MOMENT OHNE
FUNKTION.

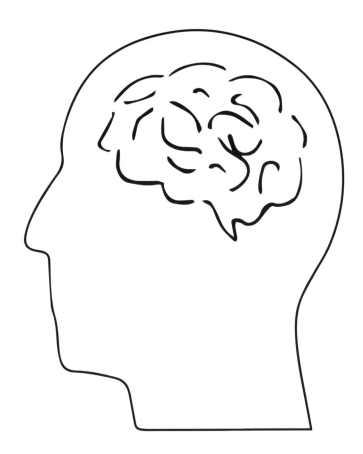

TEIL 4

KOG
NIT
ION

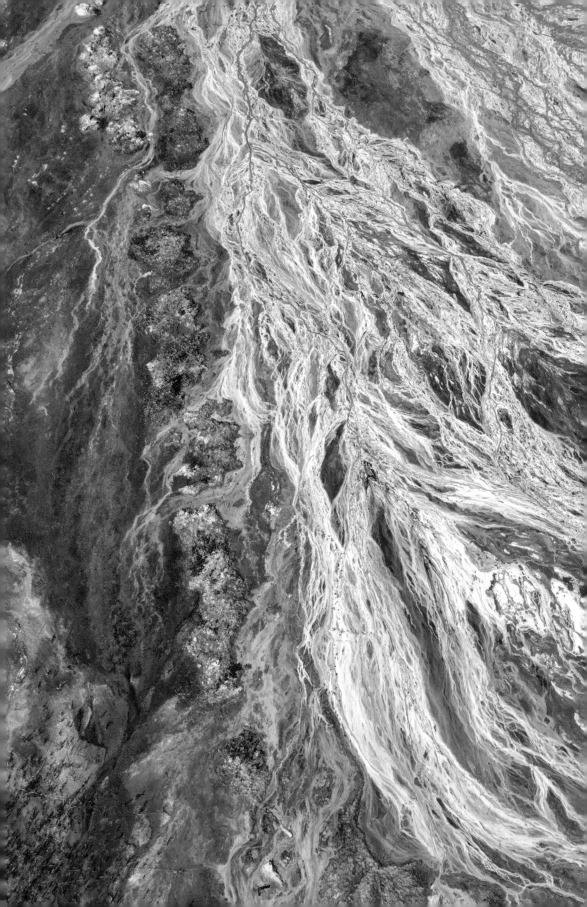

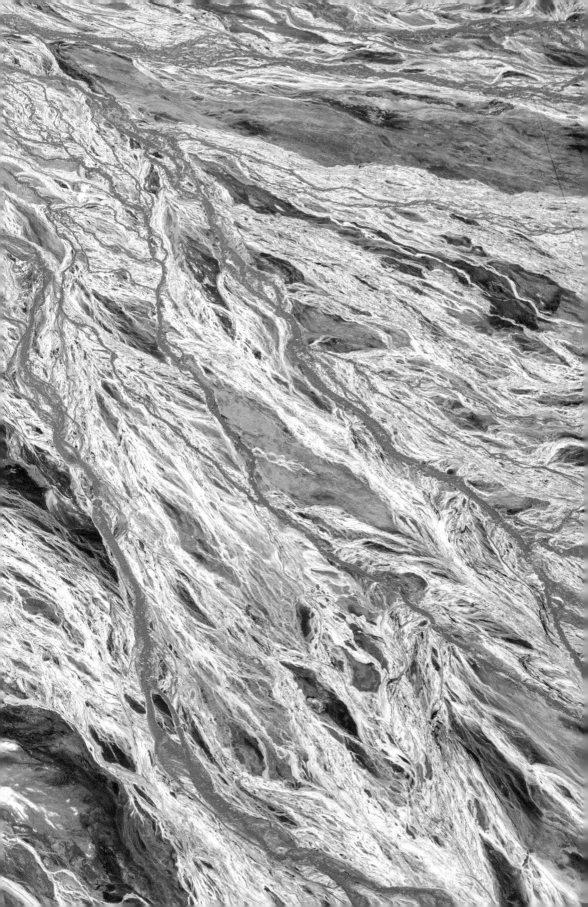

47

WUNDERWERK
GEHIRN

Wahrnehmen, denken, wünschen, fühlen, erinnern, planen, meinen, wissen – das alles spielt sich im Gehirn ab.

Der Erste, der das wirklich erkannt hat, war Hippokrates: „Die Menschen sollen wissen", schrieb er vor fast 2.500 Jahren, „dass aus nichts anderem als dem Gehirn Freuden, Wonnen, Gelächter, Spott sowie Kummer, Leid, Verzweiflung und Wehklagen hervorkommen. Und dadurch erwerben wir auf besondere Weise Weisheit und Erkenntnis, und wir sehen und hören und wissen, was verderbt und was gerecht, was gut und was böse, was süß und was ungenießbar ist ... Und durch dasselbe Organ werden wir verrückt und reden irre, und Angst und Schrecken bestürmen uns … All diese Dinge müssen wir durch das Gehirn erleiden, wenn es nicht gesund ist. Deshalb bin ich der Meinung, dass das Gehirn die größte Macht auf den Menschen ausübt."[1]

Kann man also schon mit Hippokrates sagen, dass wir unser Gehirn sind, wie es heute überspitzt in vielen populärwissenschaftlichen Büchern zu diesem Thema heißt („We are our brains")[2]? Ganz so einfach ist es nicht. Es bleibt eine Differenz zwischen dem „wir", das etwas vom Gehirn „erleidet", und dem Gehirn, das etwas auf den Menschen „ausübt". Was hat es mit dieser Differenz auf sich? Geht sie auf die Mangelhaftigkeit der natürlichen Sprachen zurück, die uns daran hindert, die vollständige Identität von Gehirn, Geist und Seele auszudrücken? Oder gibt uns die Sprache einen Wink, dass der Zusammenhang, um den es hier geht, im Begriff der Identität nicht so einfach zu erfassen ist? Dazu später mehr.

Es hat lange gedauert, bis die Wissenschaft die Schwelle, an der Hippokrates gestanden hat, überschreiten konnte. Noch in der Renaissance tappten die meisten Wissenschaftler bei der Erforschung des Gehirns im Dunkeln. Beispielsweise stellte der Universalgelehrte René Descartes (1596–1650) die Vermutung an, dass das Gehirn den Bewegungsapparat steuert, indem es die Gehirnflüssigkeit aus den Ventrikeln in die Muskeln pumpt. Was uns heute abenteuerlich erscheint, war damals eine plausible Erklärung; ohne die Kenntnis von der elektrochemischen Signalübertragung gab es schlicht keine bessere. Erst nachdem der italienische Mediziner Luigi Galvani um 1770 entdeckt hatte, dass Muskeln durch elektrische Impulse kontrahieren, kam man den Geheimnissen des Gehirns langsam auf die Spur. Galvanis Entdeckung bahnte der Wissenschaft den Weg, der zu den erstaunlichen Erkenntnissen der Gehirnforschung in unserer Zeit geführt hat.

Heute wissen wir, dass das Gehirn die Schaltzentrale des zentralen Nervensystems (kurz: ZNS) ist, zu dem außer dem Gehirn noch das Rückenmark und die von ihm ausgehenden Nervenfasern gehören. Der Mensch verfügt über zwei Nervensysteme: das zentrale und das vegetative. Während das vegetative Nervensystem diejenigen lebensnotwendigen Prozesse in unserem Körper steuert, die weitgehend automatisch ablaufen (Atmung,

Verdauung, Stoffwechsel), steuert das zentrale Nervensystem unsere bewussten Aktivitäten (Wahrnehmungen, Bewegungen, Gefühle und Gedanken). Das zentrale Nervensystem funktioniert durch elektrochemische Signalübertragung zwischen spezifischen Zellen, den Neuronen. Im menschlichen Körper gibt es etwa 80 bis 100 Milliarden Neuronen, von denen 90 % im Gehirn liegen. Die einzelnen Neuronen, die mit einem Durchmesser von 0,001 bis 0,1 mm um ein Vielfaches kleiner sind als die Spitze eines scharf angespitzten Bleistifts, bestehen aus drei Teilen: dem Zellkörper (Soma), dem Axon und den Dendriten.

Der Zellkörper (Soma) der Neuronen ist so ähnlich aufgebaut wie der der übrigen Körperzellen. Er besteht aus der Zellmembran, die die Flüssigkeit im inneren der Zelle (Cytosol) von der extrazellulären Flüssigkeit trennt. Im Cytosol schwimmen der Zellkern, der die DNA enthält, und die Organellen, z. B. die Ribosomen, die die Proteine herstellen. Genau wie in anderen Körperzellen findet auch im Zellkörper der Neuronen die Proteinbiosynthese statt. Das heißt: Die Zelle setzt aus Aminosäuren neue Proteine zusammen. Den „Bauplan"

dafür liefert die DNA. Da die DNA den Zellkern nie verlässt, muss zunächst eine „Kopie" des „Bauplans" angefertigt werden (Transkription). Das macht die sogenannte messenger RNA (mRNA). Nachdem die mRNA den Zellkern mit den genetischen Informationen verlassen hat, dockt sie bei den Ribosomen an. Die Ribosomen lesen den genetischen Bauplan der mRNA aus und produzieren aus Aminosäuren die entsprechenden Proteine (Translation). Die Proteinbiosynthese (DNA → mRNA → Protein) ist der Hauptprozess des Lebens, der in allen Körperzellen vonstattengeht.

Was die Neuronen im Gehirn von den übrigen Körperzellen unterscheidet, ist die besondere Art ihrer Vernetzung, die eine komplexe Informationsverarbeitung ermöglicht. Für die Vernetzung der Neuronen sind die spezifischen Fortsätze ihrer Zellkörper verantwortlich: die Axone und Dendriten. **Das Axon** ist die Hauptverbindung des Neurons, die die Signale von einem Zellkörper zu anderen Zellen weiterleitet. Ein gutes Beispiel für die Funktion der Axone ist die Bewegungskontrolle durch das Gehirn. Von den Neuronen der Hirnrinde, die die Bewegung planen, führen Axone

DAS NEURON

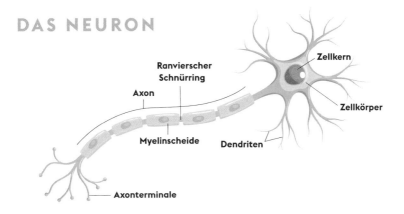

Neuronen bestehen aus einem Zellkörper (enthält Erbmaterial) und zwei Arten von Fortsätzen: den Dendriten (empfangen Informationen) und einem Axon (überträgt, sendet Signale). Eine Synapse ist die Verbindungsstelle (Kontaktstelle) zwischen zwei Neuronen.

übers Rückenmark zu den motorischen Endplatten der Muskeln, die auf diesem Wege den „Befehl" erhalten, eine Beuge- oder Streckbewegung auszuführen. Axone dienen also der Weiterleitung von Nervenimpulsen über weite Strecken. Sie sind aber nicht die einzige Verbindung, über die die Neuronen miteinander kommunizieren.

Dazu kommen noch die Dendriten. Sind die Axone gleichsam die „dicken Kabel" der Neuronen, mit denen sie Signale weiterleiten, so sind die Dendriten die „dünnen Antennen". Die Kontaktstellen zwischen den Neuronen heißen **Synapsen**. Das Wort „Synapse" kommt wie so viele

Worte der Wissenschaftssprache aus dem Altgriechischen und bedeutet sinngemäß: eng verbunden. Durch synaptische Verbindungen entstehen die neuronalen Netzwerke im Gehirn, die unseren koordinativen und kognitiven Fähigkeiten zugrunde liegen.

Halten wir an dieser Stelle einmal inne, um uns einen Eindruck von der enormen Kapazität der menschlichen Informationsverarbeitung zu machen. Das zentrale Nervensystem (ZNS) besteht, wie gesagt, aus bis zu 100 Milliarden Neuronen (der Großteil davon im Gehirn). Zu jedem einzelnen Neuron gehören im Durchschnitt etwa 1.000 Synapsen. Es gibt

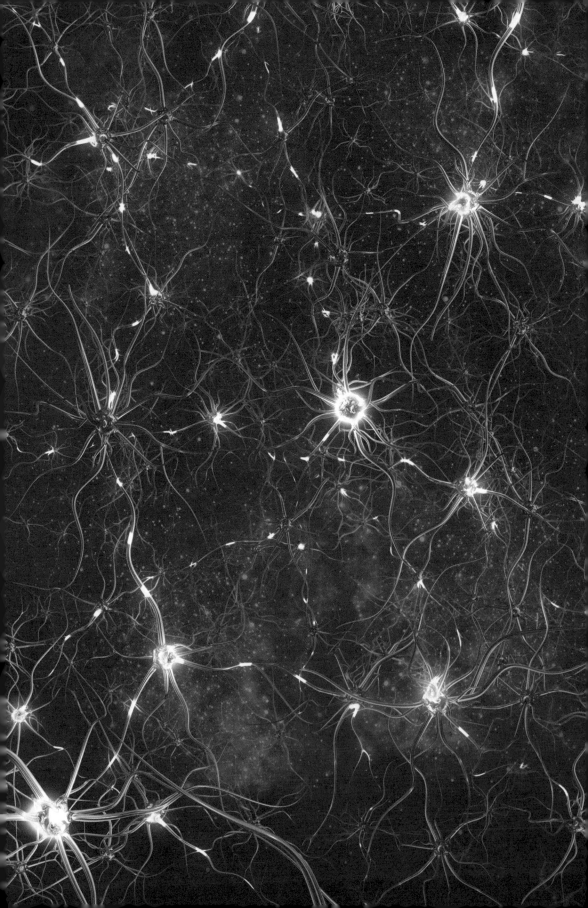

also etwa 100 Billionen Synapsen, das heißt Kontaktstellen im ZNS. Die Anzahl der verschiedenen Verknüpfungszustände, die mit 100 Milliarden Neuronen und 100 Billionen Synapsen hergestellt werden können, ist groß genug, um die Vorstellungskraft zu übersteigen. Nun besteht die menschliche Informationsverarbeitung aber nicht allein aus einem einzigen räumlichen Zustand, sondern aus einer Reihe in der Zeit verknüpfter Zustände. Wie viele mögliche Kombinationen gibt es da, sagen wir mal an einem einzigen Tag? Und das ist noch nicht alles: In jeder einzelnen der 100 Billionen Synapsen, in denen die Nerven auflaufen, warten noch einmal im Schnitt etwa 100 Vesikel mit jeweils einigen tausenden Transmittermolekülen darauf, die Informationsübertragung von einem Neuron auf das andere zu modulieren. Da stellt sich doch die Frage: Wofür brauchen wir diese enormen neuronalen Kapazitäten überhaupt? Und die Antwort lautet: um uns anhand von Erfahrungen weiterzuentwickeln.

99,5 % der Gensequenzen des Menschen sind mit denen unserer Vorfahren, der Affen, identisch. Der genetische Unterschied ist also nicht sehr groß. Aber er war doch groß genug, um nach der natürlichen Evolution eine kulturelle Evolution anzustoßen, die man auch jenseits eines übersteigerten Humanismus bemerkenswert finden darf. Die Menschen haben die Schrift entwickelt und die Mathematik erfunden (oder entdeckt?). Sie haben Dramen verfasst und Symphonien komponiert. Die Gesetze der Gravitation und den Code der Gene entschlüsselt. Und schließlich haben sie damit begonnen, das zu untersuchen, was ihnen überhaupt erst die Fähigkeit verleiht, irgendetwas zu untersuchen: das Gehirn.

Diese erstaunliche kulturelle Evolution ist nur möglich gewesen, weil das Gehirn den Menschen zum Generalisten unter den Lebewesen macht. Unser Gehirn ist keine fertige Input-Output-Maschine, sondern ein unfertiges, lebendiges System, das auf die Verarbeitung mannigfaltiger Erfahrungen angelegt ist. „Keine andere Spezies", schreibt der Neurobiologe Gerald Hüther, „kommt mit einem derart unreifen und deshalb offenen und lernfähigen und durch eigene Erfahrung gestaltbarem Gehirn zur Welt wie der Mensch."[3]

48

AKTIV
WERDEN

Die ersten Bewegungen, die ein Kind im Mutterleib macht, sind unwillkürlich, hinterlassen aber bereits eine Spur im Gehirn. Wenn sich die Beine des Kindes im Mutterleib bewegen, entsteht ein neuronales Muster im Gehirn, das diese Bewegung repräsentiert. Sobald so ein spezifisches Erregungsmuster häufig genug auftritt, wird es funktional relevant, das heißt, es bildet sich eine neuronale Vernetzung im Gehirn, dank der sich die Bewegung der Beine später gezielt steuern lässt.[4] Wenn das Kind dann im Alter von ein bis zwei Jahren laufen lernt, werden diese Netzwerke Schritt für Schritt weiter ausgebaut. Die erlernten Fähigkeiten eröffnen dem Kind neue Bewegungsspielräume, in denen es neuartigen Entwicklungsrei-zen ausgesetzt ist, die die Vernetzungen im Gehirn weiter ausbauen. Kinder können deshalb Langeweile nur schwer ertragen, weil sie gegen das zentrale Entwicklungsprinzip verstößt, das übrigens auch für Erwachsene gilt: **Mehr Aktivitäten führen zu mehr neuronaler Vernetzung, mehr Vernetzungen zu mehr Aktivitäten.**

Im Umkehrschluss bedeutet das aber auch: Je weniger wir aktiv sind, umso mehr nimmt unsere mentale Leistungsfähigkeit ab. Der menschliche Körper insgesamt arbeitet nach dem **Use-it-or-lose-it-Prinzip.** Die Muskeln, die wir nicht gebrauchen, bauen wir mit der Zeit ab. Dasselbe gilt fürs Gehirn, das ja auch ein

Teil des Körpers ist. Die neuronalen Netzwerke, die wir nicht gebrauchen, werden abgebaut. Wird beispielsweise ein Auge mit einer Augenklappe verdeckt, sodass das visuelle System keine Reize mehr aufnehmen kann, dann schrumpft der entsprechende Hinterhauptlappen im Gehirn schon nach wenigen Wochen.

Als Kinder entwickeln wir uns rasend schnell, weil die Welt uns Tag für Tag Neues bietet, auf das wir angstfrei zugehen. Als Heranwachsende sind wir kleine Generalisten, die in der Schule mit unterschiedlichsten Wissensbereichen in Berührung kommen. Als Erwachsene schicken wir uns in die Gemeinschaft, indem wir einen Beruf annehmen, eine Familie gründen und uns gesellschaftlich engagieren. Im optimalen Fall stellt uns das Leben vor Herausforderungen, die zwar harte Nüsse sind, aber an denen wir uns nicht die Zähne ausbeißen. In diesem Fall brauchen wir uns um unsere mentale Leistungsfähigkeit keine Sorgen zu machen, denn die stellt sich auf dem richtigen Aktivitätsniveau fast von selbst ein. Das Problem ist nur, dass das Leben nicht immer optimal verläuft. Manchmal reißen uns Schicksalsschläge aus den produktiven Zusammenhängen des Lebens heraus. Manchmal erstarren unsere Handlungen, ohne dass wir es gleich merken würden, zu reizlosen Routinen. In solchen Situationen bauen wir mental ab. Weil wir uns schnell überfordert fühlen, meiden wir dann

Ein kluger Mensch kann aus jedem Gespräch etwas lernen.

gerade das, was wir am Dringendsten benötigen: neue Aktivitäten.

Ein schöner Spruch lautet: **Ein kluger Mensch kann aus jedem Gespräch etwas lernen.** Das gilt nicht nur fürs Sprechen, sondern für jede Art von Aktivität. Viel zu oft verharren wir in der Passivität, weil wir vergeblich darauf warten, neue Impulse zu bekommen. Dabei sind die Impulse längst da, es fehlt nur an der Bereitschaft sie aufzunehmen. Anders gesagt: wir lassen die Entwicklungspotentiale, die uns umgeben, brachliegen. Der Ausgangspunkt für eine persönliche Entwicklung ist immer das Hier und Jetzt. Erst wenn wir die Situation, so wie sie ist, annehmen, können wir sie verändern. Ein gutes

Beispiel, um das zu illustrieren, ist ein Student, der sich in der Vorlesung langweilt. Er kann sich der Langweile hingeben, sich innerlich sagen „so ein schlechter Vortrag" und in Gedanken abschweifen. Das ist dann verschwendete Zeit, die quälend langsam verstreicht. Besser wäre es, aufmerksam zuzuhören – auch wenn der Vortrag tatsächlich nicht so spannend sein sollte. Dann wird nämlich aus dem gelangweilten Studenten, der geistig passiv bleibt, ein kritischer Student, der aktiv erkennt, was genau ihn an dem Vortrag des Dozenten stört. Das lässt sich auf alle Lebenslagen übertragen. Ein kluger Mensch kann nicht nur aus jedem Gespräch etwas lernen. Er kann auch in jeder Situation aktiv werden.

IMMANUEL KANT

[1724 - 1804]

Was kann ich wissen? Was soll ich tun? Was darf ich hoffen? Das sind die drei großen Fragen, um die es nach Immanuel Kant in der Philosophie geht. Die drei „Kritiken" enthalten Kants Antworten auf diese Fragen. In der „Kritik der reinen Vernunft" zeigt Kant die Leistungen, aber auch die prinzipiellen Grenzen der menschlichen Vernunft auf. In der „Kritik der praktischen Vernunft" vermittelt Kant – im Zeichen der Aufklärung – die Idee der Freiheit mit dem Begriff der Verantwortung. In der „Kritik der Urteilskraft" tastet er sich vorsichtig an die Themen heran, über die es kein strenges Wissen gibt, die aber gleichwohl viel bedeuten: „das Schöne", „das Erhabene", „der Sinn und Zweck des Lebens", „Gott". Alle drei großen Fragen und die ihnen entsprechenden „Kritiken" lassen sich nach Kant in einer vierten Frage zusammenfassen: Was ist der Mensch?

49

DIE

SINNE

DENKEN MIT

In der Philosophie gibt es einen alten Streit, der bis zu den Anfängen bei Sokrates zurückreicht. Woher kommen unsere Erkenntnisse? Sind sie alle aus der Welt abgeleitet, die wir mit den Sinnen wahrnehmen? Oder gibt es Wahrheiten, die wir unabhängig von der sinnlich wahrnehmbaren Welt „rein" durch den Verstand einsehen? Die Anhänger der ersten Position nennt man Sensualisten, die der zweiten Position Rationalisten. Immanuel Kant hat den Streit zwischen Sensualisten und Rationalisten mit dem berühmten Satz geschlichtet, dass „Anschauungen ohne Begriffe blind und Begriffe ohne Anschauungen leer sind". „Der Verstand vermag nichts anzuschauen und die Sinne nichts zu denken. Nur daraus, dass sie sich vereinigen, kann Erkenntnis entstehen."[5]

Philosophische Streitfragen präsentieren sich meist in einer schwierigen Terminologie, die schnell antiquiert auf uns wirkt. Tatsächlich sind sie aber in den meisten Fällen viel aktueller, als es auf den ersten Blick scheint. So dreht sich der von Kant geschlichtete Streit um ein Problem, das gerade in unserer datengetriebenen Wissensgesellschaft hochgradig aktuell ist: Daten alleine ergeben noch kein Wissen. Das Wissen ist das Produkt aus den Daten, die zur Verfügung stehen, und den Modellen, in die diese Daten integriert werden. Ist einer dieser beiden Faktoren = 0, dann ist das Produkt = 0. Jemand kann Zugriff auf einen großen Pool von validen Daten haben, solange er aber über kein Modell verfügt, mit dem sich diese Daten sinnvoll verknüpfen lassen, sind sie für ihn wertlos. Anschauungen ohne Begriffe sind blind! Umgekehrt kann jemand über leistungsstarke theoretische Modelle verfügen, die ihm ein fundiertes Urteil über einen Sachverhalt erlauben würden, solange er aber keine Daten zur Verfügung hat, mit denen er diese Modelle „füttern" kann, bleiben seine Fähigkeiten ungenutzt. Begriffe ohne Anschauungen sind leer!

Die Einheit von Sinnlichkeit und Verstand – Anschauungen und Begriffen, Daten und Modellen – spielt auch bei der neuronalen Informationsverarbeitung eine wichtige Rolle. Der sensorische Input, den die Sinnesor-

gane an das Gehirn weiterleiten, lässt sich von seiner kognitiven Verarbeitung kaum trennen. Das drückt schon die Terminologie der Neurowissenschaften aus. Statt von einzelnen Sinnen wie dem „Sehsinn", „Hörsinn" usw. sprechen die Neurowissenschaften lieber von sensorischen Systemen wie dem „visuellen System" und dem „auditiven System". Auf diese Weise tragen sie der Tatsache Rechnung, dass jede Wahrnehmung immer schon mit einem systematischen Akt der Informationsverarbeitung verbunden ist. Ein Beispiel: Wir hören auf dem Balkon sitzend das Geräusch eines vorbeifahrenden Autos auf der Straße. Wir nehmen in diesem Moment nicht nur Schallwellen wahr, sondern vollziehen gleichzeitig unbewusst eine ganze Reihe von kognitiven Denkakten. Wir vergleichen das Muster der Schallwellen mit unseren abgespeicherten Erfahrungen und kommen zu der Schlussfolgerung, dass es sich um ein Auto handeln muss. Wir erwägen vor dem Hintergrund der Situation verschiedene Handlungsoptionen und kommen zu der Schlussfolgerung, dass von dem Auto für uns auf dem Balkon keine Gefahr ausgeht usw. Selbst die beiläufigsten Sinneseindrücke sind immer mit einer komplexen Informationsverarbeitung verbunden.

Alle unsere sechs Wahrnehmungs-systeme funktionieren im Prinzip ähnlich. Zunächst treffen Reize aus der Außenwelt auf die sensorischen Rezeptorzellen des Körpers. Das können Schallwellen (Gehörsinn), Lichtwellen (Sehsinn), chemische Verbindungen (Geschmacks- und Geruchssinn), mechanische Impulse (Tastsinn) und Gravitationskräf-te (Gleichgewichtssinn) sein. Diese Umgebungsreize werden dann trans-duziert, das heißt von den Rezeptor-zellen in elektrische Energiequanten umgewandelt, die als Informations-träger – als Signale – fungieren. Der sensorische Input wird ins Gehirn weitergeleitet, wo die neuronale In-formationsverarbeitung stattfindet und zu einem entsprechenden mo-torischen Output führt. All das ge-schieht zum größten Teil unbewusst. Während wir z. B. einen Apfel essen, läuft ein Input-Output-„Programm" ab, über das wir nicht bewusst nach-denken müssen: den Apfel anhand bestimmter Merkmale identifizieren, ihn mit dem Arm zum Mund füh-ren, zubeißen. Das Gehirn hat dieses Programm aufgrund der vielfach wie-derholten Erfahrung, „einen Apfel zu essen", automatisiert. Nur wenn unsere Sinne etwas Ungewöhnliches registrieren, z.B. dass der Apfel faulig

schmeckt, gerät das unbewusste Pro-gramm ins Stocken, sodass sich unser Bewusstsein einschalten kann. Wir begutachten den Apfel dann genauer, um die Entscheidung zu fällen, ob wir ihn verspeisen wollen.

Aber wie schafft es das Gehirn überhaupt, das Aussehen, die Konsis-tenz und den Geschmack eines Apfels anhand der Daten, die ihm die Sin-nesorgane zur Verfügung stellen, so zu codieren, dass wir den Apfel bei-spielweise von einer Zwiebel unter-scheiden können? Wie werden die Sinnesdaten abgespeichert, sodass sie „in unserem Kopf" einen kohärenten unverwechselbaren Gegenstand re-präsentieren?

Die simpelste Erklärung wäre, dass es im Gehirn sozusagen ein „Ap-fel-Neuron" gibt, das jedes Mal „in unserem Kopf" aktiviert wird, wenn wir „da draußen" einen Apfel zu Ge-sicht bekommen. Nun gleicht aber kein Apfel dem anderen. Gibt es also so viele verschiedene Apfelneuronen im Kopf, wie es verschiedene Äpfel in der Welt gibt? Nein. Es gibt keine spezifischen Apfelneuronen. Es gibt nicht einmal hochspezifische Ner-venbahnen für die einzelnen Merk-male des Apfels (wie süß, sauer, grün usw.). Die sensorischen Systeme sind unspezifisch und gerade das macht sie so effizient: „Ein Nahrungsmittel aktiviert eine bestimmte Untergruppe von Neuronen, von denen einige sehr stark feuern, einige mit mittlerer Stärke und einige überhaupt nicht. Wieder andere sind vielleicht gehemmt. Ein zweites Nahrungsmittel regt einige Zellen an, die auch beim ersten aktiviert wurden, aber auch andere. Die Gesamtmuster der Entladungsraten unterscheiden sich deutlich voneinander."[6] Je nachdem, welche Neuronen feuern und wie stark sie feuern, ergeben sich also verschiedene netzwerkartige Erregungsmuster im Gehirn, die die Gegenstände der Sinne codieren. Die Neurowissenschaften sprechen hier von Ensemble-Codes oder neuronalen Karten im Gehirn.

Unser Gehirn speichert also Informationen über die Außenwelt ab, indem es neuronale Netzwerke bildet. Je mehr Erfahrungen wir mit unseren sechs Sinnen machen, umso mehr neuronale Netzwerke entstehen in unserem Gehirn. Deshalb wäre es verkehrt den Begriff der Bildung auf sprachliche Medien (im engeren Sinne) zu beschränken. Wir bilden uns nicht nur weiter, indem wir sprechen, lesen und rechnen, sondern auch in-

dem wir beobachten, hören, riechen, schmecken und fühlen. Was verbinden wir mit dem Stichwort „Optimierung der mentalen Leistungsfähigkeit"? Gehirnjogging? Das Lösen von Zahlen- und Kreuzworträtseln? Das menschliche Gehirn ist nicht zu dem geworden, was es ist, weil jemand unseren Vorfahren ein Sudokuheft in die Hand gedrückt hat. Das Denken nimmt seinen Ausgang bei den Sinnen. Es entwickelt sich in der sensomotorischen Interaktion mit der Umwelt. Das müssen wir uns bewusst machen, denn in der modernen Lebenswirklichkeit drohen unsere Sinne abzustumpfen. Das Joggen auf dem Laufband im Fitnessstudio mit Musik im Ohr (am besten noch mit Sonnenbrille auf der Nase), ist ein Rückschritt im Vergleich zu einem Waldlauf, bei dem wir den Boden unter unseren Füßen spüren, das Knacken der Äste hören und den Duft der Bäume riechen.

50

GEISTIG AUF DER HÖHE BLEIBEN

Was können wir dafür tun, um im Alter möglichst lange geistig auf der Höhe zu bleiben? Einer der Fachleute, die sich mit dieser Frage intensiv beschäftigt haben, ist der amerikanische Professor Dale E. Bredesen. Er hat in einer Studie mit zehn Probanden erstmals evidenzbasiert gezeigt, dass eine nicht-pharmakologische Therapie, die bei der Lebensführung ansetzt, kognitive Abbauprozesse im Alter stoppen und umkehren kann.[7] Zehn Probanden sind zwar eine recht schmale Basis für eine wissenschaftliche Studie, aber man muss dabei bedenken, dass solche Lifestyle-Studien, bei denen es mit der kontrollierten Verabreichung von Pillen nicht getan ist, sehr aufwendig umzusetzen sind. Noch dazu sind solche Studien chronisch unterfinanziert. Das große Geld fließt ja bekanntlich immer von und zur Pharmaindustrie bzw. Apparatemedizin. Nun darf man aus dieser Tatsache natürlich nicht den übereilten Schluss ziehen, dass der Mund der Wahrheit sich nur dann öffnet, wenn die Taschen leer sind. Aber man sollte die Erkenntnisse derjenigen schon ernst nehmen, die sich von einer Pille nicht die Lösung aller Probleme versprechen.

Zu den Teilnehmerinnen und Teilnehmern von Bredesens Studie gehörte eine 67-jährige Frau, die einen anspruchsvollen Beruf als Analystin hatte, bevor sich die Symptome einer demenziellen Entwicklung bei ihr bemerkbar machten. Zunächst bekam sie Schwierigkeiten beim Lesen. Immer öfter musste sie am Ende einer Seite wieder von vorne beginnen, weil sie den gelesenen Text kaum im Gedächtnis behalten konnte. Dann ließ das Zahlengedächtnis nach, sodass sie sich schon vierstellige Zahlen nicht mehr merken konnte. Schließlich bekam sie auch vermehrt Probleme im Alltag, bog selbst auf bekannten Strecken mit dem Auto falsch ab, verirrte sich auf dem Weg nach Hause und verwechselte die Namen ihrer Haustiere. Da ihre Mutter etwa im gleichen Alter eine starke Demenz entwickelt hatte, suchte sie zunächst einen Arzt auf und nahm dann an der Studie der Universität von Los Angeles (UCLA) unter Leitung von Prof. Bredesen teil. Nach drei Monaten war sie beinahe symptomfrei, konnte in ihren Beruf zurückkehren, in dem sie drei Jahre später, mit 70 Jahren, immer noch tätig war. Was war passiert?

Die Teilnehmerin hat unter Anleitung von Prof. Bredesen ihre Lebensführung in wesentlichen Punkten verändert. Sie machte eine pflanzenbasierte Diät, bei der sie auf einfache Kohlenhydrate und hochverarbeitete Lebensmittel verzichtete und die Nahrungsaufnahme auf ein Zeitfenster von zwölf Stunden beschränkte.

Sie erhöhte ihr Schlafpensum von vier bis fünf Stunden auf sieben bis acht Stunden pro Nacht und machte an vier bis sechs Tagen pro Woche mindestens 30 Minuten Sport. Sie begann, sich mit Yoga und Meditation auseinanderzusetzen und ließ sich schließlich sogar zur Yogalehrerin ausbilden. In einem Satz: Sie achtete konsequent auf Ernährung, Bewegung, Erholung und mentale Aktivität.

So wenig es eine Wunderpille gibt, die uns die mentale Fitness bis ins hohe Alter garantiert, so wenig gibt es ein Wunderrezept für eine Lebensführung, die das tut. **Aber es steht außer Frage, dass Sie mit einer gesunden Ernährung, regelmäßiger Bewegung, ausreichend Erholung und abwechslungsreichem, lebensnahem kognitiven Training Ihre mentale Leistungsfähigkeit steigern, erhalten und wiedergewinnen können. Probieren Sie es aus.**

51

DER „ARBEITSSPEICHER" IM GEHIRN

Die Entwicklung der Technik orientiert sich seit jeher am Vorbild der Natur. Flugzeuge wären nicht gebaut worden, wenn Otto Lilienthal im 19. Jahrhundert nicht beobachtet hätte, dass die gewölbten Flügel dem Vogel Auftrieb verleihen. Es gäbe heute keine künstliche Intelligenz, wenn Gehirnforscher nicht entdeckt hätten, dass das Gehirn Informationen in Form von neuronalen Netzwerken verarbeitet. Die Aussicht für solche Beobachtungen verschaffen uns Vergleiche, Analogien und Metaphern: Weil wir „fliegen wollten wie die Vögel", haben wir genau darauf geachtet, wie ein Vogel eigentlich fliegt – nun können wir fliegen. Metaphern sind also weit mehr als die hübsche Illustration eines Sachverhalts für Leute, die ohne anschauliche Bilder Schwierigkeiten mit dem Verständnis haben. Sie schlagen eine Brücke. Und eine Brücke wird nicht bloß in eine Richtung überquert. Sie ist nach beiden Richtungen offen. Erst orientieren wir uns am Modell der Natur (z. B. dem Gehirn), um eine Technik zu entwickeln (z. B. eine Rechenmaschine). Dann orientieren wir uns am Modell der Technik, um die Natur zu verstehen, z. B. unser Gehirn. Wir arbeiten dabei immer mit Modellen, die, wie es so schön heißt, im Grunde alle falsch, aber manchmal nützlich sind. Zu den nützlicheren Modellen

gehört zweifellos das des „Arbeitsspeichers".

Beide – Gehirn und Computer – verarbeiten Informationen. Der Arbeitsspeicher im Computer ist die zentrale Komponente, auf die der Prozessor permanent zugreift und von dem die Rechenleistung des gesamten Computers abhängt. Im Unterschied zur Festplatte, wo alle Daten gespeichert sind, werden im Arbeitsspeicher nur diejenigen Daten aufbewahrt, die von den ausgeführten Programmen gerade gebraucht werden. Der Rechenprozess eines Computers gerät ins Stocken, wenn zu wenig Arbeitsspeicher zur Verfügung steht, weil zu viele Programme gleichzeitig ausgeführt werden sollen.

Die älteren Jahrgänge unter uns kennen das Problem sicher noch von den ersten PCs. Hat man da den Fehler gemacht, dass man zu schnell zu viele Befehle auf einmal eingegeben hat, dann hat sich der Rechner „aufgehängt". Nichts ging mehr, man musste ewig warten und schließlich per „Affenkralle" (Strg + Alt + Entf) ein Programm nach dem anderen schließen, um sie dann wieder nacheinander (seriell) und nicht gleichzeitig (parallel) zu öffnen. Diese Zeiten sind dank

Clouds, Pufferspeichern usw. weitgehend vorbei. Jedenfalls was die Computer angeht. Unser Gehirn gleicht in dieser Hinsicht allerdings eher den guten alten PCs aus den 90er-Jahren.

Der „Arbeitsspeicher" des Gehirns liegt im präfrontalen Kortex (PFC). Der PFC ist dasjenige Gehirnareal, das bei bewussten Denkleistungen aktiv wird. Wenn wir lesen, rechnen, kalkulieren, planen – dann arbeitet unser präfrontaler Kortex auf Hochtouren. Hier wird die mentale Gedankenarbeit geleistet. Leistung braucht Energie. Und Energie ist eine begrenzte Ressource. Genau das reflektiert das Modell des „Arbeitsspeichers" im Gehirn: die Grenzen der kognitiven Leistungsfähigkeit. Die beiden wichtigsten Parameter für den Arbeitsspeicher von Computern sind: die Zugriffszeit, die festlegt, wie schnell die Daten verarbeitet werden können, und die Speicherkapazität, die festlegt, wie viele Daten überhaupt maximal zur Ausführung eines Programms zur Verfügung stehen können. **Dem entsprechen die beiden kognitiven Basisgrößen unseres Gehirns: 1. die Informationsverarbeitungsgeschwindigkeit (kurz: IVG) und 2. die Merkspanne.** Die IVG beschreibt, wie schnell unser Gehirn Informationen verarbeiten kann. Je schneller beispielsweise ein Sportler Informationen verarbeiten kann, umso schneller kommt er in die Handlung, umso besser kann er reagieren und antizipieren. Die Merkspanne beschreibt den Zeitraum, in dem eine oder mehrere Informationen im Arbeitsspeicher gehalten werden bzw. im Bewusstsein präsent sind. Nach diesem Zeitraum ist die Information entweder verschwunden oder ins Langzeitgedächtnis verschoben worden – je nachdem wie wichtig sie für uns war. Von der Merkspanne hängt es ab, wie viele verschiedenen Informationen wir in Gedanken zusammenhalten, d.h. wie komplex wir denken können.

Welche Bedeutung diese beiden Parameter in der Praxis haben, können Sie sich an einem einfachen Beispiel klar machen. Stellen Sie sich folgende Situation vor. Sie sind Volontär in der Kulturredaktion einer Tageszeitung. Plötzlich kommt der Chefredakteur auf Sie zu: „Du, ich habe einen Anschlag auf dich vor. Wir brauchen für unsere morgige Beilage ‚Österreich im Sommer' noch einen kurzen Artikel über das Weinviertel. Du hast doch mal erzählt, dass du da letztes Jahr warst. Hier ist noch ein gutes Büchlein dazu. Den Rest findest du im Internet. Mach was Schönes draus. Stichworte: Weinviertel, Wohlfühlort, Sehnsuchtsort, gelassene Lebensart. Du weißt schon. Ich brauche den Text spätestens in vier Stunden. Ich verlasse mich auf dich!"

In solchen Situationen kommt es auf Ihren „Arbeitsspeicher" an. Sie müssen nicht nur schnell Informationen aus verschiedenen Quellen aufrufen, sondern sie auch präsent halten, um sie zu einem eigenständigen Text verarbeiten zu können. Das Beispiel lässt sich auf viele andere Lebens- und Berufszusammenhänge übertragen. Überall ist unsere Fähigkeit gefragt, möglichst schnell möglichst viele Informationen zu einem stimmigen Gesamtbild zu verarbeiten.

> Wir sind keine Gehirnbesitzer, sondern Gehirnbenutzer.

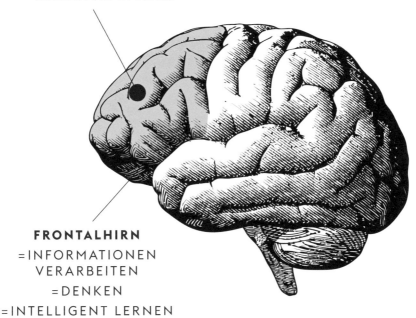

ARBEITSSPEICHER

FRONTALHIRN
=INFORMATIONEN
VERARBEITEN
=DENKEN
=INTELLIGENT LERNEN

Die Überlastung des Arbeitsspeichers führt zu einem Gefühl der Überforderung. Jeder kennt das aus Schule, Studium und Beruf. Es gibt Tage, an denen so viele Informationen auf uns einprasseln, dass es irgendwann einfach zu viel ist. Wir steigen aus dem Geschehen aus. Uns „schwirrt der Kopf". Das ist der Moment, in dem der Arbeitsspeicher in unserem präfrontalen Kortex überlastet ist. Machen wir trotz der Über- lastung einfach weiter, dann ist das genauso verkehrt, als wenn wir beim Joggen mit hochrotem Kopf und Seitenstechen stur weiterrennen. Aber genauso wie wir unsere körperliche Belastungsgrenze (Kondition) durch gezieltes Training verschieben können, können wir auch unsere mentale Belastungsgrenze verschieben, indem wir unseren Arbeitsspeicher trainieren. Wie?

Setzen Sie Prioritäten. Was die reine Informationsverarbeitung angeht, kann unser gutes altes Gehirn es schon lange nicht mehr mit der Geschwindigkeit einer Welt aufnehmen, die von Computern und Algorithmen getaktet wird. Bedenken Sie, dass der wohl beste Schachspieler aller Zeiten, Garry Kasparow, schon 1996 gegen ein Schachprogramm verloren hat. Das ist fast 25 Jahre her! Wir sollten uns also keinem bewusstlosen Optimierungswahn hingeben, sondern die Ressourcen, die wir haben, besser zur Geltung bringen. Selbst geringe Kräfte erzielen große Wirkungen, wenn sie zielgerichtet eingesetzt werden. Das heißt nichts anderes als: sich aufs Wesentliche konzentrieren. Je mehr kalkulatorische Routinearbeiten die Maschinen übernehmen, umso wichtiger werden die genuin menschlichen Arbeitsleistungen, die sich durch Ideenreichtum, Kreativität, Humor, Esprit auszeichnen. Solche Qualitäten gilt es in einem motivierenden Arbeitsumfeld zu kultivieren, statt sich an einem falsch verstandenen Begriff von Professionalität zu orientieren, der den Menschen zum Anhängsel der Maschine macht.

TIPP

Achten Sie auf Ihre gesamte Lebensführung. Die Energiequellen des Gehirns sind Ernährung, Bewegung, frische Luft und Erholung. Kein Mensch kann sein Leben nach den eigenen Wünschen gestalten, wenn er diese Faktoren komplett vernachlässigt. Schlechte Ernährung, kaum Bewegung und zu wenig Erholung schaden allen Organen – nicht nur Herz und Niere, sondern auch dem Gehirn. Vor allem aber: Bleiben Sie neugierig und haben Sie keine Angst davor, Ungewohntes auszuprobieren. Lassen Sie sich auf Herausforderungen ein, die Sie wirklich aus Ihrer Komfortzone herausholen und Ihnen echte Leistung abfordern. Auf diese Weise geben Sie Ihrem Gehirn die besten Impulse zur Verbesserung seiner kognitiven Leistungsfähigkeit.

52

LEISTUNG – EINE FRAGE DES TRAININGS

Wer einen Marathon laufen will, muss seinen Körper auf die Belastung, die er ihm damit zumutet, vorbereiten. Ein untrainierter Läufer beginnt nicht von heute auf morgen mit einem Zehn-Kilometer-Lauf, sondern gewöhnt seinen Körper langsam an die Belastung. Er trainiert kontinuierlich und konsequent. Er geht in den Grenzbereich, aber nicht darüber hinaus; steigert das Trainingspensum, um neue Entwicklungsreize zu setzen, gibt seinem Körper aber auch genug Zeit, diese Reize zu verarbeiten. Parallel zum Training stellt der Läufer seine Ernährung um, damit er die nötigen Nährstoffe für die Bewältigung des erhöhten Energiebedarfs zur Verfügung hat. Woche für Woche steigert er sich, was er nicht nur beim Training, sondern auch im Alltag spürt – beim Treppensteigen, beim kurzen Sprint zum Bus und bei vielen anderen Gelegenheiten. Die kleinen Erfolgserlebnisse machen Freude und lassen das Ziel, den Marathon, immer näher rücken.

Schließlich ist es soweit. In der Woche vor dem Marathon stellt sich der Läufer nochmal gezielt auf die Wettkampfsituation ein: Er fährt das Training auf lockere Übungen herunter, passt seinen Tagesrhythmus an die Uhrzeit an, zu der der Lauf beginnen wird, füllt seine Kohlenhydratspeicher am Abend zuvor auf, dehnt die Muskulatur unmittelbar vor dem Startschuss. Startschuss. Es geht los.

Der Läufer hat sein Ziel erreicht. Er hat den Marathon erfolgreich absolviert; ist glücklich und zufrieden. In den kommenden Wochen entscheidet er sich dafür, sein Laufpensum zu verringern und seine freie Zeit in andere Vorhaben zu investieren. Aber auch das geschieht nicht auf einen Schlag. Der Läufer weiß, dass er über einen längeren Zeitraum auf hohem Niveau Sport betrieben hat und die körperliche Belastung nun genauso sorgfältig runterfahren sollte, wie er sie raufgefahren hat. Außerdem will er ja nicht seine gesamte Leistungsfähigkeit wieder verringern. Er reduziert also sein Laufpensum um 5 bis 10 % pro Monat, bis er auf dem Niveau angekommen ist, dass unabhängig von dem konkreten Ziel, das er erreicht hat, zu seiner gesamten Lebensführung passt.

Der Geist entwickelt sich wie der Körper am besten im Grenzbereich, weil er dort die meisten Entwicklungsreize bekommt – wie heißt es doch so schön: Sie werden Erfolg im Leben haben, wenn Sie darauf achten, niemals der Klügste am Tisch zu sein. Aus diesem Grund ist eines der größten Hemmnisse für die geistige Entwicklung die falsche Scham, dass man vielleicht nicht so klug sein könnte, wie die Menschen um einen herum. Aber man ist nicht klug, sondern man wird klug, indem man sich Situationen aussetzt, in denen man dazulernen kann, statt sie aus Angst zu vermeiden. **Man lernt, weil man etwas nicht weiß, so wie man trainiert, weil man etwas nicht kann.**

Eine weitere Parallele zwischen körperlicher und geistiger Leistungsfähigkeit ist, dass beide durch eine gesunde Lebensführung gefördert werden. Das Gehirn ist genauso auf eine gute Energieversorgung durch Sauerstoff und Nährstoffe angewiesen wie die Muskulatur. Energie ist per Definition „die Fähigkeit eines Systems, Arbeit zu verrichten", also nur ein anderer Ausdruck für Leistungsfähigkeit – sei sie nun körperlich oder kognitiv.

Schließlich erfordern auch mentale Höchstleistungen immer eine gewisse Vor- und Nachbereitung. Die Leistungsfähigkeit hängt vom allgemeinen körperlich-geistigen Aktivationsniveau (arousal) ab. Hier gilt es, die goldene Mitte zu treffen. Auf einem zu niedrigen Niveau sind wir müde und träge; das Denken ist schwerfällig, sodass wir uns auf der Suche nach Lösungen mehr abrackern als fündig werden. Auf einem zu hohen Niveau sind wir überreizt und gestresst; das Nachdenken wird fahrig, sodass wir uns nicht mehr auf das Wesentliche konzentrieren können.

Achten Sie darauf, dass Sie anspruchsvolle kognitive Arbeiten in der Zeit erledigen, in der Ihr Aktivationsniveau am höchsten ist. Je nach Arbeitsrhythmus ist das meist am Vormittag der Fall. Sie können Ihr Aktivationsniveau aber auch gezielt „rauf-" und „runterfahren". Wenn Sie das Gefühl haben, geistig noch nicht „voll da" zu sein, können Sie Ihr kognitives Potenzial mit einfachen Übungen aktivieren. Genau wie beim Aufwärmen im Sport geht es bei diesen Übungen nicht darum, schon eine Leistung zu erbringen, sondern das Gehirn auf die Erbringung einer Leistung vorzubereiten. Ein gutes Beispiel für eine kognitive Aufwärmübung ist das Einkreisen von Ziffernfolgen in einer Zahlenreihe. Das ist eine ganz simple Angelegenheit, die die Mustererkennung im Gehirn anregt, aber eben nicht beansprucht (mehr davon finden Sie in der BEWANGO-APP). Umgekehrt sollten Sie auf einem zu hohen Aktivationsniveau, wenn sie z. B. nach einem anstrengenden Arbeitstag noch einen wichtigen Vortrag

halten müssen, vor allem „runterkommen", also nicht mehr in Notizen stöbern, Gedanken wälzen usw., sondern lieber einen Spaziergang an der frischen Luft machen und sich sammeln. Keine Leistung ohne Pause – machen Sie sich diesen Grundsatz gerade mit Blick auf mentale Herausforderungen immer wieder bewusst. Denn die Überlastung geht hier eben nicht mit eindeutigen Symptomen wie Seitenstichen oder Zerrungen einher – führt aber zu den gleichen Leistungseinbrüchen.

AKTIVATIONSMODELL

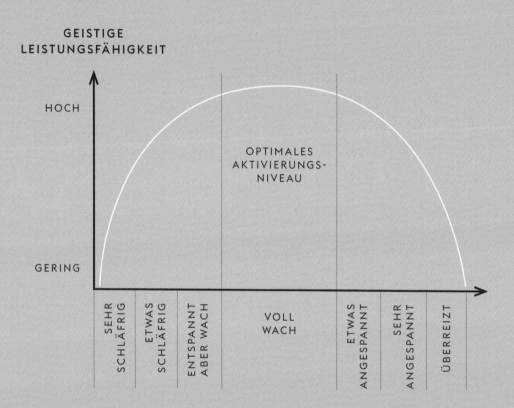

DIE VERSCHIEDENEN GEISTIGEN
LEISTUNGSFÄHIGKEITEN IN ABHÄNGIGKEIT VOM
AKTIVIERUNGSGRAD

Unser geistiges Potenzial ist nicht immer voll verfügbar.

Die Grafik zeigt, dass wir bei zu niedrigem (Müdigkeit, Abgespanntheit) oder zu hohem (Nervosität, Stress) Erregungsniveau schlechtere Leistungen erbringen. Die optimale Leistungsfähigkeit erreichen wir nur bei einer mittleren Aktivation. Robert Yerkes und John D. Dodson haben das 1908 erstmals beschrieben. Bei der Planung unseres Arbeitstages können wir uns dieses Wissen zu Nutze machen.

Beispiel 1: Sie haben schlecht geschlafen und kommen leicht gerädert ins Büro. Ausgerechnet heute müssen Sie eine wichtige Vorstandspräsentation fertigstellen. Da Sie um den Zusammenhang von körperlichem Befinden und mentaler Leistungsfähigkeit wissen, stürzen Sie sich nicht sofort auf die Arbeit, sondern gönnen sich erstmal einen zweiten Morgenkaffee. Dann bringen Sie Ihr Gehirn mit einem mentalen Warm-up auf „Betriebstemperatur": Sie jonglieren mit den drei Bällen, die auf Ihrem Schreibtisch liegen, ein paar Minuten. Das macht nicht nur den Geist rege, sondern hebt auch die Stimmung. Nun können Sie konzentriert an die Arbeit gehen.

Beispiel 2: Sie sind noch spät abends im Büro. Eigentlich wollten Sie schon lange zu Hause sein, aber der Arbeitstag war das reine Chaos. Sie konnten nicht einmal die wichtige Projektaufgabe, die morgen um Punkt 10 Uhr abzuliefern ist, fertigstellen. In Ihnen brodelt es. Sie fühlen sich gestresst, ärgern sich über den Tag. Bevor Sie jetzt versuchen, die Projektaufgabe noch schnell, auf Ach und Krach, zu erledigen, sollten Sie in sich hineinhören: Wie geht es mir? Bin ich mental fit genug für diese Aufgabe?

Sie merken: den großen Wurf werden Sie heute nicht mehr zustande bringen. Dazu sind Sie viel zu gestresst. Außerdem haben Sie Hunger. Es ist in diesem Fall die bessere Idee, heimzugehen, den Stress mit einem lockeren Spaziergang abzubauen, lecker zu Abend zu essen und dann zeitig ins Bett zu gehen. Sie stehen morgen lieber eine Stunde früher auf und fahren ins Büro, um sich dann – ausgeruht, mental fit und motiviert – an die Projektarbeit zu machen.

53

DIE MACHT DER ROUTINEN

Das Wort „Routine" geht auf das französische Wort „la route" = der Weg bzw. „la routine" = die Wegerfahrung zurück. Es bezeichnet laut Duden eine „durch längere Erfahrung erworbene Fähigkeit, eine bestimmte Tätigkeit sehr sicher, schnell und überlegen auszuführen". Wir gebrauchen das Wort sowohl anerkennend, wenn wir z. B. hervorheben, dass jemand in einer bestimmten Angelegenheit über „langjährige Routine" verfügt, als auch kritisch, wenn wir z. B. bemängeln, dass jemand seine Arbeit allzu routiniert, im Sinne von „Dienst nach Vorschrift", macht. Routinen sind demnach angelernte Verhaltensweisen, die unsere Freiheitsspielräume einerseits erweitern, weil sie uns schneller ans Ziel bringen, sie andererseits aber auch einschränken, weil sie uns immer wieder das Gleiche tun lassen. Routinen machen geschickt, aber auch betriebsblind.

Aus neurobiologischer Perspektive sind Routinen das Ergebnis von synaptischen Verschaltungen im Gehirn. Schon 1949 hat Donald Hebb in seinem Buch „The Organization of Behavoiur" die Vermutung aufgestellt, dass diejenigen Neuronen im Gehirn, die zur selben Zeit aktiv sind, also elektrisch geladene Teilchen „abfeuern", stärkere synaptische Verbindungen ausbilden.[8] Hebb drückte das in dem einprägsamen Satz aus: **„Neurons which fire together, wire toegether."** Wörtlich übersetzt heißt das: Neuronen, die gemeinsam feuern, halten zusammen. Das klingt zwar ein wenig nach der Ansprache eines Generals an seine Truppen (es ist immer so eine Sache mit den Metaphern!), beschreibt aber auf für damalige Verhältnisse erstaunlich präzise Weise ein Schlüsselphänomen der Gehirnforschung – **die synaptische Plastizität**.

Die Neuronen in unserem Gehirn reagieren auf Reize aus der Außenwelt. Wenn diese Reize nun gleichzeitig mehrere Neuronen aktivieren, dann kommt es zu einer Verknüpfung dieser Neuronen: Neue Synapsen werden ausgebildet und bestehende verstärkt. In der Folge genügt oft schon ein einzelner schwacher Reiz, um den gesamten Verbund der beteiligten Neuronen zu aktivieren. Das heißt: Der Reiz löst nunmehr eine schnellere, komplexere und koordiniertere

> Gewöhnen Sie sich auch daran, Ihre Gewohnheiten zu durchbrechen, um Neues auszuprobieren. Neue Wege finden wir nur, indem wir sie gehen.

Reaktion aus. Diesen Vorgang nennt man **Langzeitpotenzierung (LTP)** und er spielt in allen Lernprozessen eine entscheidende Rolle. Wenn Sie das erste Mal auf dem Fußballplatz stehen und der Ball kommt auf Sie zu, sind Sie vollauf damit beschäftigt, ihn irgendwie anzunehmen, das heißt den Reiz (hier den Ball) irgendwie zu verarbeiten. Ein erfahrener, routinierter Fußballer reagiert schneller, komplexer und koordinierter auf denselben Reiz: Schon im Moment der Ballannahme hebt er den Kopf, um den Spielzug einzuleiten. Noch ein Beispiel: Ein Anfänger, der auf dem Tennisplatz die Aufschlagbewegung übt, muss sich erstmal darauf konzentrieren, den Ball überhaupt am richtigen Treffpunkt zu erwischen. Später versucht er dabei eine effektive Körperhaltung einzunehmen. Erst ganz zum

Schluss gelingt es ihm, beides mit einer durchgängigen Schwungbewegung in Richtung auf den anvisierten Punkt im Feld zu verbinden. Der routinierter Tennisspieler realisiert alle diese Teilbewegungen in einer einzigen flüssigen Gesamtbewegung. Er agiert schneller, komplexer und koordinierter. Sein Gehirn hat die entsprechenden synaptischen Verschaltungen ausbildet – oder anders gesagt: Er hat sich daran gewöhnt, sich in einer bestimmten Situation auf eine bestimmte Weise zu bewegen. Routinen und Gewohnheiten sind verkörperte Erfahrungen in Gestalt von synaptischen Verschaltungen im Gehirn.

Der Schriftsteller Jean Cocteau hat einmal gesagt, dass die meisten Menschen in den Ruinen ihrer Gewohnheiten leben würden. Der Satz wirf ein Schlaglicht auf die Kehrseite von Gewohnheiten und Routinen. Sie können nämlich auch genau das Gegenteil von dem bewirken, was oben beschrieben wurde: nämlich die Anpassung an die Erfordernisse der Situation verhindern. Stellen wir uns vor, der geübte Tennisspieler aus unserem Beispiel serviert jeden Ball sauber ins Feld, bekommt ihn aber von seinem Gegner regelmäßig als satten Return um die Ohren geschlagen. In diesem Fall muss er in der Lage sein, den Aufschlag situationsbedingt zu variieren. Das heißt: er muss seine Bewegung flexibel an die Erfordernisse der Situation anpassen können. Wenn er nur nach Schema F trainiert hat, wird ihm die nötige Variabilität dazu fehlen. Deshalb ist es für einen Sportler so wichtig, dass er nicht nur bestimmte Bewegungsabläufe qua Wiederholung perfektioniert, sondern auch seine koordinativen Fähigkeiten insgesamt kontinuierlich weiterentwickelt. Spielerisch. Indem er immer wieder Neues ausprobiert.

Wir brauchen beides: Stabilität und Flexibilität. Das gilt nicht nur für unsere koordinativen, sondern genauso auch für unsere kognitiven Fähigkeiten. Eignen Sie sich feste Routinen an, um bestimmte Handlungsabläufe möglichst effizient – wie im Schlaf – durchführen zu können. Aber gewöhnen Sie sich auch daran, Ihre Gewohnheiten zu durchbrechen, um Neues auszuprobieren. Neue Wege finden wir nur, indem wir sie gehen.

54

WAS WILL ICH EIGENTLICH?

„Eigentlich würde ich ja gerne …" „Und uneigentlich?" „Und warum tust du's dann nicht einfach?" Der Unterschied zwischen einem energischen Motivator und einem feinfühligen Psychologen ließe sich an ihrer Haltung zum Wort „eigentlich" festmachen. Während der Motivator davon nichts hören, das Wort am liebsten aus dem Vokabular seines Klienten streichen würde, wird der Psychologe hier ganz Ohr. Ihn interessieren die Widerstände, die sich in diesem unscheinbaren Wort eingenistet haben. Er verspricht sich von der Analyse dessen, was hinter dem Widerstand steht, einen tieferen Einblick in die **Motive**, die einen Menschen **motivieren**.

Motive beschreiben das „Woher", „Warum" und „Wozu" einer Handlung. Ein selbstbewusster Mensch, der weiß, was er will, kennt das Motiv seiner Motivation. Er weiß genau, warum er das tut, was er gerade tut. Einer der Gründe, warum wir etwas nur „eigentlich" – also nicht wirklich bzw. nicht mehr oder noch nicht – wollen, ist das Vorliegen von motivationalen Widersprüchen. In der Psychologie wird zwischen **impliziten und expliziten Motiven** unterschieden. Ein gutes Beispiel für ein implizites Motiv ist die Freude, die ein Kind beim problemlösenden Spiel entwickelt. Für den Heranwachsenden wird aus dieser kindlichen Freude eine intrinsische Motivationsquelle, um z. B. in der Schule, unabhängig von den Noten, gute Leistungen zu erbringen. An diese Motivation schließen später explizite Motive an, wie „ich will Geld verdienen", „ich will Leistungen erbringen, die gesellschaftlich anerkannt werden". Aus der Freude des Kindes beim problemlösenden Spiel wird so der Eifer des Erwachsenen, der als Wissenschaftler soziale Anerkennung findet und gutes Geld verdient.

Implizite und explizite Motive müssen zwar nicht deckungsgleich sein – ohne Widersprüche geht es im Leben nie zu, auch nicht im guten Leben – aber sie sollten zumindest kongruieren. Verliert der Wissenschaftler aus unserem Beispiel seine Stellung an der Universität und landet stattdessen in Arbeitsverhältnissen, in denen er Leistungen nur erbringen kann, indem er den Kopf ausschaltet, liegt eine Diskrepanz zwischen seiner impliziten und expliziten Motivation vor. In diesem Fall würde er „eigentlich" lieber nicht arbeiten, aber es bleibt ihm (scheinbar) nichts anderes übrig, um seinen Lebensunterhalt zu verdienen.

Ein anderes Beispiel: Ein Mensch mit einem starken Anschlussmotiv ist jemand, der die Nähe zu anderen Menschen sucht; offen, empathisch und hilfsbereit ist. Wer in der Kindheit nicht nur ein ausgeprägtes Leistungs-, sondern auch ein starkes Anschlussmotiv entwickelt hat, dann aber einen Beruf ergreift, in dem er für den Erfolg permanent die Ellenbogen ausfahren muss, bewegt sich auf Dauer in einem ungesunden Widerspruch mit sich selbst. Das muss ihm zunächst gar nicht mal bewusst sein. Aber der intrapsychische Konflikt äußert sich als **hidden stressor** (unbewusster Stressfaktor), der sein Wohlbefinden und seine Leistungsfähigkeit beeinträchtigt. Die Leistungsfähigkeit, weil er beim Handeln nicht nur gegen äußere, sondern immer auch gegen innere Widerstände ankämpfen muss. Das Wohlbefinden, weil der motivationale Widerspruch kein stimmiges Lebensgefühl zulässt; man kann sich nicht darüber freuen, die Zielvorgaben des Unternehmens erfüllt zu haben, wenn einem die Aktivität, die dafür notwendig war, eigentlich widerstrebt.

Wer das Gefühl hat, nicht mit sich selbst im Reinen zu sein, würde „eigentlich gerne etwas anderes machen". Er beginnt zu zweifeln. An seinem Lebens- und Arbeitsumfeld. Aber auch an sich selbst. Bin ich zu doof? Zu schwach? Zu sentimental? Zu faul? Wo endet die notwendige

Selbstkritik, ohne die es keine Veränderung gibt, und wo beginnt der Selbstzweifel, der einem das Leben unnötig schwer macht? Vielleicht da, wo man anfängt sich zu verbiegen. Denn wer sich verbiegt, der verändert sich nicht, der leidet nur. Statt sich in falschen Selbstzweifeln zu ergehen, die einen ja doch nicht voranbringen, sollte man sich lieber auf einen offenen und ehrlichen Reflexionsprozess einlassen. „Eigentlich würde ich gerne einen anderen Job machen." Aber soll ich es wirklich machen? Soll ich kündigen? Auf sicheres Geld verzichten? Neu anfangen, ohne zu wissen, wohin das führt? Es ist doch so: Der Job ist nicht das, was ich gerne tue, aber er ermöglicht mir vieles, was ich gerne tue. Und er ernährt meine Familie. Dafür lohnt es sich doch. Oder? Außerdem kann ich meine Position doch auch anders ausfüllen. Meinen eigenen Führungsstil etablieren. Ja? Kann ich das? In dieser Unternehmenskultur? Hmh!? Wer sagt überhaupt, dass es mir nicht gelingen wird, eine andere Stelle zu finden, die besser zu mir passt und finanziell vergleichbar attraktiv ist? Warum blicke ich durch das Fenster der Angst auf meine Zukunft? Warum bin ich nicht neugieriger, zuversichtlicher, mutiger?

Aus Gedanken werden Gespräche. In Gesprächen finden Klärungsprozesse statt. Klärungsprozesse bahnen Entscheidungen an, die wir schließlich treffen und verantworten müssen – allem voran vor uns selbst. Das ist die Freiheit, die uns gegeben ist. Eine freie Entscheidung mag so oder so ausfallen, es wird die richtige sein. Es gibt Widersprüche im Leben, die man mutig auflösen kann. Mit anderen muss man lernen zu leben. In beiden Fällen ist es aber wichtig, dass man sich die Widersprüche überhaupt einmal bewusst macht. Der größte Fehler ist nämlich: angetrieben von unbewussten Konflikten sich im Hamsterrad bis zur Besinnungslosigkeit abzustrampeln.

Folgen Sie zunächst dem Psychologen in Ihnen und analysieren Sie, was hinter dem Wort „eigentlich" steckt. Wenn Sie dann bis zu dem Punkt der freien Entscheidung vorgedrungen sind, an dem Ihnen die Alternativen klar vor Augen stehen, geben Sie das Ruder an den Motivator ab und streichen das „eigentlich" aus ihrem Wortschatz – um die Sache sein zu lassen oder sie wirklich zu machen!

55

WENN'S DRAUF
ANKOMMT!

Träume groß!
Arbeite hart!
Handle intuitiv!

Worauf kommt es dann an? Was macht den Unterschied zwischen Erfolg und Misserfolg, wenn viel auf dem Spiel steht? Im Grunde geht es immer um den dreifachen Imperativ: Träume groß! Arbeite hart! Handle intuitiv! „Unsere Wünsche", sagt Goethe in Dichtung und Wahrheit, „sind Vorgefühle der Fähigkeiten, die in uns liegen, Vorboten desjenigen, was wir zu leisten imstande sein werden. Was wir können und möchten, stellt sich unserer Einbildungskraft außer uns in der Zukunft dar; wir fühlen eine Sehnsucht nach dem, was wir schon im Stillen besitzen. So verwandelt ein leidenschaftliches Vorausgreifen das wahrhaft Mögliche in ein erträumtes Wirkliches." Damit es aber nicht nur beim bloßen Traum, beim bloßen Wunsch bleibt, braucht es harte Arbeit. Wir bekommen nicht das, wovon wir träumen, sondern wofür wir arbeiten. Aber selbst mit der harten Arbeit ist es noch nicht getan. Wir müssen im richtigen Moment an der richtigen Stelle das Richtige tun. Wie? Indem wir uns der Intuition überlassen. Ein Fußballer, der die gesamte Woche über hart trainiert hat, alles verstanden und beherzigt hat, was für den Erfolg wichtig ist, kann und soll sich im Spiel seiner Intuition überlassen. Wenn er das nicht tut, sondern stattdessen in Gedanken ständig damit beschäftigt ist, alles so umzusetzen, wie er es gelernt hat, und dabei ja keine Fehler zu machen, wird er immer einen Schritt zu langsam sein. Auf das Leben übertragen heißt das: Machen Sie im entscheidenden Augenblick, wenn es drauf ankommt, einen Schritt zur Seite, um die Sache, an der Sie so lange gearbeitet, die Sie so akribisch vorbereitet haben, für sich selbst sprechen und Ihre Intuition walten zu lassen.

56

SOKRATISCHES NICHTWISSEN

Kognition heißt Denken. Durch das Denken produzieren wir Wissen. Beim Thema kognitive Leistungsfähigkeit geht es zunächst um zwei Wissensformen. Erstens, um das technisch-prozedurale Wissen, das wir uns aneignen, indem wir praktische Problem lösen. Zweitens, um das faktisch-kristalline Wissen, das wir nach dem Schneeballprinzip vermehren, indem wir neue Informationen mit bekannten verknüpfen. So wichtig diese beiden Wissensformen sind - sie sind nicht alles. **Zum Denken gehört das Nachdenken.** Beim Nachdenken geht es nicht nur darum, ein akutes Problem zu lösen, oder neue Informationen abzuspeichern, oder sich neue Ziele zu setzen, sondern denkend nach dem Wesen der Sachen zu fragen. Versuchen zu verstehen, was etwas ist. Das Wissen, das auf

diese Weise produziert wird, hat eine intrinsische Beziehung zum Nichtwissen. Und das hält viele Menschen davon ab, sich „zu viele Gedanken zu machen". Wer einer Sache auf den „Grund" geht, wird nämlich unvermeidlich auch mit dem „Abgrund" des eigenen Nichtwissens konfrontiert. Irritationen, Zweifel, Fragen über Fragen stellen sich ein. Aber das gehört zum Denken dazu.

Der berühmteste Satz von Sokrates lautet: „Ich weiß, dass ich nichts weiß." Aber was bedeutet er eigentlich? Gesteht uns Sokrates damit, dass er nicht so klug wie seine Zeitgenossen war? Wohl kaum. Warum sollte ausgerechnet Sokrates, den das Orakel von Delphi den klügsten Athener nannte, so kleinmütig gewesen sein? Oder spricht aus dem Satz im Gegenteil die hochmütige Ironie desjenigen, der es in Wahrheit doch besser zu wissen meint und mit seinem Unwissen nur kokettiert? Ja, ein gewisses Maß an Koketterie gehört zur sokratischen Gesprächsführung dazu. Aber es handelt sich dabei nicht um jene unbescheidene Bescheidenheit, die Karl Kraus einmal mit den Worten charakterisiert hat: "Warum machen Sie sich so klein, mein Herr? Sie sind doch gar nicht so groß." Worum handelt es sich dann? Vielleicht um eine Art tragischer Resignation? Um die Tragödie eines Menschen der angetrieben von einem unstillbaren Wissendurst an den Grenzen des Wissbaren überhaupt resigniert? „Und weiß, dass wir nichts wissen können, dass will mir schier das Herz verbrennen"? Nein, Sokrates ist nicht Faust. Dafür ist das sokratische „Ich weiß, dass ich nichts weiß" zu heiter, zu verspielt, zu gesprächig.

Vielleicht ist das sokratische Lob des Nichtwissens dreierlei: Ein Plädoyer gegen das Bescheidwissen, eine Einladung zum Gespräch und eine Kampfansage an jeden Dogmatismus.

Die sokratischen Dialoge handeln von Was ist?-Fragen". Fragen, deren Antworten wir für gewöhnlich als selbstverständlich voraussetzen. Was ist Freundschaft? Was ist Tapferkeit? Was ist Gerechtigkeit? Letztlich: Was ist ein gutes Leben? Das Erste, was Sokrates im Dialog mit seinen Gesprächspartnern macht, ist ihnen die Gewissheit zu nehmen, dass sie die Antwort auf diese Fragen schon kennen. Nicht, um sie zu irritieren und zu verunsichern, sondern um das frag*würdige* der Fragen hervorzuheben. Aus dem Plädoyer gegen das Bescheidwissen wird so eine Einladung zum Gespräch:

Ich weiß, dass ich nur dann etwas lernen kann, wenn ich weiß, was ich nicht weiß. Ich weiß, dass eine Meinung über etwas noch kein Wissen von etwas ist. Ich weiß, dass ich es bei meiner bloßen Meinung genauso wenig bewenden lassen kann wie bei eurer. Ich weiß, dass wir vorläufig nicht viel mehr haben als unsere Meinungen. Ich weiß, dass wir ein Wissen nur erlangen können, wenn wir unseren Meinungen im offenen Gespräch auf den Grund gehen. Ich weiß, dass das Wissen kein Besitz, sondern das Produkt einer gemeinschaftlichen Aktivität ist. Ich weiß, dass es in bestimmten Fragen Experten gibt, die mehr als ich wissen. Ich weiß aber auch, dass es in der wichtigsten Frage – der nach dem richtigen Leben – keine Experten, sondern nur Laien gibt.

Während Sokrates das Nachdenken über die großen Fragen des Lebens uns allen zugetraut und zugemutet hat, waren andere so freundlich uns diese Arbeit abzunehmen. Statt in mühevoller Sisyphusarbeit die großen Fragen rauf und runter zu wälzen, können wir es uns natürlich auch in dogmatischen Glaubenssystemen bequem machen, in denen wir von dem anstößigen Nichtwissen verschont bleiben. Zu diesen dogmatischen Glaubenssystemen gehören heute nicht mehr nur die religiösen Systeme, sondern auch die verkürzten wissenschaftlichen Diskurse, die meinen alle großen Fragen des Lebens auf ihr Fachgebiet reduzieren zu können. Am Beispiel der alten Frage nach dem Verhältnis von Körper, Geist und Seele wird das deutlich.

Wo früher die Religion den Menschen erklärt hat, dass sie nicht nach leiblichem Wohlbefinden streben, sondern sich in der Kirche um ihr Seelenheil kümmern sollen, treten heute reduktionistische Wissenschaftsdiskurse unter entgegengesetzten Vorzeichen mit derselben falschen Autorität auf: Selbstbewusstsein, Geist, Seele,

Freiheit – das gibt es ihrer Meinung nach alles gar nicht. Das sind nur antiquierte, quasireligiöse Vorstellungen, die sich so hartnäckig erhalten, weil sie sich in den natürlichen Sprachen eingenistet haben. Mit der Wirklichkeit haben sie nichts zu tun. In Wirklichkeit sind wir unser Gehirn. Der naive Mensch hat früher geglaubt, dass der Gott Zeus dafür verantwortlich ist, dass es am Nachthimmel blitzt. Bis die Naturwissenschaften ihm nachgewiesen haben: es sind elektrische Entladungen in den Wolken. Heute glaubt der naive Mensch, dass er eine Persönlichkeit hat, die für seine Handlungen verantwortlich ist. Die Naturwissenschaften weisen ihm nach: Es sind nur elektrische Entladungen in seinem Gehirn. Ionen, die an Zellwänden depolarisieren. Wir müssen endlich diesen Tatsachen auch gesellschaftspolitisch Rechnung tragen. Was sollen all die Debatten über das Verhältnis von Mensch, Natur und Technik? Das ist alles dasselbe. Die Technik ist natürlich. Wie die Vögel ihre Nester bauen, bauen wir unsere elektromagnetischen Netze. Der Mensch ist ein technisches Problem. Wir brauchen keine humanistischen Debatten über das gute Leben. Wir brauchen Daten, um das natürliche Leben zu verwalten. Vergessen wir die ganzen Kultworte, an die wir uns gewöhnt haben. Die helfen uns nicht weiter. Das ist alles Religion. O.K., Religion hat's gegeben. Religion ist also auch irgendwie natürlich. Aber es muss doch möglich sein, zeitgemäß zu glauben. Statt an Gott kann man doch an Außerirdische glauben. Statt an die Himmelfahrt an die interstellare Raumfahrt. Statt an die Ankunft oder an die Rückkehr des Messias an das Erscheinen der Singularität (der GI = General Intelligence) im Jahr 2030. Statt an die geistige Erleuchtung an die neuronale Verlinkung mit dem Cyberspace.

Wie jede Form des Denkens erstarrt auch das wissenschaftliche Denken zur Ideologie, wenn es nicht sokratisch auf das eigene Nichtwissen reflektiert. Mit Blick auf die neurowissenschaftlichen Debatten über das Verhältnis von Gehirn und Geist muss man daher immer wieder daran erinnern, dass die Neurowissenschaften nicht einmal die bewusste Wahrnehmung eines einzigen Grashalms erklären können. Die Neurowissenschaften wissen nicht, warum sich durchs Gehirn prozessierende elektrisch geladene Teile zu „so etwas wie" einem bewussten Erleben aufaddieren. Sie werden es vermutlich nie

wissen, weil wir zu den Elementen, die die Phänomene des Bewusstseins erklären sollen, selbst nur in Gestalt von bewussten Phänomenen Zugang haben. Das heißt: entweder setzen wir das, was es zu erklären gilt, in der Erklärung schon voraus, oder wir müssen zu der Behauptung Zuflucht nehmen (was tatsächlich geschieht), dass es hier überhaupt nichts zu erklären gibt. Besser wäre es da doch, das Nichtwissen als solches sokratisch zu benennen, um sich vor übereilten Schlussfolgerungen in Bezug auf unser Menschen- und Weltbild zu hüten. Denn, dass es tatsächlich keine empirische Erklärung für das bewusste Leben und das lebendige Bewusstsein gibt, davon kann man sich auch in seriösen neurowissenschaftlichen Lehrbüchern überzeugen: „Wie die parallelen Ströme sensorischer Daten letztendlich zu Empfindungen, Wahrnehmungen, Bildern und Ideen verschmelzen, bleibt der Heilige Gral der Neurowissenschaften."[9]

Erinnern wir uns an dieser Stelle daran, was wir in den Kapiteln zuvor über die Abspeicherung von Erfahrungen gelernt haben. Wir speichern eine Erfahrung –„was etwas ist", „wie man etwas macht"– in Form von neuronalen Verschaltungen in unserem

Eine Informationsverarbeitung findet
nur in einer Relation von Materie und
Geist statt, die nicht die der
Identität sein kann.

Gehirn ab, die man Ensemble-Codes oder neuronale Karten nennt. Später können wir dann auf diese Codes und Karten zurückgreifen, sodass wir z. B. den Apfel von der Zwiebel unterscheiden („was etwas ist") oder beim Tennis die Aufschlagbewegung korrekt durchführen („wie man etwas macht"). Aber wer ist dieses „wir" bzw. dieses sprachlich unvermeidliche „ich", das permanent eine Instanz ins Spiel bringt, die nicht identisch mit den neuronalen „Ensemble-Codes" und „Karten" ist? Wer oder was decodiert die Ensemble-Codes? Wer oder was liest die neuronalen Karten? Die Frage bringt die Reduktionisten in der Leib-Seele-Debatte in Verlegenheit, aus der sie sich mit einer Gegenfrage befreien: ob man denn meine, dass im Gehirn ein kleiner „Homunculus" säße, der die neuronalen Karten in der Hand hielte, um darauf „Zwiebeln", „Äpfel", „Grashalme" usw. zu identifizieren? Man meint gar nichts! Man

nimmt nur unbefangen ein Nichtwissen zur Kenntnis. Wir wissen schlicht nicht, wie wir uns das bewusste Leben oder das lebendige Bewusstsein naturwissenschaftlich aus den materiellen Strukturen des Gehirns erklären sollen: „Wer will was Lebendiges erkennen und beschreiben/ Suche erst den Geist herauszutreiben/ Dann hat er die Teile in seiner Hand/ Fehlt leider! nur das geistige Band."[10]

Ein materialistischer Reduktionismus führt in letzter Instanz sogar den Schlüsselbegriff der Gehirnforschung selbst – die „Informationsverarbeitung" – ad absurdum. Rein materialistisch betrachtet gibt es im Gehirn überhaupt keine Informationen, die verarbeitet werden. Es gibt, wie Leibnitz schon gezeigt hat, nur physikalische Teilchen, die sich bewegen. Wenn die Erde die Sonne umkreist, sprechen wir ja auch nicht von einer Information, die verarbeitet wird,

sondern von einer physikalischen Bewegung, die stattfindet. Eine Informationsverarbeitung findet nur in einer Relation von Materie und Geist statt, die nicht die der Identität sein kann. Ein geknotetes Taschentuch ist einfach ein materielles Ding mit einer bestimmten Struktur. Erst im Verhältnis zum menschlichen Geist wird daraus ein Erinnerungszeichen, also eine Information. Wer das geistige Bewusstsein auf die materielle Struktur des Gehirns reduziert, löst damit auch den Informationsbegriff auf, der das Gehirn von anderen materiellen Strukturen unterscheidet. Fazit: Ohne Gehirn kann man nicht Denken. Ohne Finger kein Klavier spielen. Aber genauso wenig wie sich eine Sonate von Beethoven aus der Anatomie der Finger ableiten lässt, lässt sich das bewusste Nachdenken aus den elektrochemischen Prozessen im Gehirn ableiten. Man kann den Geist nicht auf die Materie reduzieren. Was man aber sehr wohl tun kann, ist die eigene kognitive Leistungsfähigkeit so zu trainieren, wie ein Pianist die Technik seines Klavierspiels trainiert.

57

WIE FREI SIND WIR?

Wenn wir auf dem Sportplatz einen Ball in die Luft werfen, dann ist seine Flugbahn durch den Impuls, die Schwerkraft und die Windverhältnisse eindeutig bestimmt. Die Naturgesetze legen die Flugbahn des Balls fest. Aber wie ist das mit der Bahn, die wir im Leben durchschreiten: mit unserem Lebenslauf? Kann es sein, dass der von Geburt an genauso festgelegt ist wie die Flugbahn des Balls? Schließlich sind wir doch ein Teil der Natur. Schließlich folgen die Elektronen in unserem Gehirn genauso den Gesetzen der elektrostatischen Anziehungskraft wie der Ball den Gesetzen der Schwerkraft. Müsste nicht alles, was geschieht, eine einzige große Kette (bzw. ein Bedingungsgefüge) von Ursachen und Wirkungen sein? Sicher, die Interaktionen von Milliarden Neuronen im Gehirn sind so

komplex, dass das Gehirn praktisch immer eine Blackbox bleiben wird, aber theoretisch müsste es sich doch berechnen lassen, was dort vor sich geht. Wären alle Daten und alle Naturgesetze bekannt, dann müsste man die Handlungen eines Menschen im Leben genauso vorhersagen können wie die Flugbahn des Balls auf dem Sportplatz. Dann müsste heute schon ganz genau feststehen, was wir morgen sagen und denken werden.

Das ist eine alte Vorstellung, die Determinismus genannt wird. Schon im 18. Jahrhundert wurde sie mustergültig von Pierre-Simon Laplace (1749–1827) in einem Gedankenexperiment ausgeführt: Ein allwissender Dämon, so Laplace, der alle Naturgesetze kennt und das kosmische Geschehen bis in jede subatomare

Einzelheit vor Augen hat, kann alles vorhersagen, was sich in der Zukunft ereignen wird.

Führen wir dieses Gedankenexperiment von Laplace weiter aus. Stellen wir uns vor, dass sein Dämon bei einem Philosophen zu Besuch ist, der hartnäckig an der Idee des freien Willens festhält. Der Dämon versucht den renitenten Philosophen zu überzeugen: „Frag mich etwas, ich beweise Dir, dass alles vorherbestimmt ist." Der Philosoph öffnet das Fenster seiner Wohnung und blickt auf die Straße. „Wann wird hier der erste Spaziergänger um die Ecke biegen?" Der Dämon lächelt: „In exakt 30 Sekunden." Und tatsächlich, so geschieht es. Der Philosoph fragt weiter: „Da sitzen zwei Tauben auf dem Baum. Welche wird zuerst losfliegen?" Der Dämon bleibt die richtige Antwort nicht schuldig. „Gut", sagt der Philosoph, „eine Frage habe ich noch: Wann werde ich dieses Fenster schließen und dich bitten zu gehen?" Nach einer kurzen Pause antwortet der Dämon ein wenig resigniert: „In dem Augenblick, in dem du das Wissen, das ich dir anbiete, zu deinem eigenen Schaden ausschlagen wirst." Der Philosoph lächelt: „Du orakelst ja, ich dachte du wärst der Gott der Naturwissenschaft."

Tatsächlich hat der Determinismus mit den empirischen Naturwissenschaften eigentlich nichts zu tun. Die Naturgesetze erklären uns, warum der Ball, den ein Sportler wirft, so und so weit in diese und jene Richtung fliegt. Aber sie erklären uns nicht, warum der Sportler den Ball überhaupt wirft. **Es gibt schlicht und einfach keine Naturgesetze, die Aussagen über den menschlichen Willen treffen.** Der Determinismus läuft tatsächlich nur auf die leere Tautologie hinaus: Wenn wir alles wüssten, wüssten wir alles.

Nun gibt es zwar keine empirischen Naturgesetze, die der Erfahrung der Freiheit widersprechen, aber doch einige interessante empirische Experimente, die zumindest Zweifel an der Möglichkeit der Freiheit wecken. Das berühmteste ist das sogenannte Libet-Experiment.[11] 1983 schloss der amerikanische Physiologe Benjamin Libet Probanden an ein EEG an, um die elektrische Aktivität in ihrem Gehirn aufzuzeichnen, während sie auf eine Uhr mit einem schnell laufenden Zeiger blickten. Die Aufgabe der Probanden bestand darin, willkürlich den Finger zu heben und mithilfe der Uhr den Zeitpunkt zu bestimmen, an dem sie die Entscheidung („Finger heben") getroffen hatten. Libet konnte nun vor dem Augenblick der bewussten Entscheidung auf dem EEG bereits eine elektrische Aktivität im Gehirn (ein Bereitschaftspotenzial) beobachten. Also: Erst kommt eine elektrische Aktivität im Gehirn, dann die bewusste Entscheidung und dann die Handlung. Libet beschrieb seine Beobachtung wie folgt: „Das Gehirn leitet zuerst den Willensprozess ein. Die Versuchsperson wird sich später des Drangs oder Wunsches zu handeln bewusst."[12] Aus dieser Beschreibung zogen dann Gehirnforscher wie Wolf Singer die Schlussfolgerung, dass Entscheidungen das Produkt von materiellen Prozessen sind, die vollständig unabhängig von so etwas wie einem Bewusstsein oder einem freien Willen ablaufen. Demnach hätte das Bewusstsein auf unsere Handlungen genauso viel Einfluss wie der Kinobesucher auf die Handlung des Films – nämlich gar keinen.

Zwar sind in jüngster Zeit die Gehirnforscher (zu Recht) vorsichtiger geworden, was solche Schlussfolgerungen angeht, aber die Meinung, dass es sich beim Begriff der bewussten Entscheidungsfreiheit, um eine wissenschaftlich widerlegte Illusion handle, wird trotzdem in vielen popu-

lärwissenschaftlichen Büchern immer noch als unumstößliches Faktum präsentiert. Selbst ein reflektierter Denker wie Yuval Noah Harari schreibt apodiktisch: „Die elektrochemischen Abläufe im Gehirn […] sind entweder deterministisch oder zufällig oder eine Mischung aus beidem – aber sie sind niemals frei […]. Der freie Wille existiert nur in den imaginären Geschichten, die wir Menschen erfunden haben."[13]

Aber gibt das Libet-Experiment wirklich Anlass zu so apodiktischen Deutungen? Nein. Tatsächlich gibt es kaum einen Aspekt am Libet-Experiment – von der Versuchsanordnung bis zur Schlussfolgerung –, der nicht problematisch wäre. Warum etwa wird das Bereitschaftspotenzial als Akt der Willensentscheidung interpretiert und nicht als das, was es dem Begriff nach ist: eine Bereitschaft, etwas zu tun, ein Potenzial, das erst noch durch eine Entscheidung aktualisiert werden muss? Und was hat das gesamte Setting dieses Experiments überhaupt mit einem freien Willen zu tun? Hier wird nicht der „freie Wille", sondern der „leere Wille" untersucht. Es ist eine Entscheidung ohne Sinn und Bedeutung, wann ein Proband im Labor den Finger hebt oder nicht hebt. Im Gegensatz z. B. zu der Entscheidung, wann ein Abgeordneter im Parlament den Arm hebt. Es gehört schon eine gehörige Portion, wie soll man es nennen, Unbekümmertheit oder Betriebsblindheit, dazu, um die Situation, in der ein Mensch eine echte Entscheidung trifft, die er vor sich und anderen verantworten muss, auf die Situation in einem Labor abzubilden, in der ein verkabelter Proband in einem weißgetünchten Raum aufgefordert wird: „Heben Sie einfach Ihren Finger, egal wann, aber merken Sie sich ganz genau den Zeitpunkt."

Der freie Wille ist keine theoretische Obsession, die nur von Philosophen gehegt und gepflegt wird. Dieser Begriff steht, wie Kant sagt, im Zentrum unseres Selbstverständnisses als handelnde Personen. Wenn es keinen freien Willen gäbe, würden wir nicht das Gefühl der Verantwortung haben, das wir z. B. in der Reue und im Stolz spüren. Wenn es keinen freien Willen gäbe, würden wir die Handlungen unserer Mitmenschen nicht mit Dankbarkeit oder Enttäuschung zur Kenntnis nehmen. Wenn es keinen freien Willen gäbe, würden wir niemals ein mulmiges Gefühl vor einer wichtigen Entscheidung haben. Weil der Begriff der Freiheit für das menschliche Selbstverständnis so wesentlich ist, ist es notwendig ihn immer wieder zu durchdenken. Ihn anzunehmen, zu widerlegen, zu bestreiten, zu rechtfertigen und zu verteidigen. Es ist nach Kant das Bewusstsein der Freiheit, das frei macht. Und je intensiver wir uns mit einer Sache auseinandersetzen, umso bewusster wird sie uns. Deshalb ist es gut, dass der Begriff der Freiheit umstritten ist.

> Wenn es keinen freien Willen gäbe, würden wir die Handlungen unserer Mitmenschen nicht mit Dankbarkeit oder Enttäuschung zur Kenntnis nehmen.

58

DER MENSCH IST EIN SOZIALES WESEN

Soziale Beziehungen stehen am Anfang der Entwicklung unserer kognitiven Fähigkeiten: Sprechen, lesen und schreiben erlernen wir nur im engen Austausch mit anderen Menschen. Im Zuge des Spracherwerbs verinnerlichen wir ein Symbolsystem, an dessen Entstehung unzählige Menschen über Generationen hinweg mitgewirkt haben. Selbst ein Eremit im Wald, der nur noch im inneren Monolog mit sich selbst spricht, steht über die Sprache in einem symbolischen Netzwerk von sozialen Beziehungen, die seine Gedanken und Gefühle strukturieren. Die Bedeutung der sozialen Beziehungen für unsere kognitiven Fähigkeiten manifestiert sich aber nicht nur im sprach-

lichen, sondern auch im biologischen Wesen des Menschen. Von allen Lebewesen braucht der Mensch nach der Geburt am längsten die Unterstützung von anderen, bis er im Vollbesitz seiner geistigen und körperlichen Kräfte ist. Die in der Soziobiologie immer wieder prominent vertretene These, dass das Zusammenleben primär vom Konkurrenzkampf „egoistischer Gene" bestimmt wird, ist nur eine Teilwahrheit über die Natur des Menschen. Der Mensch ist ein Mangelwesen, das auf die Kooperation mit seinen Artgenossen angewiesen ist. Wenn es ein „Erfolgsgeheimnis" der menschlichen Evolution gibt, dann liegt es eher in der Kooperation als in der Konkurrenz.[14]

Die soziale Natur des Menschen zeigt sich nicht zuletzt an den neuro-biologischen Motivationssystemen im Gehirn, die ein entscheidendes Wört-chen mitzureden haben, wenn es um das Warum und Wozu unserer Hand-lungen geht. Die beiden wichtigsten Botenstoffe (Neurotransmitter), mit denen unsere Motivationssysteme arbeiten, sind **Dopamin und Oxyto-cin.** Dopamin wird z. B. freigesetzt, wenn wir uns über ein Erfolgserlebnis freuen. Es ist einer der Gründe, war-um ein Erfolgserlebnis oft eine Serie von Erfolgen in Gang setzt. Die Aus-schüttung von Dopamin verursacht nämlich nicht nur ein gutes Gefühl, sondern steigert auch die Leistungsfä-higkeit. Oxytocin ist das biologische Substrat von Gemeinschaft, Vertrauen und Intimität. Es wird ausgeschüttet, wenn Menschen zusammen lachen, miteinander tanzen, einander berüh-ren, zärtlich zueinander sind. Oxyto-cin steigert nicht nur unser Wohlbe-finden, sondern schützt uns auch vor Krankheiten, indem es auf natürliche Weise den Blutdruck senkt, die Stress- und Angstsysteme beruhigt und zu einer allgemeinen psychischen Ent-spannung beiträgt.[15]

Stellen Sie sich vor, Sie sind beim Bowling. Sie haben die Bowlingku-gel in der Hand, konzentrieren sich, nehmen Anlauf, werfen die Kugel perfekt ab, die Kugel rollt in leichtem Bogen auf die Kegel zu und räumt sie allesamt ab. Strike! Sie betrachten gespannt das Geschehen, realisieren, dass Sie einen Strike geworfen haben, drehen sich um… und… es ist keine Menschenseele da. Sie spielen ganz allein in einer leeren Halle. Auf die Ausschüttung von Dopamin werden Sie in diesem Setting wohl vergeblich warten. Sie werden nicht laut jubeln. Sie werden vermutlich nicht einmal leise lächeln. Tatsächlich haben Stu-dien gezeigt, dass ein Bowlingspie-ler, der gerade einen Strike geworfen hat, erst in dem Augenblick zu lä-cheln beginnt, in dem er sich zu sei-nen Mitmenschen auf der Bank um-dreht. Jede Leistung, die ein Mensch erbringt, macht nur in einem sozialen Kontext Sinn, in dem sie anerkannt wird. Aus demselben Grund sprintet ein Fußballspieler, der gerade ein Tor geschossen hat, ohne eine Miene zu verziehen, über den ganzen Platz, um vor der eigenen Kurve in Jubel auszu-brechen.

Unsere sozialen Beziehungen sind die Quellen unserer Motiva-tion. „Die Motivationssysteme schal-ten ab", schreibt der Neurobiologe

Joachim Bauer, „wenn keine Chance auf soziale Zuwendung besteht, und sie springen an, wenn das Gegenteil der Fall ist. Alle Ziele, die wir im Rahmen unseres normalen Alltags verfolgen, die Ausbildung und den Beruf betreffend, finanzielle Ziele, Anschaffungen etc., haben aus der Sicht unseres Gehirns ihren tiefen, zumeist unbewussten Sinn dadurch, dass wir damit letztlich auf zwischenmenschliche Beziehungen zielen, das heißt, diese erwerben oder erhalten wollen. Das steht noch über dem, was landläufig als Selbsterhaltungstrieb bezeichnet wird."[16]

So wenig wie ein Mensch seine kognitive Leistungsfähigkeit und mentale Motivation alleine entwickeln kann, so wenig kann er sie alleine erhalten. Das zeigt sich insbesondere am Problem der Altersdemenz. Zu den interessantesten Studien, die diesem Problem auf den Grund gegangen sind, gehört die des Epidemiologen David Snowden, die als **Nonnenstudie** bekannt geworden ist. Snowden führte über einen Zeitraum von 20 Jahren in verschiedenen Klöstern der USA regelmäßig Demenztests mit über 70-jährigen Nonnen durch. Nachdem die Nonnen verstorben waren, untersuchte er ihre Gehirne auf abgebautes Gewebe, die sogenannten Plaques. Snowden kam in der Nonnenstudie zu zwei interessanten Befunden: 1.) Unter den Nonnen gab es signifikant weniger Demenzfälle als in der Normalbevölkerung. 2.) In den Gehirnen der verstorbenen Nonnen ließen sich genauso viele degenerative Veränderungen wie in der Normalbevölkerung nachweisen.[17] Die Nonnenstudie hat also bereits nachgewiesen, was nach Jahren intensiver pharmakologischer Forschung nunmehr auch einem breiteren Publikum bewusst wird: dass die Plaques (Beta Amyloide) nicht die einzige Ursache von Demenz sein können;[18] dass wir, statt immer nur auf Medikamente und neuerdings sogar Impfstoffe zu hoffen, rechtzeitig darauf achten sollten, unseren Lebensstil so zu gestalten, dass er unserer kognitiven Leistungsfähigkeit guttut. Und dazu gehört der Erhalt von guten sozialen Beziehungen bis ins hohe Alter. Die spannende Frage ist hier: Welche Faktoren waren im Leben der Nonnen ausschlaggebend dafür, dass sie bis ins hohe Alter geistig fit geblieben sind? Das Erste, was einem hier in den Sinn kommt, ist die maßvolle Lebensführung der Ordensleute in Bezug auf Ernährung, Bewegung und Erholung – nicht zu viel, nicht zu wenig. Aber mindestens

FREUNDE,
SAGT ARISTOTELES,
SIND MENSCHEN,
DIE EINANDER
DAS GUTE
WÜNSCHEN.

genauso wichtig wie diese Faktoren ist die Tatsache, dass die Nonnen in einer Gemeinschaft gelebt haben, in der sie nie aufs Abstellgleis geschoben, sondern zeitlebens gebraucht worden sind. Das ist ein Aspekt des Klosterlebens – so fremd es den meisten von uns ansonsten auch sein mag –, an dem wir uns als Gesellschaft ein Beispiel nehmen können.

Den Wert guter sozialer Beziehungen haben im Übrigen schon die griechischen Philosophen zu schätzen gewusst. Ihr Lob der Freundschaft rührt daher. In Aristoteles „Nikomachischer Ethik" lesen wir: „Niemand möchte ohne Freunde leben, auch wenn er alle anderen Güter besäße. Auch die Reichen, die Herrscher und die Mächtigen bedürfen bekanntlich der Freunde in besonderem Maß; denn was nützte ihnen all der Überfluss, wenn ihnen die Möglichkeit genommen wäre, Gutes zu tun, was besonders Freunden gegenüber geschieht und dort am meisten gelobt wird. Oder wie ließe sich ein solcher Überfluss ohne Freunde bewahren und erhalten? Denn je größer er ist, desto unsicherer ist er. In der Armut wiederum und im sonstigen Unglück hält man Freunde für die einzige Zuflucht. Den jungen Menschen hilft die Freundschaft, Fehler zu vermeiden, den alten verhilft sie zur Pflege und zur Unterstützung bei den aus Schwäche nachlassenden Tätigkeiten und denen, die in der Blüte ihres Lebens stehen, verhilft sie, werthaft zu handeln. Denn ‚wo zwei zusammen gehen' sind sie eher imstande zu denken und zu handeln."[19]

Ein pragmatisches Nutzen-Kalkül gehört zur Freundschaft – wie zu allen sozialen Beziehungen – dazu. Aber die Freundschaft lässt sich nicht darauf reduzieren. **Freunde, sagt Aristoteles, sind Menschen, die einander das Gute wünschen.** Gerade in der Exklusivität der Freundschaft machen wir also die Erfahrung, dass der andere Mensch unabhängig von dem Wert, den er für uns hat, einen universellen Wert an sich hat. Und wir realisieren, wie schwer es ist, diesem universellen Wert gerecht zu werden. Freunde wünschen einander das Gute. Aber was ist das Gute für den anderen? Wie schwer ist es, einen Rat zu geben und anzunehmen? Zu verstehen, was der andere hören muss und sagen will? Und wie schwer ist es dann erst, sich einen Begriff davon zu machen, was für eine größere Gemeinschaft von Menschen gut ist? Was also ein gutes Leben ist?

59

DIGITALISIERUNG

Daten sind das Öl des 21. Jahrhunderts. Sie sind der Rohstoff für die technische Informationsverarbeitung, die im 21. Jahrhundert in allen Lebensbereichen zum Einsatz kommt. Die Disruption des öffentlichen Lebens, zu der es im Zuge der Corona-Pandemie weltweit gekommen ist, hat den Trend zur Digitalisierung noch einmal beschleunigt. In Zukunft wird die digitale Kommunikation (sei es beruflich, sei es privat) noch stärker forciert werden, als sie es ohnehin schon wird: E-Commerce, Homeoffice, Tele-Medizin – um nur einige Stichworte zu nennen. Die Digitalisierung ist ein offener Prozess, der Chancen und Risiken birgt. Beides hat uns der pandemiebedingte „Lockdown" vor Augen geführt. Von einem Tag auf den anderen fanden sich Milliarden von Menschen in dem eigen-

tümlichen Zustand wieder, dass die digitalen Kommunikationsmittel die zwischenmenschlichen Begegnungen nicht mehr ergänzt und erweitert, sondern ersetzt haben. So dankbar man darüber war, in der Quarantäne mit anderen Menschen außerhalb des eigenen Hausstandes Kontakt halten zu können, so bewusst wurde einem doch: In einer Welt, die das soziale Leben auf ein Minimum „herunterfährt", während sie gleichzeitig die virtuelle Kommunikation maximal „rauffährt", kann es auf Dauer kein gutes Leben geben.

Nach der Schrift und dem Buchdruck ist die Digitalisierung die dritte große Innovation, die die kognitiven und kommunikativen Fähigkeiten der Menschheit auf revolutionäre Weise erweitert. Heute begegnen wir Bedenken gegenüber der Digitalisierung, die auf ähnliche Weise schon gegenüber der Schrift und dem Buchdruck hervorgebracht wurden. Kein geringerer als Platon hat beispielsweise davor gewarnt, dass die schriftliche Kommunikation das lebendige Gespräch von Angesicht zu Angesicht verdrängen könnte. In Bezug auf seine eigenen Schriften hat er gesagt: Sie führen auf dem Weg der Erkenntnis nur bis zu einem bestimmten Punkt – die letzten Schritte muss man im persönlichen Gespräch gehen. Das Medium der Schrift ist nach Platon problematisch, weil hier die unmittelbare Kontrolle von Rede und Gegenrede fehlt, die dem Gespräch eigen ist.

Platons Schriftkritik ist einseitig, denn sie verkennt nicht nur die Nachteile des Gesprächs, z.B. dass der eine den anderen durch sein Charisma überwältigt, sondern auch die Vorteile der Schrift, z.B. dass man die Ruhe hat, über das geschriebene Wort nachzudenken. Aber selbst wenn man die platonische Schriftkritik in jeder Hinsicht akzeptieren würde, bliebe es doch eine Tatsache, dass wir nur aufgrund des kritisierten Mediums – der Schrift – von ihr Kenntnis bekommen haben. Dem Medium der Schrift ist

es zu verdanken, dass die platonische Philosophie über den winzigen Kreis von Akademikern hinaus, die vor 2.500 Jahren in Athen gelebt haben, bis heute auf der gesamten Welt zum Gegenstand eines lebendigen Gesprächs – von Angesicht zu Angesicht – zwischen Menschen werden kann.

Wie sich der Prozess der Digitalisierung ausgestalten wird, hängt maßgeblich davon ab, welchen Gebrauch wir von den digitalen Kommunikationsmitteln machen. Nutzen wir die technischen Möglichkeiten, die uns zur Verfügung stehen, um uns weiterzuentwickeln, oder lassen wir uns von ihnen benutzen, um die Entwicklung der Technik voranzutreiben? Ein guter Maßstab, um das eine vom anderen im Alltag zu unterscheiden, ist **Gerald Hüthers Beschreibung des Entwicklungsprinzips** bei Kindern, das genauso für Erwachsene gilt: „Je reichhaltiger das Spektrum der Wahrnehmungen, Eindrücke, Denk- und Handlungsmuster ist, das ein Kind beim Heranwachsen kennenlernen darf, je vielfältiger und intensiver die Beziehungen sind, die es zu den Phänomenen seiner Lebenswelt, zu anderen Personen und anderen Lebewesen einzugehen in der Lage ist, und je vielfältiger die Gelegenheiten sind, die

es zum Erproben seiner eigenen Gestaltungsmöglichkeiten findet, desto komplexer werden die Verschaltungsmuster, die es in seinem Gehirn stabilisieren kann."[20]

Die virtuellen Welten, die sich uns auf einen Knopfdruck eröffnen, sind so lange eine Erweiterung unseres Erfahrungsspektrums, wie sie die zwischenmenschlichen Begegnungen ergänzen und nicht reduzieren. Eine Online-Schachpartie ist eine gute Sache, wenn einem der Schachpartner gerade abgesagt hat. Aber wenn das Online-Schachspielen dazu führt, dass man überhaupt nicht mehr auf die Idee kommt, dass man auch auf dem Balkon oder der Terrasse mit einem realen Gegenüber spielen könnte, dann ist das schlecht, weil das Spektrum an „Wahrnehmungen, Eindrücken, Denk- und Handlungsmustern", die man in der wirklichen Welt macht, viel größer ist als in der virtuellen Welt. Und wenn das schon bei einer so kopflastigen Sache wie dem Schachspiel der Fall ist, um wie viel mehr gilt das erst für alle anderen Formen der zwischenmenschlichen Interaktion?

Die Vorstellung, man könne die Kernbereiche des sozialen Lebens –

von der Schule über die Universität bis hin zum privaten Gespräch – immer stärker in die virtuelle Welt der Videokonferenzen verlagern, ist eine falsche Vorstellung. Die physische Präsenz - vom Hautkontakt bis zum Blickkontakt - lässt sich nicht einfach so ersetzen. Die Ärztin und Autorin Giulia Enders sagt: **„Hautkontakt senkt den Blutdruck und beruhigt Atem und Herzfrequenz. Im Blut sinkt durch ihn die Konzentration von Stoffen, die zu Entzündungen beitragen. Das wurde vor allem bei Patienten auf der Intensivstation und früh geborenen Kindern gezeigt. Einen ähnlichen Effekt hat nur längerer direkter Augenkontakt. Beides fehlt in virtuellen Welten, weshalb wir stundenlang darin versacken, ohne uns verbunden zu fühlen."**[21]

Diese Art des „Versackens" in virtuelle Welten kennen wir wohl alle: das stupide Rumgedaddel auf dem Handy, das endlose Durchklicken von YouTube-Videos, das depressive Betrachten dessen, was andere von ihrem Leben posten, das stumpfsinnige Überkonsumieren von Informationen, das Austauschen von belanglosen Nachrichten – in fünf Worten: **die Idiotie des digitalen Lebens.** Aber das Problem sind hier nicht die digitalen Medien, sondern der wenig bewusste Gebrauch, den wir von ihnen machen.

Jeden Tag treffen wir etliche Entscheidungen, die in der Summe unser Verhalten zur digitalen Welt bestimmen. Machen wir das Handy sofort nach dem Aufwachen an oder nehmen wir uns die Zeit, in Ruhe die Fenster zu öffnen, zu frühstücken und einen Kaffee zu trinken, bevor wir die neuesten Meldungen aus aller Welt an uns herankommen lassen? Sitzen wir wie gebannt stundenlang mit krummen Rücken vor dem Bildschirm oder achten wir auf unsere Sitzhaltung und ausreichend Bewegungspausen? Nehmen wir das Handy überall mit hin oder bleibt es zu Hause, wenn es nicht gebraucht wird? Lassen wir es dabei bewenden, uns bei Freunden per Nachricht „mal wieder zu melden", oder machen wir uns die Mühe, sie per Nachricht an einem Ort zusammenzutrommeln? **Das Leben, das wir führen, setzt sich aus der Summe der Entscheidungen zusammen, die wir tagtäglich treffen.** Das trifft auch auf unser „digitales Leben" zu. Durch unser Verhalten führen wir alle gemeinsam Regie in der Ausgestaltung des gesellschaftlichen Digitalisierungsprozesses.

60

STAUNEN KÖNNEN

Die Philosophie, sagt Aristoteles, kommt aus dem Staunen. Ihr Antrieb ist die Neugier zu wissen, was etwas ist. Diese Neugier, ist nicht nur die Antriebskraft der Philosophie, sondern des Lebens überhaupt. Sie treibt alle Lebewesen an. Selbst die allereinfachsten Organismen – Bakterien, Einzeller usw. – sind in gewisser Weise neugierig darauf, ihre Umgebung kennenzulernen. Beim Menschen ist die Neugier allerdings besonders stark ausgeprägt. Er ist der Generalist unter den Lebewesen. Sein Gehirn ist ein offenes System, das auf die Verarbeitung neuer Erfahrungen ausgelegt ist. Es läuft auf Hochtouren, wenn es sich in Rückkoppelungsschleifen befindet, in denen die mentalen Modelle, die wir uns gebildet haben, mit den neuen Erfahrungen, die wir machen, abgeglichen

werden. Umgekehrt verkümmert unser Gehirn, wenn wir uns permanent in immer denselben Meinungen, Routinen und Bewertungsmustern bewegen und nur solche Erfahrungen zulassen, von denen wir schon absehen können, dass sie unsere Gewohnheiten bestätigten werden. Das reduziert nicht nur unsere kognitive Leistungsfähigkeit. Dadurch wächst auch die Wahrscheinlichkeit des Scheiterns, sobald wir mit der psychosozialen Dynamik einer neuen Situation konfrontiert werden. Wir ziehen uns dann depressiv in „unsere eigene Welt zurück", in der die bekannten Denk- und Verhaltensmuster noch gelten. Oder beschwören aggressiv eine Situation herauf, in der wir sie wieder zur Geltung bringen können. Beides – die depressive und die aggressive Handlung – sind Re-

Wer sich die Fähigkeit zu stau- nen bewahrt hat, geht neugierig auf die Welt zu.

aktionen und keine Aktivitäten.

Der Weg aus dieser Sackgasse führt – das lehrt uns nicht nur die Philosophie des Geistes, sondern auch die Biologie des Gehirns – über die Selbsterkenntnis. Die Selbsterkenntnis löst uns aus der passiven Verstrickung in unsere Gefühle, Gedanken und Gewohnheiten und zeigt uns neue Handlungs- und Freiheitsspielräume auf. Sobald wir verstehen, welches mentale „Programm" in einer bestimmten Situation gerade unbewusst abläuft, gewinnen wir die Freiheit zurück, uns in dieser Situation so oder anders zu verhalten. Und dann sind wir auch in der Lage, wie der Neurobiologe Gerald Hüther schreibt, die einmal „installierten" Programme in unserem Gehirn „durch neue Erfahrungen zu überschreiben", so wie „ein einmal entwickeltes Gefühl verändert und durch ein neues ersetzt oder überlagert werden kann."[22]

Wer sich die Fähigkeit zu staunen bewahrt hat, geht neugierig auf die Welt zu. Er verleugnet sich nicht selbst, indem er sich immer gleich anpasst, aber er stellt sich auch nicht selbstherrlich über alles, indem er nur das gelten lässt, was seinen mentalen Modellen entspricht. Nur in diesem Zwischensein, in dieser Dialektik von dem „Insistieren auf den eigenen Erfahrungswerten" und der „Bereitschaft, sich auf neue Erfahrungen einzulassen" kann der hermeneutische Zirkel der Erkenntnis in Gang kommen, kann Entwicklung stattfinden, kann etwas Neues gelernt werden.

Wer nicht mehr staunen kann, ist unbelehrbar geworden. Daher beginnen die meisten platonischen Dialoge damit, dass Sokrates seine Gesprächspartner in Verwunderung versetzt, indem er ihnen zeigt, dass das, was ihnen immer selbstverständlich erschienen ist, gar nicht so selbstverständlich ist. Und nicht nur in der Philosophie sind das Staunen und die Neugier die stärksten Antriebskräfte, sondern auch in der modernen Wissenschaft. Was könnte selbstverständlicher sein, als dass ein Apfel vom Baum auf den Boden fällt? Newton hat sich darüber gewundert. Seine Verwunderung hat ihn neugierig gemacht: Warum eigentlich? Warum fällt der Apfel zu Boden?

Zu Staunen heißt: eine produktive Verunsicherung zuzulassen. Dadurch, dass wir uns über Verschiedenes wundern, öffnen sich Lücken in den kohärenten Selbst- und Weltbildern, die wir uns angeeignet haben. Da der Mensch aber nach einem Zustand der Kohärenz strebt, bei dem seine inneren Einstellungen mit den äußeren Gegebenheiten übereinstimmen, will er diese Lücken füllen. Deshalb lässt er sich auf einen Lernprozess ein. Er setzt sein bisher erworbenes Wissen in Beziehung zu den Gegebenheiten der neuen Situation. Er analysiert, wo es Deckungsgleichheiten, Anschlussstellen und unüberbrückbare Widersprüche gibt. Mit einem Wort: Er wird aktiv. Macht Erfahrungen. Lernt dazu. Entwickelt neue Denk- und Handlungsmuster, um die verlorene Kohärenz wiederzugewinnen.

Die Dynamik eines kognitiven Lernprozesses ist vergleichbar mit der eines motorischen Bewegungsablaufs. Jeder Schritt, den wir tun, beginnt damit, dass wir den Gleichgewichtszustand, in dem sich unser Körper befindet, aufgeben, und endet damit, dass wir ihn wiederherstellen. Kohärenz und Inkohärenz, Gleichgewicht und Ungleichgewicht, Spieler und Gegenspieler, Rede und Widerrede – Entwicklung ist ein dialektischer Prozess, in dessen Verlauf Gegensätze entstehen und wieder aufgehoben werden.

Das größte Hemmnis in jedem Entwicklungsprozess ist daher die Angst. Durch sie trainieren wir uns Vermeidungsstrategien an, um die kritischen Situationen, die uns aus der Balance bringen, aber eben dadurch auch in Gang setzen, zu umgehen. Stattdessen machen wir es uns im Schneckenhaus unserer Gewohnheiten „gemütlich". Aber gerade da kann es auch schnell ungemütlich werden – nicht nur eintönig, sondern auch gefährlich. Denn je besser ein Mensch im Leben gelernt hat, einen verlorenen Gleichgewichtszustand wiederherzustellen, je mehr Bewältigungsstrategien ihm aus Erfahrung zur Verfügung stehen, umso besser kann er sich in einer permanent verändernden Lebenswirklichkeit zurechtfinden; aus umso mehr Handlungsoptionen kann er in einer Gefahrensituation wählen.[23]

Stellen wir uns für einen Moment vor, das Leben, das wir führen, sei vollständig determiniert durch die Naturgesetze, die Weltgeschichte, die Neuronen in unserem Kopf; wir (was auch immer das dann ist) würden von unpersönlichen Kräften unweigerlich in eine bestimmte Richtung gedrängt. Welchen Sinn hätten dann noch die Neugier, die uns mitgegeben ist, die Erfahrungen, die wir machen, die Begegnungen, auf die wir uns einlassen, die Zufälle, die uns zustoßen, die Ideen, die wir haben, die Gespräche, die wir führen, die Texte, die wir lesen, die Hoffnungen, die wir hegen, die Aktivitäten, die wir entfalten? Ist es nicht ein absurder Begriff von Nichtwissen, zu meinen, dass es sich dabei nur um einen Mangel an Information handelt? Das Nichtwissen hat eine tiefere Bedeutung als den des bloßen Informationsmangels.

Es bedeutet, dass der Mensch nicht nur ist, sondern wird, dass er sich auf eine prinzipiell unableitbare, unvorhersehbare Weise in einem Spielraum des Möglichen entwickelt, der offen bleiben muss und wird.

61

DIE SEELE DES GEDANKENS

Unser Denken ist von unseren Gefühlen beseelt. Gefühle sind die Saiten, auf denen die Melodie des Lebens spielt. Man soll nicht glauben, dass die Wissenschaft eine Erklärung dafür hat, was Gefühle sind, oder gar eine Gebrauchsanweisung, wie wir mit unseren Gefühlen unter Vermeidung von Risiken und Nebenwirkungen am effektivsten umgehen sollten. Die menschliche Gefühlswelt ist viel größer als das Fenster, das die Wissenschaft zu ihr öffnet. Es lohnt sich aber immer, einen Blick aus diesem Fenster zu werfen. Schon der Vater der Evolutionstheorie, Charles Darwin, hat sich ausgiebig mit den Gefühlen von Menschen und Tieren beschäftigt. Darwin machte die Entdeckung, dass es universelle Basisemotionen

gibt, die nicht nur alle Menschen, sondern auch viele Tiere empfinden. Heute zählen wir dazu **sieben Basisemotionen: Neutralität, Wut, Überraschung, Angst, Ekel, Traurigkeit und Freude.**

Eine interessante Studie, die an der finnischen Aalto-Universität mit 700 Probanden durchgeführt worden ist, hat gezeigt: von den sieben Basisemotionen ist die Freude die einzige, die den gesamten Körper aktiviert. Das erklärt, warum Menschen, die Freude an dem haben, was sie tun, so produktiv sind. Es gibt wohl keinen Fußballer, der sich eben in einen Rausch gespielt hat, keinen Forscher, der eben ein schwieriges Problem gelöst hat, keinen Grafiker, der eben ein

Was wir gut machen, das macht auch Freude, und was Freude macht, das machen wir auch gut.

elegantes Design entworfen hat, keinen Anwalt, der eben zur argumentativen Höchstform aufgelaufen ist, der danach sagt: „Es war unerträglich, ich habe mich dabei die ganze Zeit schlecht gefühlt, war voller Angst und Stress."

Gefühle sind die Fühler, die unser Gemüt nach der Welt ausstreckt. Es gibt so viele Gefühlsnuancen, wie es Weltbezüge gibt. „Freude" ist ein Oberbegriff für eine Mannigfaltigkeit von Gefühlslagen. Wir können Freude empfinden, wenn wir an einem schönen Frühlingsmorgen mit einem frischen Kaffee in der Hand auf dem Balkon stehen. Oder wenn wir nach einem langen Arbeitstag nach Hause kommen und uns der Partner die Tür öffnet. Oder wenn wir im Sport in den Flow der Bewegung kommen, sodass alles wie von selbst läuft. Oder wenn wir nach langem Nachdenken beim Schach endlich den richtigen Zug finden, mit dem wir uns in eine vorteilhafte Position manövrieren. Oder wenn uns plötzlich ein schöner Satz einfällt, der unsere Gedanken treffend ausformuliert. Oder wenn wir unsere Kinder beobachten, wie sie die Welt erkunden. Es gibt unendlich viele Arten von Freude, die sich alle ein bisschen anders anfühlen, aber alle eines gemeinsam haben: Was wir gut machen, das macht auch Freude, und was Freude macht, das machen wir auch gut. Daher sollten wir nicht zu sehr mit dem Leben hadern. Schon gar nicht daran verzweifeln. Natürlich: Fehler, Unzulänglichkeiten, Missstände gibt es genug. Der Status quo ist der Status quo. Aber er muss es nicht bleiben.

WENN WIR DIE HOFFNUNG
NICHT VERLIEREN, DAS
NACHDENKEN NICHT
VERGESSEN, SOLIDARISCH
SIND, NEUGIERIG BLEIBEN,
AN UNSEREN TRÄUMEN
FESTHALTEN UND DIE
RICHTIGEN ENTSCHEIDUN-
GEN TREFFEN – WARUM
SOLLTE ES DANN KEIN
GUTES LEBEN GEBEN?

WAS IST DENN NUN EIN GUTES LEBEN?

WAS WIR IHNEN WÜNSCHEN

Ja, was ist denn nun ein gutes Leben? Die Antwort auf diese Frage werden wir Ihnen schuldig bleiben. Sie ahnen warum: Weil nur Sie die Antwort darauf kennen! Zum Abschluss dieses Buches wollen wir Ihnen hier lediglich noch das wünschen, was nach unserer Erfahrung zu einem guten Leben dazugehört.

Wir wünschen Ihnen, dass Sie Geschmack finden an einer gesunden pflanzen-basierten Ernährung mit viel Obst und Gemüse von regionalen Erzeugern; weniger hochverarbeitete Lebensmittel konsumieren müssen und mehr Zeit haben, um das Essen achtsam zuzubereiten; viele mediterrane Abende mit Freunden und Bekannten und anregenden Gesprächen erleben; und einen guten Tropfen zur rechten Zeit genießen können.

Wir wünschen Ihnen, dass Sie in Bewegung bleiben, ein Leben lang; auf Ihre koordinativen Fähigkeiten achtgeben, mit gezielten Übungen zu Hause oder mit dem Ball auf dem Sportplatz;

ausgiebige Spaziergänge unter freiem Himmel an der frischen Luft machen; dass Sie die Freude am Sport entdecken oder wiederentdecken; und auch im Alltag von dem Gefühl begleitet werden, einen Körper zu haben, der in guter Form ist.

Wir wünschen Ihnen, dass Sie genug schlafen; sich in einem produktiven Arbeits- und Lebensrhythmus einpendeln; den Satz „keine Leistung ohne Pause" beherzigen; möglichst viele Stunden, Tage und Wochen im produktiven Eustress verbringen und möglichst wenige im Disstress; dass Sie in Ihre Freizeit die Seele baumeln lassen können, ohne dabei träge zu sein; freie Zeit für Mußestunden haben, die Ihnen erhebende Ideen und anregende Begegnungen bescheren.

Wir wünschen Ihnen, dass Sie Ihr mentales Potenzial voll ausnutzen können; Ihren grauen Zellen immer wieder Gelegenheit zur Verknüpfung geben; in einem Arbeitsumfeld tätig sind, das Sie fordert, aber nicht überfordert; in Ihrem Berufsleben harte Nüsse knacken, aber sich niemals die Zähne ausbeißen; wir wünschen Ihnen, dass Sie nicht nur verstehen, warum der Geist vom Gehirn abhängig ist, sondern auch warum sich geistige Vorgänge nicht auf biologische Prozesse im Gehirn reduzieren lassen; dass Sie sich frei wissen und fühlen; und die technischen Hilfsmittel unserer Zeit so nutzen können, dass das Leben leichter und nicht komplizierter wird.

Wir wünschen Ihnen, dass Sie im Leben in jeder Hinsicht zur Balance finden und in Balance bleiben: wenn Sie zum Grübeln neigen, wünschen wir Ihnen eine Portion weniger Nachdenklichkeit und wenn Sie zum Aktionismus neigen, eine Portion mehr Besinnlichkeit; achten Sie auf einen kühlen Kopf, wenn Ihre Gefühle schnell überhand nehmen und geben Sie Ihren Gefühlen mehr Raum, wenn Sie nur noch in Gedanken leben.

Wir wünschen Ihnen, dass Sie Ziele haben, die Sie von ganzem Herzen erreichen wollen; dass Sie den Weg zu Ihren Zielen erkennen, indem Sie das Wesentliche vom Unwesentlichen zu unterscheiden lernen; dass Sie die Disziplin aufbringen, den Weg bis zum Ende zu gehen; und, wenn nötig die Einsicht, umzukehren oder einen anderen Weg einzuschlagen.

Und letztlich wünschen wir Ihnen, dass Sie in Ihrem Leben den Punkt erreichen werden, an dem Sie das tun, was Sie am besten können und was Ihnen am meisten Freude macht.

Wir wünschen Ihnen, dass Sie sich in einem Umfeld bewegen, das Sie in Ihrer Entwicklung fördert, in dem Sie gebraucht werden und für das Sie gerne Verantwortung übernehmen; wir wünschen Ihnen die Klugheit, um sich neuen Situationen anpassen zu können, aber auch die Kraft, sich nicht anpassen zu müssen. Wir wünschen Ihnen, dass Sie der Welt ohne Angst mit offenem Herzen und kritischem Blick begegnen können.

VORWORT

1 Die Werke des Hippokrates, hrsg. v. Richard Kapferer, Stuttgart 1953, Band 2, S. 47.
2 R.J. Joseph et al.: The neurocognitive connection between physical activity and eating behavior, Obesity Reviews, Oktober 2011, Vol. 12, S. 800-812.
3 Platon, Philebos (21 St.), Sämtliche Dialoge, hrsg. v. Otto Apelt, Hamburg 2004, Band 4, S. 52.
4 Ebd.
5 Platon, Der Staat (490 St.), a.a.O., Bd. 5, S. S34 f.
6 Aristoteles, Nikomachische Ethik, hrsg. v. Gernot Krapinger, Stuttgart 2017, S. 267.

TEIL I

1 Xenophon, Erinnerungen an Sokrates, hrsg. v. Rudolf Preiswerk, Stuttgart 1997, S. 145.
2 Die Werke des Hippokrates, a.a.O., Bd. 2, S. 32 ff.
3 Ebd. S. 14.
4 Vgl. Hartmut Fröleke et. al.: Einführung in die Ernährungslehre (14. Auflage), Neustadt 2018, S. 38 ff.
5 Health effects of dietary risks in 195 Countries, 1990-2017: a systematic analysis fort the global burden of disease study 2017, The Lancet, Volume 393, Issue 10184, P. 1958-1972, May 11, 2019.
6 Wassermann et. al.: An Apple a Day: Which Bacteria Do We Eat With Organic and Conventional Apples, in: Frontiers in Microbiology, July 2019.
7 Koutsos et. al.: Two apples a day lower serum cholesterol and improve cardiometabolic biomarkers in mildly hypercholesterolemic adults: a randomized, controlled, crossover trial, The American Journal of Clinical Nutrition, 2019, doi: 10.1093/ajcn/nqz282.
8 Vgl. Steffi Lenz, Das Superfood ABC. Welche Superfoods ihren Namen wirklich verdienen und welche Marketingmärchen sind. Mit einem einfachen Leitfaden für gesunde Ernährung, Eigenverlag 2018, S. 17ff.
9 Vgl. Dr. med. F. Batmanghelidj, Sie sind nicht krank, Sie sind nur durstig. Heilung von Innen mit Wasser und Salz, Kirchzarten bei Freiburg 2009 (10. Auflage), S. 27 ff.
10 Xenophon, Erinnerungen an Sokrates, hrsg. v. Rudolf Preiswerk, Stuttgart 1997, S. 24.
11 Die Werke des Hippokrates, a.a.O., Bd. 2, S. 47.
12 Vgl. Deutsches Ärzteblatt, Ungesunde Ernährung ist weltweit für jeden fünften vorzeitigen Todesfall verantwortlich, 4. April 2019.
13 Esselstyn CB Jr., Resolving the Coronary Artery Disease Epidemic Through Plant-Based Nutrition, Prev Cardiol. 2001 Autumn;4(4):171-177. doi: 10.1111/j.1520-037x.2001.00538.x. PMID: 11832674. Vgl. auch: Esselstyn, Essen gegen Herzinfarkt, Trias Verlag 2015.
14 De Cabo et. al.: Effects of Intermittent Fasting on Health, Aging, and Disease, N Engl J Med, 2019; 381: 2541-2551; DOI: 10.1056/NEJMra1905136.
15 Blumenthal et. al.: Lifestyle and neurocognition in older adults with cognitive impairments, A randomized trial, Neurology 2019, 92:e212-e223. Vgl. Deutsches Ärzteblatt, Diät und Sport verbessern in Studie kognitive Fähigkeiten um 8 Lebensjahre, 28. Nov. 2019.
16 www.zusatzstoffmuseum.de
17 Fröleke et. al., Einführung in die Ernährungslehre, a.a.O., S. 65.
18 Ebd.
19 Hermann Diels, Die Fragmente der Vorsokratiker, hrsg. v. Ernesto Grassi, Hamburg 1957, S. 69.
20 Ebd. S. 70.
21 Ebd.
22 Platon, Der Staat (372-374 St.), a.a.O., Band 5, S. 69-71.
23 Xenophon, Erinnerungen an Sokrates, a.a.O., S. 110.
24 Vgl. die fortlaufend aktualisierten Daten von FAOSTAT auf http://www.fao.org/faostat/en/#home.
25 Deane et. al.: Omega-3 and polyunsaturated fat for prevention of depression and anxiety symptoms: systematic review and meta-analysis of randomised trials, published online by Cambridge University Press: 24 October 2019.
26 Goethe, West-Östlicher Diwan, Das Schenkenbuch, Deutscher Klassikerverlag, Berlin 2010, Band 1, S. 105.

TEIL 2

[1] Vgl. Armin Ader, Sport – Gesundheit – Erziehung in Antike, Christentum und Humanismus, Schriften zur Sportwissenschaft, Bd. 108, Hamburg 2013, S. 14 ff.

[2] Pedisic et al.: Is running associated with lower risk of all-cause, cardiovascular and cancer mortality, and is the more the better? A systematic review and meta-analysis, British Journal of Sports Medicine, November 2019. doi: 10.1136/bjsports-2018-100493.

[3] Vgl. Tim Hollstein, Sport als Prävention: Fakten und Zahlen für das individuelle Maß an Bewegung, Dtsch. Ärzteblatt, 2019; 116(35-36).

[4] Vgl. Melanie Haack, www.welt.de/sport/fitness/article149539884/ Ausdauersport-verhilft-Ihnen-zu-mehr-T-Zellen, Zugriff am 23.11.2020.

[5] Werner et al.: Differential effects of endurance, interval, and resistance training on telomerase activity and telomere length in a randomized, controlled study. European Heart Journal 2018.

[6] Vgl. Klaus Moosmann, Erfolgreiche Koordinationsspiele, 178 Übungsformen für Schule und Vereine, 5. Auflage, Wiebelsheim 2018.

[7] Vgl. dazu: Horst Lutz, Life Kinetik, Bewegung macht Hirn. Gehirntraining durch Bewegung, Aachen 2017.

[8] Xenophon, Erinnerungen an Sokrates, hrsg. v. Rudolf Preiswerk, Stuttgart 1997, S. 106.

[9] Ebd.

[10] Bloch W. et. al.: Einfluss von Sport auf das zentrale Nervensystem – Molekulare und zelluläre Wirkmechanismen, Dtsch Z Sportmed, 2015, 66: 42-49.

[11] Vgl. Deutsche Sporthochschule Köln (Institut für Bewegungs- und Neurowissenschaften) Forschungsprojekt Denksport, www.dshs-koeln.de/aktiv-fuer-koerper-und-gehirn.

[12] Bloch W. et. al.: Einfluss von Sport auf das zentrale Nervensystem – Molekulare und zelluläre Wirkmechanismen, a.a.O.

[13] Gerald Hüther/ Inge Michels, Gehirnforschung für Kinder, München 2009, S. 45 ff.

[14] Vgl. Joachim Bauer, Selbststeuerung. Die Wiederentdeckung des freien Willens, München 2015, S. 97-109.

TEIL 3

[1] Vgl. Nick Littlehales, Sleep. Schlafen wie die Profis, München 2018, S. 30.

[2] Vgl. Gabriele Blaeser-Kiel, Schichtarbeiter-Syndrom: Es rächt sich, die innere Uhr zu ignorieren, Dtsch. Ärzteblatt, 2006; 103(7): A-424.

[3] Vgl. Mark F. Bear, Barry W. Connors, Michael A. Paradiso (Autoren) Andreas K. Engel (Herausgeber): Neurowissenschaften. Ein grundlegendes Lehrbuch für Biologie, Medizin und Psychologie, Berlin 2018, 4. Aufl., S. 724.

[4] Wild et. al.: Dissociable effects of self reported daily sleep duration on high-level cognitive abilities, Sleep Research Society 2018, 1-11, Oxford University Press, doi: 10.1093/sleep/zsy 182.

[5] Vgl. Abdullah Sinirlioglu, Benjamin und Brecht. Eine politische Begegnung, Würzburg 2016, S. 179.

[6] Vgl. Nick Littlehales, Sleep. Schlafen wie die Profis, a.a.O., S. 30.

[7] Die Werke des Hippokrates, hrsg. v. Richard Kapferer, Stuttgart 1953, Band 2, IV, S. 47.

[8] Vgl. Michael R. Irwin, Why Sleep is important. A psychoneuroimmunology perpective, Annu. Rev.Psychol, 2015, 66: 143-72.

[9] Zheng et. al.: Insomnia symptoms and risk of cardiovascular diseases among 0.5 million adults. A 10-year cohort, on behalf of the China Kadoorie Biobank Collaborative Group, Neurology 2019, 93 (23) e2110-e2120, DOI: 10.1212/WNL.0000000000008581.

[10] Prof. Dr. med. Matthew Walker, Das große Buch vom Schlaf, München 2018, S. 204.

[11] Die Werke des Hippokrates, a.a.O., III, S. 40.

[12] Goethe, West-Östlicher Diwan, Berlin 2010, Band 1.

[13] Vgl. Prof. Dr. Ingo Froböse, Power durch Pause, EPUB 2016, 3.

[14] Ebd. 22.

[15] Vgl. Alexander Markowetz, Digitaler Burnout. Warum unsere permanente Smartphone-Nutzung gefährlich ist, München 2015, S. 56.

[16] Gustaf Schwab, Die schönsten Sagen des klassischen Altertums, Leipzig 1986, S. 10.

[17] Aristoteles, Politik (1253b), hrsg. v. Ursula Wolf, Hamburg 1994, S. 50.

[18] Bertrand Russell zit. n.: Birger P. Priddat, Muße und Arbeit. Über eine europäische Hoffnung der Verwandlung von Arbeit in höhere Tätigkeit, Marburg 2019, S. 116.

[19] John M. Keynes zit. n.: Muße und Arbeit, a.a.O., S. 113.

[20] Karl Marx zit. n.: Muße und Arbeit, a.a.O., S. 115.

[21] Paul Tillich, Zit. n.: Giorgio Agamben, Was von Auschwitz bleibt. Das Archiv und der Zeuge, Frankfurt 2003, S. 42.

[22] Aristoteles, Nikomachische Ethik (1177b), hrsg. v. Gernot Krapinger, Stuttgart 2017, S. 284.

[23] Ebd. (1178a), S. 285.

TEIL 4

[1] Hippokrates, zit. n. Mark F. Bear, Barry W. Connors, Michael A. Paradiso (Autoren), Andreas Engel (Herausgeber): Neurowissenschaften. Ein grundlegendes Lehrbuch für Biologie, Medizin und Psychologie, Berlin 2018, 4. Aufl., S. 4.

[2] Dick Schwaab, We are our brains. From the womb to alzheimers, London 2014.

[3] Gerald Hüther: Was wir sind und was wir sein können. Ein neurobiologischer Mutmacher, Fischer Verlag, Frankfurt a. M. 2011, S. 37.

[4] Vgl. Ebd., S 38 ff.

[5] Immanuel Kant, Kritik der Reinen Vernunft, Hamburg 1998, S. 130.

[6] Neurowissenschaften. Ein grundlegendes Lehrbuch für Biologie, Medizin und Psychologie, a.a.O., S. 291.

[7] Dale E. Bredesen, Reversal of cognitive decline: a novel therapeutic program, AGING Vol. 6 Nr. 9, September 2014.

[8] D.O. Hebb, The organization of behavior. A neuropsychological theory, New York 1959.

[9] Neurowissenschaften. Ein grundlegendes Lehrbuch für Biologie, Medizin und Psychologie, a.a.O., S. 477.

[10] Goethe, Faust. Der Tragödie erster und zweiter Teil u. Urfaust, hrsg. v. Erich Trunz, München 1989, S. 63.

[11] Zum Libet-Experiment/ Freiheitsproblem vgl. Ebersbach, Kettner, Weger, Heusser (Hrsg.): Freiheit?! Freiheitsbewusstsein. Neurowissenschaftliche Tatsachen. Gesellschaftliche Bedeutung, Würzburg 2019.

[12] Benjamin Libet, Mind Time: Wie das Gehirn Bewusstsein produziert, Frankfurt am Main 2005, S. 159 ff.

[13] Yuval Noah Harari, Homo Deus. Eine Geschichte von Morgen, München 2017, S. 431 ff.

[14] Vgl. Joachim Bauer, Prinzip Menschlichkeit. Warum wir von Natur aus kooperieren, Hamburg 2006.

[15] Vgl. Ebd. S. 44 ff.

[16] Ebd. S. 35.

[17] Vgl. zur Nonnenstudie: Gerald Hüther, Raus aus der Demenzfall! Wie es gelingen kann, die Selbstheilungskräfte des Gehirns rechtzeitig zu aktivieren, München 2017, S. 29 ff.

[18] Vgl. Beate Grübler, Alzheimer-Demenz: Die Forschung steht unter Druck, Dtsch. Ärzteblatt 2012; 109(1-2).

[19] Aristoteles, Nikomachische Ethik (1155a), hrsg. v. Gernot Krapinger, Stuttgart 2017, S. 207.

[20] Gerald Hüther: Mit Freude lernen. Ein Leben lang, Göttingen 2016, S. 24.

[21] Giulia Enders, Unter unserer Haut, ein Interview in der Zeit, Nr. 22, 19. Mai 2020.

[22] Gerald Hüther, Bedienungsanleitung für ein menschliches Gehirn, Göttingen 2007 (7. Aufl.), S. 14.

[23] Vgl. Gerald Hüther, Mit Freude Lernen ein Leben lang. Weshalb wir ein neues Verständnis vom Lernen brauchen, Göttingen 2016.

Dr. Abdullah Sinirlioglu hat Literaturwissenschaft, Philosophie und Geschichte in Freiburg und Hamburg studiert. Nach seiner Promotion zum Dr. Phil war er mehrere Jahre für einen Krankenversicherer tätig. Heute arbeitet Abdullah Sinirlioglu als freier Schriftsteller in Hamburg.

Karen Plättner ist Expertin im Gesundheitsmanagement, Lehrbeauftragte an Universitäten und Geschäftsführerin der BRAINtuning GmbH. Das von ihr und ihrem Team entwickelte bewango-Coaching-Konzept ist mit dem Innovationspreis „digital health for a better life" des Landes Brandenburg ausgezeichnet worden.

Felix Magath ist Fußballtrainer, -manager und ehemaliger Fußballspieler. Als Spieler wurde er Europameister, Vize-Weltmeister, dreifacher Deutscher Meister und gewann zudem zwei Europapokale. Während seiner Trainer-Karriere wurde er zudem dreimal Deutscher Meister, gewann dabei u.a. zweimal in Folge das „Double" aus Meisterschaft und DFB-Pokal. Magath ist einer von nur acht Akteuren in der Geschichte der Fußball-Bundesliga, die sowohl als Spieler als auch als Trainer Deutscher Meister wurden.